高等院校
创新创业教育丛书

经管类专业
创新创业教育

主　编　兰　玲
副主编　王金娟　　王　猛　　郭衍宏　　杜冰冰

Innovation and Entrepreneurship
Education On Economic Management

经济管理出版社
ECONOMY & MANAGEMENT PUBLISHING HOUSE

图书在版编目（CIP）数据

经管类专业创新创业教育/兰玲著 . —北京：经济管理出版社，2018.4

ISBN 978 - 7 - 5096 - 5739 - 3

Ⅰ. ①经…　Ⅱ. ①兰…　Ⅲ. ①大学生—创业—高等学校—教材　Ⅳ. ①G647.38

中国版本图书馆 CIP 数据核字（2018）第 066058 号

组稿编辑：王光艳

责任编辑：许　兵

责任印制：黄章平

责任校对：张晓燕

出版发行：经济管理出版社

　　　　　（北京市海淀区北蜂窝 8 号中雅大厦 A 座 11 层　100038）

网　　址：www. E - mp. com. cn

电　　话：(010) 51915602

印　　刷：北京玺诚印务有限公司

经　　销：新华书店

开　　本：787mm × 1092mm/16

印　　张：15.75

字　　数：362 千字

版　　次：2018 年 5 月第 1 版　2018 年 5 月第 1 次印刷

书　　号：ISBN 978 - 7 - 5096 - 5739 - 3

定　　价：58.00 元

前　言

　　创新创业教育作为教育现代化的重要组成部分，不仅关系立德树人的教育大计，更与创新型国家战略紧密相关。创新创业教育的发展，首先是以竞赛的形式展开的，后来各高校又逐渐把创业教育作为一门课程列入培养方案中，力图推进高校创新创业教育的发展。目前，我国高校已经形成了创新创业课程教学与各类创新创业竞赛相呼应的创新创业教育模式。但在创新创业竞赛的开展中，存在着学生对创新创业知识了解不全面、团队组建不完备、创业意识不足等问题，这也反映了创新创业课程教学尚存在着一定的问题。我国高校的创新创业课程教学尚处于起步阶段，创新创业教材也是近几年才逐步丰富的。

　　本教材主要适用于经管类专业的创新创业课程教学使用与学生自学使用，为了增强可读性，教材每章都设计了导入案例，力图使读者更好地领会创新创业知识。作为经管类专业的学生，撰写创业计划书应是其必备的能力和特长，因此，本教材设计了该部分内容，并提供了相应模板，力图使教材更具有现实指导意义。

　　在本教材的编写过程中，我们参考了大量资料，引用了相关理论知识及案例，虽然在文中列出了资料来源，在文后列出了参考文献，但也难免有所疏漏，在此向所有参考资料的作者一并表示感谢。

　　本教材由一些青年教师编写，虽然我们尽了最大努力，力图达到既使理论知识丰富，又使案例合理精彩的目标，但由于能力和水平有限，还存在一定不足，请各位专家和读者不吝赐教，我们将虚心学习、不断进步！

　　教材由兰玲负责统筹整体工作，王金娟编写了第四章、第八章、第九章第二节及第十章，王猛编写了第一章、第二章及第五章第三节，郭衍宏编写了第三章、第五章第四节、第六章和第九章第一节，杜冰冰编写了第五章第一节、第二节、第七章和第九章第三节。

目　录

第一章
绪 论

 导入案例

果酱男孩 20 岁成为百万富翁的创业故事

一、"外婆的果酱"做成品牌

在英国，果酱是餐桌的必备食品，无论是早点还是下午茶，英国人都习惯在面点上涂抹一层果酱。弗雷舍从小就喜欢吃外婆制作的果酱，于是在 14 岁的时候跟外婆开始学习果酱的制作方法。在学习的过程中，弗雷舍觉得果酱的味道有些单一，于是他开始尝试放入不同的水果制作多种味道的果酱。更难得的是，英国的初高中在课程设置中加入了商业辅导，弗雷舍利用这个机会，开始了他的果酱事业。《爱丁堡晚报》全版介绍了弗雷舍与果酱的故事，报纸刊登之后弗雷舍备受鼓舞，决定全职投入到这项事业中。他充分利用课余时间，每星期平均产出 1000 罐果酱，但仍然是供不应求，所以他开始与工厂合作，批量生产果酱。

二、开拓新的销售渠道：在超市销售果酱

弗雷舍一直希望自己的果酱可以在超市销售。两年之后，大型连锁超市 Waitrose 寻找入驻超市的新产品。弗雷舍知道，要想让自己的果酱可以入驻这家超市，就必须要有特色。弗雷舍为了让自己的果酱区别于其他果酱，他对英国的果酱市场做了调查研究，发现由于市面上销售的果酱大部分含有防腐剂，不宜于身体健康，因此果酱的销售呈下降态势。当弗雷舍发现这一市况之后非常兴奋，决定制作一款不含任何防腐剂的健康果酱。经过多次尝试之后，弗雷舍终于打着"纯水果果酱"的招牌，信心满满地去超市推销了。

三、创业经营之道：拥有自己的品牌

超市的食品主管肯定了弗雷舍的理念，但由于弗雷舍的果酱没有商标、无法保证持续供货等问题而拒绝了弗雷舍。弗雷舍被拒绝之后，并没有灰心，而是开始了他的真正创业之路。首先，他给自己的果酱设计了非常有个性的商标。弗雷舍将自己的果酱起名为 SuperJam，并借鉴"Superman"的创意，为果酱设计专用的卡通人物及卡通人物服装等，并聘请设计师为他的果酱设计了标签，也专门做了网站进行推广。标识设计出来后，因为使用了卡通漫画，在年轻人当中很受欢迎。然后，弗雷舍开始了寻找合作工厂的征程。他走遍了全国，甚至从苏格兰一直走到英格兰的大城市，试图找到可以合作的工厂。很多传统工厂对弗雷舍半信半疑，因为他们觉得弗雷舍一没经验，二没资金，只有一个梦想和一个很一般的配方，他们认为弗雷舍很难将果酱做到全国的超市。虽然因为弗雷舍年龄较小，既没经验又没资金，所以被许多工厂拒之门外，但功夫不负有心人，最后还是找到了一家可以合作的工厂。但由于这家工厂生产的成本高，所以弗雷舍不得不重新寻找新的合作工厂。最后，弗雷舍凭借自创的 SuperJam 品牌，最终成功进入了超市。而"纯水果果酱"理念深得人心，SuperJam 进入 Waitrose 超市的第一天就卖出了 5000 罐，几乎相当于超市原来一个月的销量。后来这款果酱又成功推向乐购超市、沃尔玛超市，在 8 个国家的 2000 多个超市都有销售。

通过媒体的宣传，SuperJam 知名度不断提高，并得到了在苏格兰国立博物馆展览的机会，继而成为了苏格兰知名的品牌。即使取得了如此大的成功，弗雷舍也没有停止他前行的脚步。他后来与电信商合作，将推广渠道扩展到手机上。

《南方日报》曾采访弗雷舍，让他谈成功感言的时候，弗雷舍这样答道："在我取得这一系列成绩时，我还是一名大学生。我过去的几年里，SuperJam 获得了很多奖项，我感觉最自豪的是我获得了全球学生创业大奖。这个奖的评选非常严格，有 700 个候选人，他们要到芝加哥向评审团当面陈述并推荐自己的商业项目。很多人带去的项目都是高科技的东西，比如网站、软件等，只有我做的是传统产品——果酱，但最后我却获得了这项大奖。因此我对创业成功的理解是，并不一定要做高科技的东西，也不一定要有很了不起的发明，你只需要将一个很普通的东西用心做得与众不同就可以了。其实每一个平凡的人都可以做出了不起的大事，只要坚持做自己喜欢的事情，无论在哪个领域，只要充分发挥自己的想象力，坚持不懈，就可以做成了不起的大事。做自己喜欢的事可能改变人生，对于我来说，SuperJam 已经真实地改变了我的人生。"这是一个至今还在打拼的年轻创业者真实的创业历程。他历尽艰辛，从一无所有甚至要去拾垃圾到成立公司，创立自己的品牌，用了整整 8 个月时间。相信他的创业历程能给创业者提供最好的借鉴。

（资料来源：李晓莉，刘珊. 英国男孩卖果酱　19 岁成百万富翁［N］. 羊城晚报，2012 - 12 - 12.）

第一节 经管专业大学生创新创业现状分析

世界很多国家如美国、英国、日本、印度、澳大利亚等都在不同程度上进行了创业教育的探索。中国作为联合国教科文组织"创业教育"项目的成员国，早在 1991 年就在基础教育阶段试点创业教育，由原国家教委基础教育司牵头组织了六省市布点研究。我国的创业教育兴起是伴随着创业活动的开展而逐步推开的。自 1999 年在清华大学举办第一届"挑战杯"中国大学生创业计划竞赛以来，共青团中央、中国科协、全国学联又于 2000 年和 2002 年分别在上海交通大学、浙江大学举办了第二届、第三届"挑战杯"中国大学生创业计划竞赛。2014 年，随着李克强总理在天津夏季达沃斯论坛上"大众创业、万众创新"的提出，将大学生创新创业的发展推向了高潮，并受到了社会各界的广泛关注。2015 年国务院政府工作报告又将"双创"列为推动经济增长的"双引擎"之一，这些政策、措施的出台，都显示了中央对创新创业尤其是大学生创新创业问题的高度重视。因此，在新的形势下，在高校开展创新创业教育，既是缓解大学生就业压力的有效途径，更是符合政策导向、推进经济转型升级的重要手段。目前，大学生对于创新创业，主要存在以下问题：

一、大学生自主创新创业的积极性不高

针对大学生对创新创业的认知问题，某调查研究显示，愿意自主创新创业的学生比例仅为 15.2%，而 39.7% 的学生表示不愿意进行创新创业，另有 38.5% 的学生表示对于是否自主创业还没有认真考虑过，剩下的 6.6% 的学生对于创业意愿表示无所谓。长期以来，大学毕业生就业倾向于寻找稳定工作，俗称"铁饭碗"，于是公务员考试、事业单位考试的人数逐年上升。这使得大学生毕业后的就业选择较少，一般人眼中的"香饽饽"工作竞争异常激烈。而对于家长来说，鼓励孩子自主创新创业的思想在短时间内更是难以转变，因此，对于其在创新创业方面可提供的人力、物力等支持更是少之又少。

二、大学生对创新创业政策的了解程度较低

调查显示，只有 5.2% 的大学生对国家创新创业政策非常熟悉，而 9.6% 的学生只是一般熟悉国家的创新创业政策，了解创新创业政策的学生占调查总人数的 37.6%，完全不熟悉国家创新创业政策的比例高达 31.9%，还有超过 15% 的大学生完全不关心国家是否有创新创业政策。由此可见，近一半的大学生对国家的创新创业政策的态度是不熟悉、

不关心。要想提高大学生对创新创业政策的了解程度，不仅需要学校教育机构的重视，还需要依靠互联网等媒体，建立更多的传播平台，加速政策方针的传递，满足大学生对创新创业政策了解的需求。

三、大学生的创业活动大多集中在技术含量较低的部门和行业

大学生的创新创业领域选择情况的调查报告显示，27.7%的大学生选择了进入门槛低、启动资金少的领域，而选择科技前沿的大学生仅占调查总人数的5.1%。这一领域的业务主要包括提供家政家教服务、微商、零售经营等技术含量低的业务。虽然进入门槛低，但在没有技术优势的情形下，市场竞争往往更为激烈，因而降低了大学生的创业成功率。

四、参与大学生创业的热情不高、人数较少

清华大学率先开展大学生创业活动，但实际投入到创业活动的大学生并不多。随着国家创新创业政策的推行，大学生创新创业的热情不断高涨，既缓解了毕业生的就业压力，也形成了"以创业带动就业"的良好社会效应。

五、大学生创业的失败率较高

据调查结果显示，美国的中小企业从创业初期算起，超过5年的企业不足企业总数的35%。截至2007年，中国大学生创业的成功率只有0.01%。从美国以及中国的创业数据来看，大学生创业成功率低是一个普遍存在的问题。而导致大学生创业失败的主要原因可以归纳为以下三点：一是有了好的点子、好的思路，但不能很好地应用到产品开发或无法建立合理的营销模式、销售渠道。由于大学生社会经验少，管理知识相对薄弱，所以当大学生面对企业运作和企业管理问题，常常表现为束手无策。同时，所学专业与创业内容不符，是专业知识无法高效率转化到实际应用的一个重要原因。二是大学生创业者过分看重创业思路，而忽视市场竞争、顾客需求等客观问题，使创业者在创业过程中受到重创，甚至失败。三是大学生的心理素质差，抗压能力弱。大学生的风平浪静的"象牙塔"生活，让大学生逐渐丧失了抗打击的能力。只有注重提高学生尤其大学生的抗压能力，培养勇于承担风险的意识，才能使大学生可以经得起市场的锤炼，提高创业的成功率。

六、大学生创业一般都面临融资困难的局面

据调查结果显示，影响创业的原因中，有40%的大学生选择了缺少资金这一选项。

尤其家境贫寒的学生，因为缺少启动资金而放弃创业选择的比例较大。一部分大学生即使开始了创业，但由于融资困难而创业失败的例子不占少数。过去，大学生创业启动资金绝大部分来源于家长，但近年来随着国家鼓励创新创业政策的推进，大学生可以通过小额贷款等方式进行融资，融资难的问题相对减轻，但资金不足的问题仍是困扰大学生创业的重要原因之一。资金不足，则会使创业者倾向于选择进入门槛低的行业，进入门槛低的行业虽然风险小，所需资金少，但竞争激烈，最终导致大学生创业的失败率高。此外，大学生创业者为实现融资，多采取以智力换资本的方式，但对于创业者来说，更应该慎重选择一些能够体现自我真实实力、与创业者理念一致的投资者，并且还要开拓思路，拓展融资渠道，增加资金来源。

第二节　国外主要创业概况

一、美国创业教育

最先开始创业教育的国家是美国。杰弗里·蒂蒙斯教授是美国创业学教育的创始人，他指出通过创业者和创新者的不断努力，改变了20世纪八九十年代的美国经济。

在美国，担负起创业教育任务的主体是商学院。美国高校的创业教育大体上经历了三个阶段：20世纪80年代前，创业教育产生初期；20世纪80～90年代，是美国高校创业教育发展的完善阶段；20世纪90年代后为美国高校创业教育发展的成熟期。

1934年，在哥伦比亚大学和哈佛大学任教的熊彼特在他的经典著作《经济发展理论》中，最早将创新和企业家联系起来，在土地和劳动要素的基础上，将企业家要素独立出来，承认企业家在经济发展中的作用，并率先指出创新就是新结合。

20世纪80年代起，美国的商学院开始了创业教育，并使创业教育得到了迅猛发展，奠定了美国高校创业教育的扎实基础。进入80年代的美国人，开始重视创业，认为创业是中产阶级甚至底层群体跻身于富人社会的有效途径之一。同时，政府也意识到，要想创造更多的就业机会，鼓励民众创新创业是重要途径之一。并且这个时代，伴随着信息的发展，也为普通民众的创新创业提供了机会。在这样的社会背景下，美国的创新创业教育得到了迅猛发展。1977年全国只有大概60所高校开设了与创业有关的课程，但是进入80年代后，扩展到160多所高校开始进行创新创业教育，到1997年已有超过400所高校开设了创业教育课程。

美国的创业教育不仅仅局限于本科生教育，甚至拓展到硕士的主修或辅修专业。著名的创业大学有哈佛大学、宾州大学以及凯斯西部保留地大学等。同时，美国百森商学院、仁斯利尔理工大学等高校还建立了创业中心。创业中心的主要任务是提供创业教育的同时，促进创业相关课题的学术活动。创业中心一般拥有一个由当地或国际的创业家组成的智囊团，为创业者提供创业资金的同时为创业活动提供咨询。例如，著名的"普莱兹—百森项目"，通过将成功的创业者请入课堂与教学经验丰富的教师共同教学的方式，提高了创业教育的教学水平以及科研水平。

美国的创业教育注重知识培养的同时，也注重创新精神的培养。首先，在创业教育的过程中，注重学生风险意识，努力提高学生的抗风险能力。系统化的创业教育课程不仅使学生勇于承担社会责任，更使学生树立了与国家、家庭共患难的忧患意识，使学生遇到问题与挫折，可以冷静面对，积极想办法渡过各种难关。具体做法，比如让学生学会自我分析，使学生对自身有全面客观的认识，知道自己的优势与劣势，同时结合国家、家庭的需要，制订切实可行的人生规划和创业计划。同时，让学生了解用人单位对人才的要求以及社会的需要，结合未来前景分析、职业规划、角色转换等，制订适合自我发展的计划。另外，美国的大学还注重学生正确处理职业生涯危机的能力，通过课程的设定，培养学生的危机意识和风险观念。

正是由于美国高校长期以来重视学生创业教育，使学校周围越来越多地出现了各种类型的中小企业。学生利用课余时间及在学校学习到的创业知识，并通过随时与高校教师沟通交流等方式，在学校里或学校外创办各种类型的企业，为美国的产业发展奠定了基础。美国的硅谷地区就在斯坦福大学周围，也正是得力于美国高校的这种教育理念。学校周围的企业不仅为经济发展提供了动力，也为学生的就业及实习提供了资源，并且促进了美国的产学研的发展。根据调查显示，自1990年以来，麻省理工学院的毕业生和教师平均每年创建150多家新公司，自主创业正成为学生主动就业的重要渠道。

其次，美国的创业教育注重学生"全局观"的培养。很多大学都设有创业孵化器，让学生自己设计项目，并辅助他们做与之相关的研究。学生设计的项目，会邀请教师、企业家以及政府的有关人员参加共同研讨，给予建议。这些项目涉及面较广而且贴近生活，例如环境污染问题、失业问题、全球变暖问题、食品安全问题等。设计这样的课程，既能唤起学生对社会问题的关注，又能培养他们的全局观念。在整个教学过程中，既涉及相应问题的深入调查分析，也涉及为解决问题如何制定对策，比如相应产品的开发。同时还需要学生保证项目的顺利进行，鼓励学生组建团队、筹集资金及向社会各领域人士获得咨询帮助。课程里还包括学生为创建公司，如何到工商局等行政部门办理手续等实际环节。该课程设置的目的就在于培养学生在陌生的环境里如何利用周围可以利用的资源，从全局观念出发，发现问题、解决问题的能力。

二、瑞典创业教育

北欧的瑞典是典型的创新大国，据不完全统计，瑞典是世界专利与专利申请最多的国家之一。瑞典著名的品牌有宜家、沃尔沃、爱立信等。瑞典一直重视学生的创新创业教育，将创新创业教育贯穿于学生学习的全部阶段，已成为国民教育体系的一个组成部门。

这个富有创新精神的国家具有一套完备的创业教育体系。瑞典的创业教育已被纳入到国民教育体系之中，内容涵盖了从初中、高中、大学本科直到研究生的正规教育。瑞典的中小学也设置许多创新创业相关的游戏，激发学生的学习兴趣，使学生从小了解创新创业的相关概念。瑞典的大学不仅重视创新创业的教育，而且为学生提供各种各样的创业培训项目，创业实习基地。针对不同年龄段的学生，根据学生的认知需要及接受能力，开办多项创新创业活动，例如"天才之光""小小企业家""年轻企业家""72小时创新竞赛"等。课程设置包括创业学课程、本科和研究生创业管理等专业。在教学过程中，通过案例分析、模拟经营等环节，通过学生的角色扮演，让学生体验创业的过程。同时，瑞典的高校注重学校教学与社会群体的密切联系，时常聘请企业的实业家给学生做讲座，与学生进行沟通，对学生提供咨询帮助。大部分的高校设置孵化器和科技园、风险投资机构、创业培训与资质评定机构、创业者校友会等，形成了一个高校、社区、企业良性互动式发展的创业教育生态系统，有效地开发和整合了社会各类创业资源。此外，学校还鼓励学生参与各种校级、地区级、国家级及国际级的各种创新创业竞赛，培养学生撰写商业计划书的能力，提高学生应对各种不确定环境的灵活性。此外，大部分的瑞典高校还设立各种基金用于鼓励学生的创新创业活动。

三、英国创业教育

英国创业教育的一大特点是依靠政府计划的推行。1981年开始，英国陆续推行了"企业创办计划""小工场计划""小工程公司"等来推动创业教育的发展。20世纪90年代，由于英国整体经济发展水平下降，影响了国民生活水平，更是阻碍了高等教育普及的发展。随着大学制度的改革，开始了教育收费，使受教育家庭的经济负担越来越重，不少学生迫于经济压力，改变了以往的工作方式和就业观念，逐步走向创业。据统计，2009年6月，英国失业人口近250万人，占劳动人口总数的7.8%；2006年英国每个大学生的平均负债约为12000英镑，较10年前增加了8600英镑。由于大学收费制度的导入，严重增加了学生的负担。在这样的大环境下，英国政府开始重视创业教育，推进创新创业教育的发展。学生的创新创业能力，不仅需要学生个人的努力、高校教育体系的支持，同时需要企业、政府等组织的参与和帮助，尤其是企业，让企业走进校园，为学生提供实践机会、给学生提供帮助与咨询。英国教育与技能部同企业服务中心，为加强高校与地方企业的联系，加强校际间的合作，成立了创业委员会，推进高校的创业教育。

英国高校在开展创业教育的同时也重视学生创新能力的开发，高校基于学生的特点设置相关的课程，比如创业类课程、创新类课程、创新管理类课程和技术转移管理类课程等。英国的高校不仅为学生设置各种类型的课程，而且使课程的形式丰富多彩，激发学生学习的积极性及对创新创业的热情。一般高校在传统教学中，运用案例分析、场景模拟、现场教学、团队写作的新形式，培养学生独立思考的习惯，提高学生创新创业的能力以及应对各种突发事件的随机应变能力。

为了提高学生创新创业的积极性，高校会定期举办不同类型规模的竞赛，让学生参与其中，体会创新创业的乐趣，培养学生遇到各种突发状况随机应变的能力。高校注重对比赛的投入，比如安排专业辅导教师、设置高额的奖励、对学生赛前赛中及赛后提供各种咨询辅导等，培养了学生对创新创业兴趣的同时，也提高了学生创新创业的能力。

同时，英国的高校非常注重与校外企业的联系与合作，定期邀请企业的成功人士为学生做专题报告，召开交流会，很多企业为学生提供就业实习的机会，针对学生在创新创业方面遇到的问题，给予咨询帮助与支持。高校与企业共同建立创业孵化器、科技创业园等，为学生的创新创业提供实践机会。英国许多高校还利用互联网技术，为学生创新创业搭建平台，方便学生间、学生与社会其他团体的沟通，帮助学生融资，获得各种帮助。

以上是对国外创新创业教育发展具有代表性的国家的介绍，这些国家的创新创业教育发展较早，历史悠久，经验丰富。直至目前，这些国家的创新创业教育比较成熟，为我国高校的创新创业教育提供了宝贵的经验，对我国高校的创新创业教育具有重要的启示作用。总体来看，国外的创新创业教育具有如下特点：在教学思想方面，国外高校始终贯彻学生是教育的主体这一理念，注重挖掘学生的个人潜能，因材施教。通过对学生的引导与教育，使学生能够比较客观、全面地了解自我，完善自我，在创业中发挥各自的优势与潜能。在教学目的方面，重视知识传授的过程中，注重学生实践能力的培养。通过案例分析、社会实践、创业角色模拟、创业竞赛等形式，培养学生的分析与理解能力。注重学生的素质教育，启发学生的创业兴趣，辅导学生的自我创业设计。在课程结构方面，采用分层次的模块化课程结构。在基础阶段，对创业教育的几个通用模块进行学习。学生在了解自己、明确目标以后，能够根据自己的特点，选学有针对性的内容，不同地区、不同专业的学生可以选学不同学时要求的模块。在教学方法方面，以案例研究为导向。教师通常利用大量的案例来启发学生，提出具有针对性的问题。通过对案例的分析和研究，引导学生依据个人情况和对特定创业环境条件进行分析，在此过程中，发现问题和商机，学会解决问题、抓住商机的方法。在评估考核方面，评估与考核不仅是检验教学质量的措施，也是开展教学的重要方法。通过问卷调查的方法，了解学生对知识的掌握情况，做出相应评定。

第三节　当代中国创业概况

当代中国真正意义上的创业新时期应当追溯到 1978 年的改革开放。1978 年，党的十一届三中全会召开，结束了"以阶级斗争为纲"的错误指导思想，将党和国家的工作重心转移到经济建设上来，开始了改革开放。由于长时间的阶级斗争，严重影响了我国经济的发展，使我国 GDP 降到了历史最低点，属于全球经济落后国家。经过 40 年的发展，我国始终坚持改革开放，坚持经济建设，使我国经济得到了迅猛发展。改革开放的 40 年，也是我国创业发展的 40 年，在这 40 年里，我国各行各业涌现出了众多的创业者和创业名人，他们有宝贵的成功经验，也有惨痛的失败教训。然而比较遗憾的是，这些成功与失败的经验并没有一个很好的途径与大学生分享。尽管现在名人访谈的节目比较多，但还没有任何一个组织或机构负责将这些经验与教训系统地整理出来以供大学生借鉴与学习。

全球中小企业理事会（ICSB）为了将前人的成功经验与失败教训提供给有意愿创业的人，将中国改革开放 40 年来各行各业的创业事件系统地整理出来，并将这 40 年划分为五个阶段。

第一个阶段是中国当代创业的艰难时期，中国刚刚开始改革开放，经济发展落后，高考刚刚恢复，创业者由于教育程度低下，很难筹集到资金用以创业，被称为草根创业期。

进入第二个阶段，虽然还有一大部分人想创业但缺乏足够的勇气，一直处于观望状态。随后改革开放的总设计师邓小平提出了"不管黑猫白猫，抓住老鼠就是好猫"和"让一部分人先富起来"的口号，这一号召让大批跃跃欲试的人开始了创业，因此这段时期也被称为胆量创业期。

经过改革开放十多年的发展，中国经济得到了迅猛发展，但由于当时原材料和资源供不应求，使一部分人开始通过走关系获得资源，当时关系越多的人获得资源的可能性就越大，因此这个阶段又被称为关系创业期。

此后又经过了几年的发展，一大批有文化、有阅历的人开始创业，特别是一大批留学人员纷纷回到国内创业。他们将国外先进的经营理念、商业模式、科技水平带到了国内，结合当地的实际情况，创造出了适合当时中国国情的新理念、新模式和新科技产品。因此，这段时期的创业被定义为新商业模式和新科技产品创业期。

随着中国股市开盘和企业的上市，企业的资本运作模式发生了根本性的变化，过去企业的融资主要依赖于传统银行的贷款，现在可以通过企业上市发行股票进行融资。中国股市经过几年酝酿和创业板的推出，出现了众多的钱生钱机构，这标志着真正意义上的资本创业的到来，这段时期的创业称为资本创业期。

一、草根创业期

草根创业期也称为个体户阶段，时间从 1979 年初至 1984 年 10 月。

中国的创业大潮最早可以追溯到温州创业。1979 年，在党的"让一部分人先富起来"的政策感召下，一部分农民率先加入其中，以家庭为单位，兴办各种手工小作坊。他们的积极行为和高生产率，使得许多观望的人们羡慕不已，纷纷加入其中，开始了创新创业之路。因此，以温州为中心，这种家庭小手工作坊的创业模式迅速向四周扩展，形成一股潮流，这就是所谓的"温州模式"创业之路。在温州创业发展如火如荼的同时，江苏人以其特有的方式也开始了创业。他们开始热火朝天地创办各种带有公有制性质的乡镇企业，引起了全国人民的关注。江苏人靠着自己独特的创业方式，促进了江苏乡镇企业的迅猛发展，以其"四千四万"的创业精神带动了乡镇企业的发展，更激发了全国人民的创业热情。江苏人的这种创业行为，后来被小平同志称为"完全没有预料的最大的收获"。这便是与"温州模式"相对应的"苏南模式"。1980 年，随着深圳特区的建立，位于珠江三角洲的顺德、中山、三水等地的农民也大受改革开放之风的鼓舞，纷纷走上创业之路，被称为先富起来的一部分人。

这一阶段的主要特点可以概括如下：创业人数不多，人群多集中为农民或城镇无正式工作的人员，他们受教育的程度不高，以手工经营为主体，多集中于劳动密集型产业，如餐饮服务业、小商品零售业、交通运输业等产业。由于十年"文革"刚刚结束，国内各行各业由于长时间落后，亟待重新调整，社会经济生活方面的需求也各不相同。随着党和国家改革开放政策的推进，鼓励一部分人先富起来，先富带动后富的号召，使得个体户获得了生存发展的好时机。但那时，由于大部分人受计划经济影响深远，一时间无法改变"铁饭碗"的思想意识，使得社会主流思想认为经商不如正式工作稳定，提起创业更有损面子，所以创业的积极性并不高，人们还是在努力如何保住"铁饭碗"。而随着农村家庭联产承包责任制的推进，打破了人民公社的旧制度，农村出现了大量的剩余劳动力，为创业发展提供了发展的土壤。这些农民自然抓住了这个机会，投身于创业，从而率先成为了"万元户""暴发户"。这个时期，有名的创业者主要有：温州的南存辉、胡成中，顺德的杨国强、何享健和梁庆德，苏南的沈文荣和高德康，四川的刘永好，安徽的年广久等，他们都是从个体户起步。由于当时中国的国内市场刚发育，企业间的竞争不激烈，钱也相对好赚，所以他们大多很快积累了财富。

二、胆量创业期

这个阶段又称为"头班车"阶段，时间从 1984 年 10 月至 1988 年 4 月。

1984 年 10 月党的十二届三中全会通过的《关于城市经济体制改革的决定》指出，社会主义经济是公有制基础上的有计划的商品经济，商品经济是社会经济发展不可逾越的阶段。这就意味着过去将社会主义经济同商品经济对立的看法是不正确的，这一决定的颁布也标志着我国的经济体制从计划经济时期进入到商品经济时期。"劳动力商品""技术商品化"等相关学术论文的发表，为很多人指明了社会发展的新方向。这一时期的创业者区别于上一阶段，他们不再停留在家庭手工业作坊，而是着眼于具有现代意义的企业，从事第三产业和科技产业等方面的创业。联想集团的柳传志、华为集团的任正非、玖龙纸业的张茵、娃哈哈集团的宗庆后、三一重工的梁稳根、万科集团的王石、四通集团的段永基、北大方正的王选、王码集团的王永民等都是在这一时期开始创业的。

三、曲折前进阶段

该阶段从 1988 年 4 月至 1991 年底。

1988 年 4 月，全国七届人大通过的宪法修正案增加了"国家允许私营经济在法律规定的范围内存在和发展"的内容。同时，七届全国人大一次会议通过了成立海南省和设立海南经济特区的决定。这一举措进一步激励了有创新创业梦想的人，他们渴望通过创业致富、获得成功。这一举措的颁布，使一大批高学历、有稳定工作的人开始了自主创业，将中国创业带入了一个新的高潮期。

这一阶段的特点可以概括为：创业群体发生了变化，创业主体不再局限于农民和知识分子，政府官员和高干子弟也加入了创业大军；创业人数迅速增多，形成了"全民创业"之势，甚至高校的学生也开始在校园摆起了小摊位。但这一时期，由于受外国经济制裁，中国经济受到严重打击，经济发展一度举步维艰。许多刚刚开始的企业由于基础薄弱，抗风险能力差，面对外国经济的制裁，而没有有效措施予以抵抗，遭受到沉重打击。"左"的思想有所回潮，许多创业者担心"割尾巴"，干脆洗手不干。然后"沧海横流，方显出英雄本色"，仍然有不少创业者痴心不改，最终将实业进行到底。如苏宁电器的张近东、万通集团冯仑、SOHO 中国的潘石屹、"打工皇帝"段永平、"巨人"史玉柱等都是在这一时期开始创业，并最终取得了成功。

四、迅猛发展阶段

该阶段从 1992 年初至 1999 年 11 月。

1992 年是中国企业家成长的转折年。这一年邓小平发表了南方谈话，提出了"三个有利于"判断是非的标准。"不争论，大胆地闯"，"特区姓社不姓资"，邓小平的讲话再次为私营经济的发展鸣锣开道，犹如一股春风驱散了笼罩在人们心头的疑云，大大解放了人们的思想；同年，国家体改委颁布《有限责任公司暂行条例》《股份有限公司暂行条例》；1992 年 10 月，党的十四大决定抓住机遇加快发展，确立了市场经济体制的改革目标，推动了创业活动高速增长。1992 年、1994 年、1996 年全国私营企业户数的增长率分别达到 28.8%、81.7%、25.2%。上一阶段因为外国经济制裁，而受到严重阻碍的创业热情重新高涨，深圳成为创业的前沿，"深圳速度"成为当时的流行语。这标志着新一轮的创业高潮开始了。

这一时期创业的特点可以概括为：从创业组成人员来看，政府机构、知识分子的创业人数迅速增长，为实现创业再就业的下岗人员也加入其中；从创业企业规模来看，中小企业发展为大中型企业；创业行业除涉及金融、房地产、教育等第三产业外，许多创业者看到了互联网技术的发展，纷纷投入到互联网进行创业。这一阶段著名的创业者有阿里巴巴的马云、比亚迪的王传福、搜狐的张朝阳、网易的丁磊、蒙牛的牛根生、康泰人寿陈东升、中坤集团黄怒波等。

五、扩大就业发展战略阶段

该阶段从 1999 年底至 2007 年底。

1999 年 8 月，九届全国人大一次会议通过了《中华人民共和国个人独资企业法》，这部法律为民间创业提供了方向指引。这部法律的通过，降低了对创业者的融资要求，取消了创业关于注册资金数额的要求，也就是说，即使 1 元钱也可以注册企业。这部法律的通过，让创业变得更容易，开始了中国第四次创业高潮。

2002 年 11 月党的十六大报告指出：必须尊重劳动、尊重知识、尊重人才、尊重创造，并将其作为党和国家的一项重大方针在全社会认真贯彻；必须形成与社会主义初级阶段基本经济制度相适应的思想观念和创业机制，营造鼓励人们干事业、支持人们干成事业的社会氛围；必须放手让一切劳动、知识、技术、管理和资本的活力竞相迸发，让一切创造社会财富的源泉充分涌流。在这一政策的鼓励与推动下，新的一轮创业热情变得高涨，中国成为了世界上创业活动最活跃的地区之一。

2005 年 10 月 27 日十届全国人大十八次会议表决通过了修订后的新《公司法》，并于 2006 年 1 月 1 日起正式施行。新公司法规定，设立有限责任公司，取消按照公司经营范围和行业性质区分最低注册资本额的规定，将有限责任公司的最低注册资本额一律降为 3 万元，其中货币出资额不得低于责任公司注册资本的 30%，并允许按照规定的比例在两年内分期缴清出资；同时还对一人有限责任公司作出特别规定。修订后的新《公司法》为公司的设立和运营提供了制度便利，进一步推进了创业热潮。

2007 年 10 月 15 日，胡锦涛同志在中国共产党第十七次全国代表大会报告中首次强调："实施扩大就业的发展战略，促进以创业带动就业。"党中央将创业列入重大发展战略范围，标志着党中央在国民经济发展战略上新的突破和理论创新。

这一阶段的创新范围集中于高科技领域，主要创业人员为海外留学人员。国内的经济环境及创业政策为创业人员提供了良好的平台，扩大了创业的范围，提升了创业的空间，标志着中国进入了全面创业的新时代。

这一时期的创业者凭借对市场的正确预测以及对经济走势的准确把握取得了成功。以互联网界创业为例，催生了一批财富英雄，涌现了一大批以百度李彦宏、盛大陈天桥为代表的阳光富豪。这批富豪的崛起转变了社会对富豪的认识和看法，这些富豪与权力保持距离，依靠个人努力，顺应市场发展趋势，带动了一个新的产业的发展，为社会提供了大量的就业机会，通过高科技和互联网经济实现了真正的产业革命，使整个国家更具有创新活力和创业动力。

六、探索创业型经济阶段

该阶段是从 2008 年 1 月至今。

2008 年下半年，由美国的次贷危机引发的世界性金融危机，影响了我国对外经济的发展，出口量大幅度减少，经济增长呈缓慢趋势，一大部分的中小企业没有订单，甚至面临破产境遇，失业人口数量增多，部分企业减少或者暂停招聘计划，使毕业生就业形势更加严峻。在此背景下，政府出台了一系列鼓励全民创新创业的政策。

2008 年 7 月，国家人力资源和社会保障部等 11 部门起草了《关于促进创业带动就业的若干意见》，其中加大对创业企业的政策支持，并计划在 20 个城市进行试点。

2008 年 12 月 2 日，首届全球创业型经济论坛召开，我国学者指出，创业型经济才是中国经济发展的最佳选择。1985 年，德鲁克首次提出创业型经济这一概念。他认为，创业型经济是指以大量新创的成长型中小企业为支撑的经济形态。中国发展创业型经济应当以知识和企业家为核心生产要素，以创意和创新为主要手段，以中小企业为微观经济基础，通过创业机制持续推动经济发展的经济形态。这是中国转变经济发展方式的必由之路，是提高自主创新能力、建设创新型国家的根本途径。

2009 年 3 月，我国启动创业型城市建设，包括深圳、南宁、太原等 82 个城市被国家人力资源和社会保障部列为首批创建国家级创业型城市。

2010 年 4 月 22 日，教育部下发了《关于大力推进高等学校创新创业教育和大学生自主创业工作的意见》，高校创新创业教育正式进入教育行政部门指导下的全面推进阶段。

2012 年 8 月 1 日，教育部又印发了《普通本科学校创业教育教学基本要求（试行）》，要求把创业教育融入人才培养体系，贯彻人才培养全过程，并规定"创业基础"是面向全体高校学生开展创业教育的核心课程，要求面向全体学生单独开设"创业基础"必修课，不少于 32 学时。

可以预言，一个全新的创业时代、新一轮中国创业高潮即将到来。

本章小结

中国作为联合国教科文组织"创业教育"项目的成员国，早在 1991 年就在基础教育阶段试点创业教育，由原国家教委基础教育司牵头组织了六省市布点研究。我国的创业教育兴起是伴随着创业活动的开展而逐步铺开的。目前大学生对于创新创业，主要存在以下六个问题：①大学生自主创新创业的积极性不高。②大学生对创新创业政策的了解程度较低。③大学生的创业活动大多集中在技术含量较低的部门和行业。④参与大学生创业的热情不高、人数较少。⑤大学生创业的失败率较高。⑥大学生创业一般都面临融资困难的局面。

各国的创业教育有着不同的特征。最先开始创业教育的是美国。杰弗里·蒂蒙斯教授是美国创业学教育的创始人，他指出通过创业者和创新者的不断努力，改变了20世纪八九十年代的美国经济。在美国，担负起创业教育任务的主体是商学院。美国高校的创业教育大体上经历了三个阶段：20世纪80年代前，创业教育产生初期；20世纪80~90年代，美国高校创业教育发展的完善阶段；20世纪90年代后，美国高校创业教育发展的成熟期。

瑞典一直重视学生的创新创业教育，将创新创业教育贯穿于学生学习的全部阶段，已成为国民教育体系的一个组成部门。这个富有创新精神的国家具有一套完备的创业教育体系。目前，瑞典的创业教育已被纳入到国民教育体系之中，内容涵盖了从初中、高中、大学本科直到研究生的正规教育。

英国高校开展创业教育的同时重视学生的创新能力开发，高校基于学生的特点设置相关的课程，比如创业类课程、创新类课程、创新管理类课程和技术转移管理类课程等。英国的高校不仅为学生设置各种类型的课程，而且使课程的形式丰富多彩，激发学生学习的积极性及对创新创业的热情。

当代中国真正意义上的创业新时期应当追溯到1978年的改革开放。第一阶段为草根创业期，也称为个体户阶段，时间从1979年初至1984年10月。第二阶段为胆量创业期，这个阶段又称为"头班车"阶段，时间从1984年10月至1988年4月。第三阶段为曲折前进阶段，该阶段从1988年4月至1991年底。第四阶段为迅猛发展阶段，该阶段从1992年初至1999年11月。第五阶级为扩大就业发展战略阶段，该阶段从1999年底至2007年底。第六阶级为探索创业型经济阶段，该阶段是从2008年1月至今。可以预言，一个全新的创业时代、新一轮中国创业高潮即将到来。

关键概念

创业教育　创业型经济　创业带动就业

思考题

1. 简述中国当代大学生创新创业存在的问题。

2. 试述美国创业活动的特点及对我国创业的启示。

3. 简述中国创业活动存在的主要问题。

 **案例分析**

案例一 超级课程表创始人余佳文的创业故事

随着超级课程表 APP 在各大校园走红，很多人都开始挖掘超级课程表创始人余佳文的创业故事。"90 后"创业者为何有这样的能力？了解了他的创业历程，相信你也会对他刮目相看。

说话爱吐舌头、爱卖萌的余佳文是一个不按常理出牌、个性十足的年轻人。14 岁开始做生意、高二赚得人生的第一个一百万的他，现已获得阿里巴巴的数千万美元的风投。

作为热门手机 APP "超级课程表"的创始人，这位"90 后" CEO 的管理方式令人咋舌，"我的公司全是'90 后'，员工薪水自己开，我鼓励员工之间吵架，吵不了就打，住院了我出钱。明年我会拿出一亿元的利润分给员工！"面对社会上对于"90 后"的各式标签，余佳文说："别拿'90 后'说事儿！'90 后'终将过去，年轻的思想才会一直流行！"

演讲播出后，网络上流出的"余佳文演讲"一天之间阅读量近 10 万次，人气之高令人咋舌。

继 2013 年获红杉中国领投、策源创投跟投的千万元级别的 A 轮投资后，超级课程表 CEO 余佳文证实，超级课程表团队 2016 年 8 月又获得了数千万美元的 B 轮投资。此轮投资由阿里巴巴集团领投，红杉资本以及策源创投继续参投。

超级课程表是一款能对接高校教务系统，帮助大学生快速录入课表至手机的工具类应用。据了解，目前该应用的用户数已超过 1000 万，平均日活跃用户达 200 多万。除此之外，仅 2016 年初到 6 月，超级课程表中就产生了高达 17 亿次的课程搜索行为。同时，该应用中的"下课聊"模块也已经成为目前国内最大的学生匿名社交平台。

至于为什么会在 B 轮中接受来自阿里巴巴的投资，余佳文也有着自己的看法，阿里巴巴作为互联网三巨头之一，无论从公司业务和公司管理上都能给超级课程表提供更多的支持和建议；另外，自己也曾去过阿里的总部感受阿里巴巴的公司文化，和超级课程表所提倡的公司文化很搭。这种公司文化上的"搭"，也是余佳文在接触众多投资方后选择阿里巴巴的原因。

余佳文在接受采访时还透露，超级课程表的团队目前有 60 多人，清一色都为"90 后"。而在拿到投资后，超级课程表将投入 1000 万元大力发展北京市场。众所周知，北京高校众多，校园潜在用户基数大，而在余佳文看来，从广州发展起来的超级课程表在北京市场中的表现还是相对不足，需要投入更多精力与资金。据了解，超级课程表已经在北京建立分公司，并开始了推广工作。

余佳文称，创业不是他最初的想法，实际上他只是喜欢打代码，认为那是很与众不同的事情。2009 年余佳文找来八个志趣相投的小伙伴，组建兴趣小组，每人找一个英文字母，拼起来作为组名"XTUONE"，在他看来，这个没有什么含义的名字，却给人带来读不懂又貌似很酷的感觉。XTUONE 精心打造的第一款产品——邮件客户端因市场反响冷淡，最后他们只好把这款产品卖给汕头一家网络公司。为了尽快走出困境，2011 年余佳文把同学们不在意的安卓课程设计作品揽下，推出"草创版"超级课程表，尽管最初版本的功能并不完善，同学们还是用得不亦乐乎。

大三那年，XTUONE 团队里有些伙伴已经走到毕业的关口，余佳文想到日后不能和他们一起奋斗，做自己喜欢的事，心里很难过，便提出给他一点时间的要求，他想通过创业，留住他的团队。

凭借自己从高中开始积累的产品经验，余佳文看准了超级课程表的发展潜力，索性建立广州周末网络科技有限公司，专心研发超级课程表。

余佳文介绍，平时手机登录教务系统，由于屏幕小，看不清课程表。而超级课程表只要输入用户名和密码，录入教务处的课程表与手机实际大小一样。课程表上显示有课程名称、教室、任课老师等，还附带聊天机器人、"传字条"等社交功能，既方便蹭课，又能当搭讪利器，在抓取用户需求、切入大学生市场等方面都很有优势。

余佳文曾在接受采访时表情兴奋地举起手喊了一句："我以后要成为马云！"别人问，"为什么是马云？"他的表情又恢复平淡，随便说了一句，"开玩笑的啦"。不管余佳文是不是真的想成为或者能够成为马云，但是他与马云"猿粪"就此开始。

余佳文出生在一个普通家庭，父亲靠每天在市场卖猪肉维持一家的生计。余佳文因为从小特别讨厌猪肉味和市场的臭味，所以他励志要做一个不一样的人。

在很长一段时间，余佳文"90 后"CEO 的知名度还只是在小范围内流传，改变发生在 2016 年 11 月 22 日，在当天的《青年中国说》节目中，因声称"明年拿出 1 亿利润分员工"而陷入舆论风波。余佳文能够如此这般狂霸酷炫拽，大言不惭地说出"明年拿出 1 亿利润给员工"，跟目前获得阿里巴巴集团的融资不无关系；2014 年 6 月，获得阿里巴巴领投、红杉资本和策源创投继续参投的 B 轮融资，金额为数千万美元。加上这次融资，超级课程表总共获得了四笔投资，2012 年获得两笔天使投资；2013 年 6 月，获得千万元级别的 A 轮投资。

作为"90 后"的创业者，我们一定要敢想敢做。在创业的过程中，我们需要坚定自己的信念。在创业大军中，我们一定要做一个佼佼者。

（资料来源：佚名．超级课程表 CEO 余佳文的创业经历［EB/OL］．http：//www.wm23.cn/z8810482/410969.html．）

思考题

1. 从创业的角度出发，讨论超级课程表的产生情景是什么？
2. 从商业的角度讨论，超级课程表的发展前景有哪些？
3. 从竞争的角度讨论，超级课程表能从激烈的竞争中脱颖而出吗？
4. 探讨一下，生活中有没有与超级课程类似的创新项目？

案例二 "90后"发明磁性剪纸开启创业历程

王××，女，山西省晋城市人，1990年生，杭州师范大学×××学院2008级×××专业学生。

在山西省晋城市，遇上节日婚庆，主人家总要请当地的老人剪出各种造型的剪纸，贴在玻璃或婚车上，像透着火一样喜庆。不过，因为镂空的剪纸比较软，稍不注意就会撕烂，涂上糨糊之后就更易碎了。

2005年的一天，王××在帮亲人装扮婚车时，亲身感觉如此漂亮的剪纸用起来却很不方便。她发现，正因为这些原因，很多起源于民间的剪纸艺术要么被湮没不再，要么被装裱在收藏夹中成为昂贵的礼品，普通人越来越难见到它们的身影。

于是，她和平时爱搞小发明的父亲商量，能不能找到一个既不破坏剪纸的艺术效果，又能易于收藏使用的好办法。父女二人很快投入到发明中。偶然看到冰箱贴的磁性吸附功能，他们想如果剪纸也有这样的磁性吸附功能不就解决问题了吗？

经过反复选择试验，王××终于找到了一种特殊的磁性材料来代替传统的剪纸材料。使用这样的材料剪出的艺术剪纸很容易就可以吸附、粘贴在铁质的物品上，用水及清洁剂喷在背面还可以轻易地粘在玻璃等光滑物品上。磁性剪纸解决了传统剪纸容易掉色、变色及收藏不方便的问题。

磁性剪纸发明之后，王××的父亲王×很快申请了专利。2005年8月17日，国家专利局通过了磁性剪纸的专利技术。由磁性剪纸延伸，王××又取得了磁贴画和着色磁性剪纸两项专利。为了让专利产品定向市场，父女俩还跑到义乌寻找商机。

2007年10月，王××和父亲的磁性剪纸专利从海内外报名的近3000项专利中脱颖而出，王××也因此进入中央电视台"我爱发明"大赛的决赛现场。经过中国资产评估协会、中国发明协会等有关部门专家学者的严格评审，磁性剪纸项目因其市场大、社会效益好及其良好的不可替代性等优势深受评委青睐，王××凭着磁性剪纸专利最终夺得了央视"我爱发明"大赛的首个最高奖——新金点子奖。

2008年，刚刚拿到杭州师范大学录取通知书的王××，又惊喜地接到山西省文化厅的通知：因磁性剪纸将中国的传统剪纸文化与现代的科技元素巧妙融合在一起，符合北京奥运会"科技奥运"的理念，因而选其代表山西省在北京奥林匹克公园"中国故事"之山西"祥云小屋"展示。

奥运会期间，王××和母亲一起来到北京，给世界各地的运动员和游客展示磁性剪纸艺术。她们设计的获奥运金牌的各国优秀运动员的磁性剪纸肖像，特别是菲尔普斯、梅西、杨威、廖辉、郭晶晶、张娟娟等人物肖像剪纸成了"抢手货"。从中外游客欣赏赞叹的目光中，王××再次看到了磁性剪纸蕴含着的巨大商机。她暗暗下决心，一定要把这一专利转换成创意文化产业，做大做强。

2008年9月，王××到校报到，成了杭州师范大学××学院××专业的一名新生。她之所以选择这所大学，是因为听说这是一所提倡和支持大学生自主创业的学校，她所崇拜的"阿里巴巴"创始人马云就是从这里毕业的；而另外一个原因是，杭州市离义乌市很近，能更方便地实现她的创业梦想。

在学校里，依托磁性剪纸等几项专利，王××组建起了自己的"飞点儿"磁性剪纸创业团队。2009年6月，她在义乌市注册了属于自己的公司——义乌市廿分红磁性剪纸有限公司。随后，她与同样抱有创业梦想的同学创立了磁性剪纸创意文化公司。

2009年11月1日，王××带领她的磁性剪纸团队参加了浙江省大学生职业生涯规划大赛，与全省85所高校的代表同台竞技，最终荣获大赛的最高奖"双十佳职业规划之星"。

在王××眼中，以中国传统手工艺品剪纸为载体发展磁性剪纸事业，是一项传承和发扬民间文化的创举。2009年9月30日，中国剪纸入选世界人类非物质文化遗产的消息让王××和她的创意团队欣喜不已。

由此，王××设计了更大的创业梦想：打造最具中国特色的文化创意产业，传承和弘扬世界非物质文化遗产，使剪纸走上产业化道路。

规划好发展目标后，关键是如何做的问题。王××首先想到的是杭州得天独厚的旅游资源。于是，她带领她的创意团队着手开发一系列反映杭州自然风光、名胜古迹、民俗风情、历史传说的磁性剪纸作品。目前，他们开发的"西湖十最"已经上市推广，并广受好评。

"磁性剪纸在杭州的市场基本上处于空白。近几年，杭州旅游业发展迅猛，这为磁性剪纸打入杭州市旅游纪念品市场提供了有利的条件。"提起产品的发展前景，王××激情满怀。王××希望，有一天，她的磁性剪纸能红遍全国，走向世界。

（资料来源：陈叶梅，贾志勇，王彦. 大学生创新创业基础［M］. 成都：西南交通大学出版社，2016年.）

💬 思考题

1. 从商业的角度讨论，磁性剪纸及其周边产品的发展前景有哪些？

2. 从竞争的角度讨论，磁性剪纸能从激烈竞争的市场中生存下来吗？

3. 从创业的角度出发，讨论生活中有没有和磁性剪纸相似的创业项目？

4. 探讨一下，生活中有没有与磁性剪纸类似的创新项目？

第二章
创新基础理论

 导入案例

中兴通讯企业技术创新概况

一、中兴通讯企业技术创新概况

中兴通讯从 20 世纪 80 年代成立到目前为止，发展成为世界级的企业。中兴通讯最早是以电子来料加工起家，并逐渐发展出了核心技术。比如，我国第一台程控交换机就是中兴研发的；我国 CDMX 技术的扩展以及后来中兴国产手机业务的蓬勃发展。中兴通讯业务的发展实现了从来料加工的"中国加工"到"中国制造"最后到"中国创造"乃至"中国品牌"（朱斌、吴佳音，2011）。

1. 中兴通讯主流与新流创新演进历程

中兴通讯的创新发展历程可以总结为四个阶段：第一阶段主要表现为基础要素聚集，从最基础的交换机做起，发展信号交流技术；第二阶段发展成为以交换机为主要产品，同时兼顾其他产品相关市场的挖掘；第三阶段交换机逐渐步出市场，接入网成为主流产品；第四阶段多种发展战略协同推进，共同促进企业发展。

（1）创新萌发期（1985～1995 年）。这个阶段中兴通讯主要是聚集资金、技术等基础生产要素，逐渐积累并最终开发出国产交换机技术。1985 年，处于初创阶段的中兴通讯主要依靠电子产品来料加工，并在此过程中逐渐掌握了核心技术，并积累了项目发展所需要的资金。之后，在各种要素叠加的基础上，1986 年中兴通讯成功开发了第一台具有自主知识产权的分控交换机，因此也进入了通信产业，踏上了持续开发交换机技术和产品的道路。在之后的十余年间，交换机产品逐渐占领国内市场，同时也为公司带来了丰厚的收益，并于 1995 年达到了销售的顶峰。这个过程是多个调价叠加相互作用下的结果，在巨大的市场需求、政策支持、资金及技术等要素积累的条件下，中兴通讯快速发展。

（2）创新发展期（1996～1998 年）。在交换机市场逐渐成熟的情况下，中兴通讯也实现了以交换机为主导产品，其他产品为辅的产品格局。交换机的市场报价于 1995 年达到历史最高值，1996 年交换机技术趋于成熟，市场逐渐饱和，行业环境发生剧烈变化，在此之后交换机的价格一路下跌，并于 1998 年综合报价低至 200 元/线。在这种背景下，交换机主流市场沉淀的资金被迫逐渐退出，转到潜在市场，推动开发能满足顾客需求的新创新产品。也是在这个时候，电源技术、传输技术、接入网技术、视讯技术等新技术逐渐出现，中兴通讯抓住这个机遇，在全国各地设立了十多家研究所，对这些新技术展开攻关研发。

（3）创新更新期（1999～2003 年）。交换机没落之后，多元化接入网技术逐渐成为市场的主流。交换机市场逐渐进入市场尾声，交换机不再能满足企业的发展需求，企业也就需要寻找新的增长点。接入网 CDMA 在创新空间、需求空间以及竞争空间等方面，满足中兴通讯的各种发展需求，也成为中兴通讯的发展方向。因此，中兴通讯将 CDMA 作为企业的核心发展攻关方向，通过举债等方式逐渐转变了企业战略，并最终走上了健康快速发展的道路。此后，中兴通讯在 CDMA 方面经过不断积累，成功开发了一系列的产品，如小灵通设备、ZTE189 国产全中文双频手机、CDMA 机卡分离 ZTE 智能手机。这些都为中兴带来了客观的利润。

（4）创新并行期（2004 年至今）。在推进三大战略协同发展的时期，主流创新与新创新系统发展。在确定主流创新发展方向后，中兴通讯将主要精力放在 CDMA 上，并经过自身不断的努力，逐渐走上了发展的巅峰。但 2004 年之后，随着新技术的发展，CDMA 市场开始下行，逐渐萎缩。然而，CDMA 技术的周边产品如手机销量却仍然呈现增长趋势。与此同时，CDMA 新创新的技术业务进展并不顺利，前景扑朔迷离。在这种情况下，中兴通讯及时转变战略，增加了国际化战略。至今，中兴通讯在 3G 的基础上，逐渐发展 5G 技术，与此同时，手机也有序推进，三大战略协同发展（朱斌、陈巧平，2015）。

2. 企业主流与新流创新演进机理模型建构

中兴通讯发展的早期以交换机作为主流技术，之后逐渐转到以 CDMA 为主流项目，经过在此之后的多次技术战略转变，如今形成了三大战略与创新协同发展的格局。在这个过程中，中兴通讯不断创新，突破多重技术壁垒的限制，在持续性创新的路线上不断开拓前进，同时新流创新也不断拓展，两者齐头并进，实现了企业的不断发展。在手机相关产业的发展过程中，首先突破低端手机，然后在技术积累的基础上向高端手机进军，技术方面也随着手机的发展从 3G 发展到了 5G，市场方面也收获颇丰，逐渐打开了国际市场，实现了跨越性发展。

二、无锡尚德太阳能电力有限公司的发展

1. 无锡尚德企业技术践行创新的路径

尚德太阳能公司创立于2001年，是一家以清洁能源为核心业务的外资独资高新技术企业。尚德公司借助其在太阳能产业的技术优势，加之不断地推动技术创新和开拓市场，在企业创立的短短十年时间，成为中国太阳能企业光伏产业的领军企业，甚至一度成为全球最大的光伏产品制造商。尚德公司拥有世界级的研发团队，成功地将十多项世界级的发明专利技术转化为成功的产品，抓住机遇，一跃成为世界太阳能电池的最大供应商。

2. 尚德公司的创新路径

（1）创新生成期，生产所需的基础要素的迭代累加，形成晶硅太阳能电池的主流技术，这段时间从2001年持续到2007年。尚德公司具有得天独厚的创新条件，并且该公司对市场十分灵敏，反应特别迅速。在中国光伏产业发展的初期，施正荣博士就嗅到了中国在光伏电池产品研发方面的机遇和商机，并即刻以自己拥有的十多项发明专利为基础，研发自己的太阳能产品。从市场、行业、政策等多方面的比较，尚德公司此时在创新方面已经逐渐成熟。

（2）创新变化期，经过前面的技术爆发之后，尚德公司在2008年到2013年逐渐进入新技术的障碍期，没有新的技术生成，冲突不断加剧，逐渐失去支撑。加之2008年金融危机对中国光伏企业造成了沉重的打击，尚德的利润逐渐降低，国家的补贴同时也大幅度下调，企业陷入了资金缺乏的境地。与此同时，企业不断投入的薄膜电池技术还没有成熟，并没有形成一轮新的利润。企业因此陷入了严重的财务危机。尚德没有抓住机会将技术转化为利润，失去了继续发展的机会。

3. 尚德企业的主流与新流创新模型

主流的创新和新流的创新是企业不断发展的基础。尚德公司在企业主流创新比例高的时候，没有适当地调整战略，及时地促进新流创新的发展，而是只专注于规模化生产经营。只专注扩大市场而没有成功实现技术升级换代，使尚德企业在市场饱和时，不能及时变更企业各项资源配置，而在行业处于低谷时，企业无法自保。

三、中兴通讯和尚德企业主流创新和新流创新的对比分析

成功企业的主流创新和新流创新的案例表明，正确的技术方向，成功实现兼顾技术和市场的发展是企业生存发展的根本。中兴通讯和尚德公司在创新方面形成鲜明的对比，这对于主流创新和新流创新的探究有着重要的意义。通过对比，我们发现以下几点不同：①在新技术方面。中兴通讯在主流技术飞速发展的时候，快速找准市场定位，着手新技术

的开发，并在适当的时候，将新技术转化为企业的核心技术，紧跟主流技术的发展，并增强了企业的竞争力，为企业带来了可观的利润。相对于中兴通讯紧跟主流技术成功发展，尚德企业在新技术面前，准备不足，没能抓住新技术的发展方向，也未能成功地发展出适合企业的新技术，最终错过了发展的机会。②在企业战略方面。中兴通讯充分发挥企业灵活的优势，在准确把握市场机遇的前提下，快速行动，将思想转化为行动，成功地将新流创新转化为主流创新，不断地发展出企业发展的新动力，成为企业不断发展的关键。相比之下，尚德企业在市场环境瞬息万变的情况下，没能适应主流技术的变化，只是靠规模化经营，以此来获取利润的增长。可见，核心技术对支撑企业发展起着至关重要的作用。③在组织方面。中兴通讯在进行技术攻关时，会专门成立团队，全面负责技术研发工作。并在此基础上形成了二元组织结构，成功地解决了主流创新与新流创新的冲突。尚德企业在该方面进行得不是特别顺利，冲突在所难免。其技术研发都由企业初创时期的技术团队负责，集中式的管理没能将新流创新和主流创新很好地统一到一起。从此可以看出，中兴通讯和尚德企业在技术研发管理方面有着明显的不同。④在要素方面。中兴通讯创始人侯为贵，曾在企业管理岗位上摸爬滚打，具有一定的管理经验。尚德企业的创始人施正荣则更关注技术研发，对企业管理的经验相对缺乏。⑤在政策方面。中兴通讯通过飞跃式的技术创新，促使企业的跨越式发展。当然，在此过程中，政策的作用也很明显。对于尚德企业在没能成功开发出新技术的情况下，政府减少补贴也对其发展有着明显的影响。

（资料来源：方金城，朱斌．标杆学习对企业主流与新流创新的影响［J］．中国流通经济，2016，1（30）：104－113；余序江，许志义，陈泽义．技术管理与技术预测［M］．北京：清华大学出版社，2008.）

第一节　创新的内涵

20世纪50年代末，在美国心理学会主席吉尔福特倡导下，创新性成为了心理学研究中一个新的分支。研究人员在接下来的60多年里，对创新性的概念、结构、影响因素、特点及其形成机制进行了有效的探索，形成了统一的认识，形成了关于创造性的4P的定义，4C的层次理论和社会价值观。这些对认识创新素养的内涵有着非常重要的意义。

一、创新中的4P

虽然对创新定义并不那么容易，但人们对这一现象的理解还是有共识的。被广大研究人员普遍接受的关于创造性的定义有四个方面，具体是创造性的过程、创造性产品、创造性个人以及创造性环境，这四个量共同成为4P的观点（OCED，2005）。其中与个体息息相关的有两个方面：创造性过程强调人的因素，从思维或者认知的维度探讨创造性。根据吉尔福特关于创新的观点，创新性是以个人为核心，突出个人的发散思维在创新中的作用。但这一观点，伴随着发散思维在信效度方面的不确定性，使研究人员认为创造性思维还应包括聚合思维。人则强调从人格方面探讨其对创造性的影响。重视人格在创造性方面的作用，是指个人对创造性活动所发挥出来的积极的心理作用，是创造性的重要内容。根据威廉姆斯创造性人格量表的介绍，创造性人格的影响因素主要包括冒险性、好奇心、想象力和挑战性几个方面。

二、创新中的 4C 理论

4C 理论提供了关于创造性的一些新的视角。美国著名的心理学家 Kaufman 和 Beghetto 指出，创造性也分为不同的层次。创造性的最高层次是卓越的创造才能。能够达到这个创造性水平的人，通常都是著名的科学家，如牛顿、贝多芬等。第二层次的创造性是指职业创造性，具体是职业人士所包含的创造性，但这个尚未达到卓越创造性的水平。第三个层次的创造性是指人们在日常生活中所表现出来的创造性，称为小创造性。比如将意大利食物和中国食物混合在一起创作一道菜。第四个层次的创造性是微创造性，它着重描述学习过程中，对新事物的独特见解和解释。比如，一个儿童对汉字"早"的解释是微创新层次的创造性表达。Kaufman 等认为，这些不同种类的创新分类，代表了四个不同层次的创新水平以及发展阶段。每个人都有可能经历这些阶段，但又会各有差异。根据这个 4C 模型，创新性应关注个体的发展。不同年龄的学生，创新素养都有所差异，各有千秋。在基础教育阶段，着重培养学生在小创新和微创新方面的素养，鼓励个人在想象力、冒险性和挑战性等人格方面有所突破，提升学生的发散思维和聚合思维。到了高等教育阶段，课程和教学的设计应着力培养学生在职业创新和卓越创新方面提高层次，鼓励个体结合特定专业进行研究和探索，形成深厚且广泛的专业基础知识。这个阶段的创新仍然不能忽视人格的影响，只不过它不再是普遍性地分布在各个领域，而是区别性比较强地分布在各个不同的领域。因此，丰厚的专业知识，对专业的主动投入和不断进取，最终成为了各个专业领域内创造者们所具有的共同特征（辛涛等，2013）。

三、社会价值取向的创新标准

关于创造性的定义，有两种不同的取向，个人主义和社会价值两种。个人主义取向强调个人的作用，从个人的创新角度出发，认为创新是个体表现出来的一种新颖的心理组合。按照其特点，主要表现为新颖性。一种事物只要对个体而言足够新颖，即使对大多数人们来说是很普通的，也可以基于个体的因素，将其定义为创新。比如，在食材缺乏的时候修改食谱，儿童的涂鸦，甚至婴儿第一次将花生塞进鼻子，这些都符合个体取向下创新的定义。但如果只有这些创新，并不能满足创新的最终要求。从职业的角度出发，更需要借鉴社会价值取向的创新标准。社会价值取向的创新表现为产品在生产过程中，产品需要被一些专业团体评定为创新，同时也具有一定的价值。换句话说，这个定义就表明这些创造性的个体必须能产出一些既不同于以往的产品，同时这些产品又有一定的社会价值。相比个人的创新标准，社会价值取向的创新更强调创新的价值属性，这些真正创新的产品，同时具有新颖的特点，又不失价值性。真正的创新人才，其表现、观念以及产品在创新的基础之上，必须是有益于社会其他人和社会的。忽略这些标准，很有可能会导致学生过度重视发挥自我个性而忽略或者排斥其他人或者社会的利益，难以培养成真正的创新素养。

根据社会价值的取向，创新应该是一种在道德的范畴内开展活动，底线是不能违反法律，因此创新教育应该有道德方面的诉求。仅仅重视创新素养本身的培养，不重视道德感的培养，很有可能会培养出在创新思维本身很擅长，而道德感却不强的学生（褚宏启等，2015）。这样的学生很有可能会为了一己私利而钻空子、找漏洞，甚至步入不择手段的地步，最终深深伤害了广大社会大众的利益。因此，创新素养所涉及的学生道德修养的培养，也是创新性中的一个要素。

虽然要重视批判性思维和聚合性思维，才有助于开发出新颖且具有社会价值的产品，但是作为创新能力发展的前提和基础，社会发展所积累的知识，也应该受到广泛的重视。这里说的创新，也包括知识的创新，它有可能会在学生进行创作的过程中，帮助学生掌握各项基本知识，包括跨学科的知识。各个方面的知识协同作用，相互联系，共同促进学生开展创造性的活动。与此同时，还应注意随着学生的成长，创新的具体内涵、要求和表现也会有所发展或不同，针对不同年龄阶段的学生，采取有针对性的教育培养方案，对帮助学生创新素养的培养有很重要的作用。从另一方面说，学校所培养的创新在更大程度上是一种潜在的能力，能从最基础、最关键、最具共性的方面进行培育，这些素养是核心部分。

第二节　创新素养的核心成分

一、创新素养的核心成分

重视创新素养的培养，是国际上公认的社会人才培养的共识，它也是由经济合作与发展组织从1997年到2005年通过一系列的调查和实验界定和遴选出来的。在一系列的研究中，创新的核心素养，被定义为个人价值的实现途径，并促进个人终身的发展，最终融入主流社会的重要途径。创新的核心素养包括充分就业所需的知识，是各项技能的集合，具体细化为能熟练地使用工具，在不同的团体中互动地开展活动以及自律地履行行动三个方面。经济合作组织十分看中这方面的素养，它包含元认知、创造力和批判性思维的相互作用过程。这个过程在多个方面对创新个体都有较高的要求，比如考虑社会成熟度，考虑不同人的观点以及提出独立的见解，为自己的行为负责等。联合国教科文组织也对创新素养表现出了足够的重视。2013 年 2 月，其与美国布鲁金斯学会一起成立了学习指标专项任务的研究，并发布了《走向普遍学习——每名孩子应该学什么》的最终报告。这个报告明确提出了检测学生学习成果的几个要素。这些要素构成了创新的基础内容，它强调中小学生思维能力的培养，处处关心培养学生的创造性和批判性思维，同时注重沟通、合作和解决问题的能力的培养。2005 年，欧盟也发布了相关的报告，在《终身学习核心素养：欧洲参考架构》报告中，它针对终身学习的八大因素给出了清晰的定义。其中，着重指出了主动与创新精神的重要作用，也反映出创新素养培养的重要性。除此之外，发达国家以及不同地区都发布了核心素养培养的研究，均指出了创新素养的重要性。比如，美国21 世纪技能联盟就指出，核心素养既包括学习和创新技能，其具体指标包括创造力、创新和批判性思维以及问题沟通和解决的能力。在日本公布的 21 世纪能力模型中，也包含了创新素养的内涵，根据该模型，思维能力是 21 世纪日本国民生存必备的能力，居于基础能力和实践能力之首。它包括发现问题、解决问题的能力，创造力、逻辑思维能力，批判性思维能力等。新加坡等国家的教育机构也于 2010 年公布了 21 世纪素养的文件，其核心内容也是关于包含创新性思维在内的各种能力的培养。从这些国际组织发布的指标体系中，很容易发现，与创新相关的品格和能力是国际社会在人才培养方面的共同经验①。

二、创新素养也是国内学生成长发展的需求

近年来，党和政府相关部门十分关注创新在国家和个人发展过程中的作用，党的十八届三中全会上形成了《中共中央关于全面深化改革若干重大问题的决定》，其中明确提出了深化教育改革的要求，指出教育应以增强学生社会责任感、创新精神、实践能力等为目标。国务院也颁布了《关于深化体制机制改革加快实施创新驱动发展战略的若干意见》，进一步细化教育领域的改革措施，指出教育要营造鼓励创新，宽容失败的氛围，从基础教育入手进行改革，尊重个性发展，强化发展个人兴趣爱好，着力培养学生的创新思维。在这些背景情况下，关注学生的动手能力，促进学生创新素养的发展，成为国内教育界的共识。

---

① 叶仁敏，洪德厚，保尔·托兰斯. 托兰斯创造性思维测验（TTCT）的测试和中西方学生的跨文化比较[J]. 应用心理学，1988，3（3）：22 - 29.

第三节 创新的培养及课程设计

一、对课程改革的要求

1. 课程标准

方案中要体现创新素养这个理念在课程目标、课程结构、课程实施等方面进行说明和规定，课程标准则对一些具体的学科内容、实施方案等方面提出具体的指导和要求，从宏观层面对课程制定进行规范。根据相关的经验，核心素养为课程方案的标准和修订提供了完善的指导，并进而对学业质量评价提供参考（蔡笑岳、朱雨洁，2007）。比如，对学习内容的增删、课程实施顺序的安排，这些内容的安排都遵循科学发展的历史和逻辑，虽然比较明确，但所选内容并不能很好地实现发展学生创新素养的目标。今后的课程内容以及教材的编写应兼顾学生核心素养的培养，真正体现教育对人的发展作用。在这个理念的指导下，我国对高中阶段的课程标准进行了重新设计和修订，更加重视知识在现实生活中的应用，体现创新品格和创新能力培养的要求，把创新知识、发散思维、批判性思维等明确出来，促进学生创新素养的培养。

2. 课程开发中的创新素养

创新素养的落实有两个思路：首先，全国各地的学校在总体课程方案、标准的制定下，针对创新素养的培养，可以从实践活动入手，结合本地情况开展学科内与学科间，学校内外灵活结合的综合实践活动。这类课程既对巩固学科知识的学习，也对培养学生发现问题、创新性地解决问题以及在此过程中合作和交流等素养的培养有很好的训练作用。其次，有条件的地区，可以针对国家提出的培养学生创新性素养的目标要求，有针对性地整合国家课程、地方课程、校本课程，充分利用这些课程，研发和实施一些集学科融合，有利于学生创新素养的选修课程，形成具有自己特色的课程体系。

二、对教学设计各环节的要求

1. 确认教学目标

教学目标对教学活动进行了详尽的限定，贯穿于整个教学过程。任何与创新相关的素养都是要通过教学来培养的，这些都需要在教学目标中有所体现。落实创新素养的培养，教学目标要体现在培养创新品格和创新能力上来。同时，教学重点难点也是如何培养创新素养。以语文教学为例，教学目标中应包含培养学生思维流畅度、灵活性和独立思考的能力，以及在这个过程中，充分发挥学生的想象力，鼓励学生冒险。这些目标可以通过教学内容具体细化，如激发学生如何在写作和说话时，快速产生大量的想法，不局限于固有的想法，善于发现问题、批判质疑、灵活变通等品质能力。

2. 教学方法和手段中的创新素养培养

教学方法和手段要与时俱进，灵活多样地体现创新性。在教学方法上，教师需要因地制宜地开展教学，结合教学内容，注重激发学生的兴趣，使用发散性的问题来引导学生思考问题，鼓励学生大胆地说出自己的想法（林崇德，2000）。以教学为例，采用续写故事、改写寓言等方法培养学生的发散思维，采用创作小剧本，短小说的办法，来激发学生独立思考的能力。用神话、古诗词等来拓宽学生的视野，激发他们的好奇心和想象力。在教学手段上，老师可以借助现代化的教学载体，健全并完善实验室等活动，开展多种课外活动和社会实践活动，促进学生探究事物的能力，为创新打下良好的基础，甚至可以设置创新平台，开展各种比赛活动，让具有创新潜力的学生得到认可和鼓励。

3. 教学安排要体现创新性

创新需要时间，教师在设计教学活动时，应该给学生足够的时间来思考，通过一些不带评价的练习、实验或者游戏的方式来培养学生发散性思维。在教学步骤上，重视学生的思考、讨论、质疑和分享，鼓励学生对已有知识进行甄别和批判性思考，同时可以加入头脑风暴、思维导图等创造策略的使用，助力学生创新素养的发展。

三、对教师创新素养教学的要求

作为学生创新培养过程中重要的外力，教师扮演着创新素养引路人和看门人的角色，他们对学生创新素养、能力方面的影响有着重要的作用。教师在创新素养方面的卓越表现，会对学生提供无穷的榜样力量，通过适当的教学手段，一定能提高他们在创新能力和品格方面的能力，鼓励更多学生投入到创新思考中去。在这个过程中，采用新颖的教学方法和独特的教学活动具有事半功倍的效果。学校方面，应该鼓励教师在日常的工作过程中，不断创新，勇于发表和应用最新的研究成果。同时鼓励教师积极参加各种交流学习，邀请有经验的专家来为教师进行创新课程设计方面的相关指导和培训。这有助于教师开发多元创意教案，创造更有利于激发学生创新性思维的活动（Kaufman 等，2009）。教师自身要勇于突破自己，勇于变革，积极探索使用新的教学方法和课程，比如启发式、讨论式、探究式及发现式的教学方法，将多种教学模式（比如问题教学法、情景教学法、案例教学法等）引入到课程中来，激发学生发现问题、探究问题的能力。在这个过程中，营造平等、民主、开放的氛围，对学生思想的激发有着良好的作用。

[案例 2 - 1]

从"电池大王"到"汽车大王"

1995 年 2 月，王传福借款 250 万元，注册成立了比亚迪科技有限公司，开始了在深圳的创业生涯。

20 世纪 90 年代中期，手提电话（"大哥大"）进入中国，一块小小的电池就要上千元，让王传福意识到这是个重大商机。此外，20 世纪 90 年代初期，日本宣布将不再生产镍镉电池，也为王传福创业提供了契机。

当时深圳的手机电池组装企业多如牛毛，但电池专家出身的王传福一开始就涉足核心的电芯技术，高起点为比亚迪的发展奠定了基调。通过拆解、学习、改造、创新，最终比亚迪硬是将电池业务做到了国内第一、世界第二。

在电池领域的成功，也为比亚迪奠定了"机器 + 人 = 机器人"的低成本生产模式，并在今后的发展中运用得如鱼得水。

从 20 世纪初开始，比亚迪就酝酿进入手机部件的生产和组装业务。2003 年，比亚迪正式进入该领域，并且一发而不可收与该行业的龙头鸿海集团形成正面交锋之势，手机配件业务成为比亚迪这几年的现金奶牛。

更让人意想不到的是，2003 年，比亚迪以 2.69 亿元收购秦川汽车，进入完全陌生的汽车领域，业界哗然，当时中国掀起了民企进军汽车行业的大潮，美的、波导等知名企业纷纷加入战团，当时名不见经传、从未涉足过汽车领域的王传福，是最不被看好的"赶潮者"之一。

比亚迪将在电池和手机领域的生产模式搬到了汽车上，尽管第一辆土里土气的样车面世时，不但王传福傻了眼，经销商更是沮丧到了极点，然而，比亚迪坚持低成本战略和走模仿道路，2006 年，比亚迪的汽车业务开始盈利。2007 年以后，比亚迪汽车的增长让业界刮目相看，2009 年上半年比亚迪生产了 18 万辆汽车，同比增长 150% 以上，全年有望卖出 43 万辆。

最值得关注的是，比亚迪在新能源汽车领域，已经走在了全球同行的前列。F3DM 从 2008 年底上市后，一直受到各方关注，国家工信部发布了《节能与新能源汽车示范应用工程推荐车型目录》，F3DM 作为唯一的轿车入选。比亚迪引以为傲的铁电池技术，其一次充电能行驶 300 公里，性能远超丰田等国际品牌。

王传福 2008 年的身价是 60 亿元，2009 年的身价飙升至 350 亿元。近 300 亿元的增量，将比亚迪总裁王传福推上了 2009 年中国新首富的宝座。

推动王传福财富激增的是香港主板上市公司比亚迪股价神话般的疯涨（从去年 9 月

的每股 8 港元左右，涨到每股 80 多港元），由于王传福拥有比亚迪 27.83% 的股份，其身价自然也坐上了直升机。这一切来自 2008 年 9 月，巴菲特入股比亚迪，而股神所看中的，就是比亚迪的"新能源汽车"概念。也就是说，是"新能源"成就了王传福的首富传奇。

通观 10 年来的中国首富榜可以发现，首富位置上主角的更迭，成为观察经济走势的一个窗口。此次王传福凭借新能源登顶，无疑预示着新能源行业开始在经济生活中扮演越来越重要的角色。

（资料来源：田志明，黄应来. 内地新首富王传福解码：从电池大王到汽车狂人 ［N］. 南方日报，2009 - 10 - 02.）

第四节 创新驱动战略

一、从经营战略的角度认识创新驱动发展战略的重要性

首先，这是顺应世界经济发展大势的时代要求。当今世界，新技术革命如雨后春笋般不断出现，新的产业革新也在不断兴起，一些重要的科学问题与核心技术则呈现即将突破的各种征兆。这也带动了关键技术的融合，为我国创新驱动实现跨越式发展，提供了难得的历史机遇。所以，我们应该以只争朝夕的精神，把实施创新驱动发展战略作为实现经济发展和结构调整的基本策略，作为发展优势能力的支撑，贯穿今后的现代化建设全过程，努力实现在新一轮科技革命中占得先机，赢得主动（Sawyer，2013）。其次，也是适应我国经济发展新常态的基本要求。我国经济总量已经跃居世界第二，社会生产力、科技实力以及综合国力在各个方面都有了前所未有的发展。但是，我国社会各个方面发展得极不平衡、不协调，不可持续发展的问题仍然广泛存在，人口、环境等方面的压力和挑战越来越大。因此，不管是从保持经济继续发展的基本态势方面来讲，还是从化解环境压力和人口压力等来说，都需要新的战略。这是更早更好转入创新驱动发展的道路，使科技、人才等要素真正成为可持续发展的主导力量，把科技作为第一生产力的作用充分发挥出来的基本要求，也是实现中华民族伟大复兴的根本选择。习总书记的讲话指出，科技和创新是国家强盛、民族进步的基础。科技兴则民族兴，科技强则国家强。科技以其不可抗拒和不可逆转的力量推动人类社会不断向前发展。16 世纪以来，多次发生的科技革命深刻地影响着世界力量的格局。从某种程度上说，科技力量决定世界政治力量的变化，同时也决定各个国家的命运。从国家发展的角度来讲，一个国家的生产力发展和劳动效率的提高，决定该国的命运。一个国家只有不断地创新，不断地发展生产力，不断地提高效率，才能立于不败之地。一个国家能否率先完成新的科学技术革命，掌握并积极推广最先进的科技成果，

是其能否迅速发展、社会能否持续进步、国力能否持续增强、国际地位能否不断提高的先决条件。在两个百年目标和中华民族伟大复兴的中国梦面前，就必须坚定不移地走科技强国的道路，贯彻落实科教兴国的战略，践行创新驱动发展的战略。

二、准确领会创新驱动发展战略所蕴含的丰富内涵

创新驱动的概念，是相对于投资驱动和要素驱动而提出的。相比要素驱动和投资驱动而言，创新驱动发展战略突出地强调创新对社会发展的重要推动作用。推动创新发展战略，就要激发全社会对创新和创造的潜能，充分调动知识、技术、劳动、资本、信息和管理等方面的效率，发挥它们对社会发展的贡献度，从而形成新的动力增长源泉，推动社会发展上一个新台阶。创新驱动发展战略的关键就是要把握创新的真正含义，包含自主创新、协同创新、体制创新和全面创新。

1. 自主创新

自力更生是中华民族立于世界民族之林的基础，自主创新也是我们攀登世界科技高峰的唯一途径。依靠自主创新是实施创新驱动发展的基本路径，也是对我国科技发展历史的总结，更是社会发展的现实要求。我国有很多产业都处于产业链的中低端，能源消耗大，利润低，且受制于人。国家只有拥有强大的自主创新能力，才能在激烈的国际竞争中立于不败之地，从而赢得主动。因此，坚定不移地实施创新驱动战略，以自主创新、重点跨越、支撑发展和引领未来为指导，加快建设创新型国家，充分发挥广大科研人员的创新动力和活力，把自主创新作为国家的战略来实施，才能为国家和社会的发展提供不竭的动力。

2. 协同创新

这是创新驱动发展的重点。世界科技发展的历史证明，当前环境下，重大科技创新已不再是单一个体或领域的活动，大多是多个创新主体共同参与，多领域内共同协作的产物。因此，在协同创新已经成当今科技发展的重要形式的情形下，协同创新已经成为创新战略能否实现的关键。协同创新对人才需求更加迫切，技术更加密集，产业链更长，产业密集程度更高，竞争性更强，因此能跨越提升创新驱动的效能。因此在当前积极推动不同产业之间、产业链上下游之间、不同创新主体之间的协作之下，共同克服创新过程中存在的封闭、分散、重复等由于碎片化和孤岛化而造成的各种问题。加快构建各主体、各方面、各环节之间的有机协同合作创新，为实施创新驱动发展战略提供创新合力。

3. 体制创新

体制创新是创新驱动成功的基础。科技是创新的引擎，需要用革新这个火炬来点燃。

实施创新驱动战略，要以体制创新促进科技创新的发展，加快科技体制方面的改革，去除思想和体制方面的障碍，实施科技创新治理体制内的治理管理技术现代化。习近平总书记指出，实施创新驱动发展战略，摆在眼前最紧迫的就是破除机制障碍，解放和激发科技作为第一生产力所蕴藏的巨大潜能。党的十八届五中全会也指出，要形成促进创新的体制架构，发挥各种驱动力的作用，充分发挥优势的引领作用。根据当前我国社会发展所面临的各种新挑战，推出体制创新就是要以满足市场需求和产业化为方向，坚持企业在创新中的核心地位，使市场资源配置在决策中发挥决定性作用，与此同时更好地发挥政府的作用，着力打通科技成果转化的通道，破除科研人员、技术人员、企业家和创业者在此过程中遇到的各种障碍，全力解决要素和投资方面的制约因素，优化劳动力、资本、技术等要素的配置，充分调动创新主体的活力，推动"大众创业、万众创新"健康发展，释放新需求为创新的成功实施奠定基础，最终推动新技术、新产业、新业态的成长发展。

4. 全面创新

全面创新是创新驱动发展战略的基石。全面创新，内涵丰富，包括技术创新、组织创新、要素创新、战略创新、管理创新、文化创新、制度创新和社会创新等各种创新。具有全员性、全面性、全时空性、协同性和开放性的特点。实施好创新驱动发展战略，是推进全局各个方面的创新，把科技、经济、社会各个领域内的改革创新统筹起来，协同推进，共同创新发展。这其中就包括产品、品牌、产业、管理、商业模式等方面的统筹管理，也包括科技方面、制度方面、开放度方面的有机统一和发展。

三、科学把握创新驱动发展战略的实现路径

第一，把人才资源的开发放在优先的位置上，以人才建设促进创新的发展。创新驱动实质上就是人才驱动，创新事业需要大量的创新人才。实现中华民族的伟大复兴，需要大量各专业领域的人才。目前，我国创新型科技人才结构性矛盾依然十分严重，世界级的科技人才仍然十分稀缺，领军人物、尖子人才明显不足，工程技术人才的培养和生产创新环节严重脱节。需要面对的这些问题十分棘手。如何确保解决这些问题，就成为我国能否成功走在世界科技创新方面的关键问题，因此，要求必须把人才资源开发放在创新的最优先位置上，积极地在创新中培养人才、发现人才、凝聚人才，努力锻造一支规模可观、富有创新精神、勇于承担风险的人才队伍（石鸥，2016）。

第二，要促进社会资源向科技研发领域汇聚，强化对创新的资金支持。科技投资的本质是对未来投资，政府在科技方面的投资更能体现其远见和胆识。实施科技创新战略，必须促进科技和金融的融合，建立起完善的市场竞争机制，帮助创新尽快走上健康发展的道路，培育和发展金融对科技创新方面的支持，提高信贷对创新的支持力度和便捷性，形成各类金融工具协同支持创新发展的局面。

第三，要大力推进基础研究战略，形成创新驱动发展的活水源头。基础研究是科技创新的重要源泉，是培育创新人才的摇篮，是国家兴盛、经济发达和社会进步的前提与基础，是我国实施创新驱动战略的源头支撑与关键环节。实施创新驱动发展战略，要充分认识基础研究在国家的科技发展、经济社会发展和国家竞争力提升中的独特地位与作用，大力实施国家基础研究战略，使创新驱动成为有源之水。党的十八届五中全会明确提出，要实施一批国家重大科技项目，在重大创新领域组建一批国家实验室，积极提出并牵头组织国际大科学计划和大科学工程。

第四，要实行严格的知识产权保护制度，增强创新驱动发展的法治保障。创新需要知识产权制度的激励和保护，创新驱动的战略支撑在于知识产权保护制度的适时跟进。一项创新成果的取得，往往需要投入大量的人力、物力、财力，如果没有知识产权的法律保护，其投入是难以收回的，更谈不上获取收益，这样就无法使创新进入良性循环。从全球经验来看，一国经济若想实现创新驱动发展，就必须加大实施知识产权保护的力度。多年来，我国致力于知识产权的创造、运用、保护和管理等工作，取得显著成效。然而，无论是从知识产权的质量还是从知识产权的运用与转化情况来看，我国都还不是知识产权强国。企业运用知识产权制度的能力薄弱，知识产权保护力度仍显不足，维权成本高、侵权成本低，企业创新的积极性受到打击。针对这些问题，就要实行严格的知识产权保护制度，让企业的创新活动有一个健全的法制环境，切实把全社会智慧和力量凝聚到创新发展上来。

第五，要进一步营造创新创业社会氛围，构建创新驱动发展的良好环境。深入实施创新驱动发展战略，要让创新贯穿于党和国家的一切工作中，让创新在全社会蔚然成风，积极营造"大众创业、万众创新"的政策环境和社会环境。当前，一方面，要完善科技创新政策法规体系，推动相关创新政策的宣传、推广和落实，加强督促检查，确保有关政策落到实处。另一方面，需要聚全民之智，集众人之力，让创新文化为民众所吸纳，让创新精神为民众所认同，让创新理念为民众所接受，不断培养全体人民勇于创新的锐气，不断增强全体人民敢于创业的豪气，不断创造崇尚创新的社会氛围，让创新成为一种价值导向、一种时代气息。

本章小结

重视创新素养的培养，是国际上公认的社会人才培养的共识，它也是由经济合作与发展组织从 1997 年到 2005 年通过一系列的调查和实验界定并遴选出来的。在课程标准、方案中要体现创新素养这个理念。

创新需要时间，教师在设计教学活动时，应该给学生足够的时间来思考，通过一些不带评价的练习、实验或者游戏的方式来培养学生发散性思维。科技是创新的引擎，需要用革新这个火炬来点燃。实施创新驱动战略，要以体制创新促进科技创新的发展，加快科技体制方面的改革，去除思想和体制方面的障碍，实施科技创新治理体制内的治理管理技术现代化。

科技投资的本质是对未来的投资，政府在科技方面的投资更能体现其远见和胆识。

基础研究是科技创新的重要源泉，是培育创新人才的摇篮，是国家兴盛、经济发达和社会进步的前提与基础，是我国实施创新驱动战略的源头支撑与关键环节。

创新需要知识产权制度的激励和保护，创新驱动的战略支撑在于知识产权保护制度的适时跟进。

深入实施创新驱动发展战略，要让创新贯穿于党和国家的一切工作中，让创新在全社会蔚然成风，积极营造"大众创业、万众创新"的政策环境和社会环境。

关键概念

4P 4C 创新驱动

思考题

1. 简述当代中国在创新方面所面临的挑战。
2. 简述当代教育对创业活动的要求。
3. 试述我国如何实施创业驱动战略。

 案例分析

案例一 美国四城实施创新驱动发展概况

一、圣地亚哥市——构建创新网络的实施模式

美国加利福尼亚州的圣地亚哥市（San Diego，California）被称为旅游型海军镇，它因是国防技术基地（而非创新基地）而著名。但在20世纪60年代初，有远见的地区领导

人致力于新的发展，在现有资产基础上建立了备受推崇的斯克里普斯海洋学研究所，并在1965年创建了美国加利福尼亚州的圣地亚哥分校（UCSD）。而后30年间，UCSD发展成为加州大学系统中领先的研究型大学以及美国顶尖的研究型大学之一，并成为建立区域科技经济体的主要催化剂之一。在较短的时间里，圣地亚哥成为国内创新热点区域之一，在国防（20世纪70年代）、卫生（20世纪80年代）和电信（20世纪90年代）方面表现卓越。如今，圣地亚哥已成为仅次于硅谷和波士顿地区的全美第三大科技中心（又称"美国第二硅谷"），其发展模式被冠以"圣地亚哥模式"。圣地亚哥模式的主要特点是通过搭建区域创新网络推动由区域内部成员自发行为和政府政策共同驱动下形成的创新集群发展。在UCSD校长理查德·阿特金森的领导下，圣地亚哥市于1985年创建了创新性的网络平台——UCSD CONNECT，该网络平台是一个自负盈亏、独立运作的虚拟组织，主要依靠公司赞助、会员会费、训练课程费用等自行盈利；能够实现区域各类资源的有效集中，是连接生物技术企业与政府、高校、风投、客户及合作伙伴的桥梁和纽带。以UCSD CONNECT为代表的公共服务平台，将区域内部主要利益相关者（大学、科研机构、企业和中介服务机构等）联结起来，形成一个创新网络，便于各参与者之间的沟通与合作，促进集群内部资源的合理配置。后来，在UCSD CONNECT的基础上，又相继建立了BIOCOM（美国南加州医药协会）和电信委员会等多层次的网络信息平台，更好地为企业提供信息服务；同时，也加强了集群与外部市场的联系，打造了高质量的商业环境，提高了区域持续创新的能力和效率。该市通过构建创新网络，实施创新驱动的发展模式。

二、奥斯汀市——扩大基础创新资产的实施模式

得克萨斯州的奥斯汀市（Austin，Texas）实施创新驱动发展的主要特点在于扩大其基础创新资产，组建产业技术联盟。20世纪80年代初期，奥斯汀仍然处于增长/无增长的辩论中，大学没有与商界、州政府联合，政府则更加注重石油和房地产发展，并未将奥斯汀作为发展重点。直至1983年，奥斯汀的商业领袖、大学以及州政府联合起来，成立了MCC（微电子和计算机技术联盟），主要用来对付日本的竞争性挑战。随后，奥斯汀的目标是着眼于成为技术能手，并增加了一个重要的资产：涵括了许多国内领先科技企业的研发联盟。奥斯汀将此新"资产"作为杠杆。为了吸引和支持财团、领导者在得克萨斯大学内进行新投资，包括为工程、自然科学系捐助价值3200万美元的教员职位，这使得该大学一跃成为这些领域研究型大学中的翘楚，并且成功吸引了半导体制造技术联盟（SE-MATECH）。该联盟是国家第二的联盟财团，包括AT&T、IBM、Intel、DEC、NCR等11家公司，组建目的是加强半导体工业与半导体设备工业之间的联系，整合各企业的资金资源，分担研究开发技术风险和财务风险，减少设备开发成本，以增加维修、软件等互补性产品和服务的供应。商界领袖和民间领袖为这些创新资产提供了新的创业支持计划，包括育成中心、种子资本基金等。领先技术企业开始向奥斯汀输送人才和资源，对该地区的创

新起到了支持作用。越来越多的企业开始知晓该地区，通过奥斯汀各区域领袖的共同努力，众多企业都将奥斯汀纳入其扩张地盘的范围。较之其他大都市地区，奥斯汀在10年内增加了更多的制造业岗位。20世纪90年代，该地区年均就业增长率为5%，其人均收入比国内其他地区的人均收入增速更快。

三、夫勒斯诺市：致力于公私合作的实施模式

当夫勒斯诺市（Fresno，California）的领导人意识到区域面临的挑战（包括事业和恶劣的空气质量等）时，其认为若要解决这些问题，需要政府机构和私营部门之间进行合作。这种新的思维方式促成了夫勒斯诺区域工作行动（Regional Jobs Initiative，RJI）的开展。正如该计划的创办人所述，"从工业经济向知识经济的转变已势不可当。如果要提高夫勒斯诺地区居民生活水平，就需要在全球范围内发展信息导向型经济。劳动力市场中拥有大量具有合格知识的工人，他们是知识型经济竞争力的基础。知识工人能够提高我们现有业务的竞争力，知识型工人的可及性将吸引更高质量的行业为该地区支付更高的薪资"。在商业、政府、教育、民间和劳动力部门的区域管理人员带领下，RJI力图使经济多元化，使企业更具竞争力，促进创新并拓展本地企业。为了帮助达成这些目标，志愿者组织正尝试在该地区最有前景的行业或集群中创造更多的就业机会，具体包括先进制造业、建筑业、医疗保健业、信息处理业、物流和配送业、旅游业、食品加工业、水处理技术业、创新能源业及软件业等。RJI已设立了相应的目标，即在这些集群中创造25000~30000个工作岗位，数据统计显示，2003~2008年，夫勒斯诺大都市区平均薪资达到23500美元。2006年初，已经创造了近9000个新工作岗位。RJI通过几个专注于多方面竞争力（包括创新、劳动力开发、科技等基础设施、消费者服务、政府事项、金融和资本、通信和宜居性）的工作组来保障日常运营。RJI认为，每个部门和环节没有持续性的创新和联合，这些措施仅能产生短期效应。RJI建立在包含10大社会价值标准（即"夫勒斯诺区域的指导原则"）的条例上，这些指导条例是由超过100个商业、教育、民间和草根领导人共同制定的，包括管理工作、跨界、"可能性"思维、基于事实的决策、说真话和权利平等。如今，这些价值条例不仅作为RJI的检验标准，还被其他地区借鉴。该市通过致力于公私合作的创新驱动实施模式。

四、利特尔顿市——打造"经济花园"的实施模式

1980~1982年，美国经历了大范围的周期性经济危机，全国性物价上涨、通货膨胀使很多地区（尤其是一些小城市）在吸引外资的环境基础、资源基础能力等都下降或存在欠缺，导致单纯依靠"外力拉动"的传统经济增长模式在这些地区难以开展或效果不佳。科罗拉多州丹佛地区的利特尔顿市也面临这样的困境，尽管利特尔顿市没有较多石油工厂，但是油气工厂的急速下滑削弱了当地的第二产业。利特尔顿市议会不满足于传统的招商引资方式带来的经济效应，1987年，利特尔顿市议会成立商业事务部门（BIA），并

任命 Christian Gibbons 作为经济指导。Gibbons 与 BIA 通过一年半的研究，最终决定实行"新经济计划"，致力于投资本地企业以提升经济发展水平，开展并实施"经济花园"计划。经济花园（Economic Gardening）是由 Burgess 于 1987 年提出的，Burgess 认为经济发展机构应该与当地企业家进行合作，而不是忙于猎取大量的商业信息。"经济花园"是指为了应对经济萧条出现的大规模企业裁员，通过对正处于成长期的地方企业进行全面、科学的培训，支持和帮助其确定市场、监督竞争对手、定位客户群，并借助于信息技术、传媒手段开展营销，提升本地企业特别是小企业的活力和竞争力，最终利用本地企业的发展解决就业问题、拉动经济发展。简言之，经济花园主要是通过创造新业务、提供低成本产品、市场和技术支持扩张已有的业务来实施运作。利特尔顿市以"经济花园"计划为主导的创新驱动实施模式。总体而言，利特尔顿"经济花园"计划与一般的企业孵化发展模式不同，具有明显的区域发展特色。"经济花园"计划并不主张政府通过提供更多的税收优惠、转移支付等激励措施或引进企业来拉动本区域经济发展。在遵循幂次法则、网络系统、阶段发展等原则的前提下，利特尔顿侧重区域内向型发展，即通过推动当地小企业发展，实现较小区域范围内的产业集群和适当规模化经营。具体来说，一是利特尔顿市通过加大道路、文化设施等的投资力度，规划整合区域资源，推动基础设施的建设与配套措施的完善，营造适合人居和创业的大环境；二是利用先进的信息技术和数据库进行研发，为小企业提供发展所需要的市场、客户、竞争者等情报或信息；三是政府建立独具特色的服务网络和体系，构建企业之间、产业与高校科研机构之间的网络体系，增加企业间业务合作机会，促进产业集群发展。无论是从前期情报搜索、中期企业战略选择还是后期的企业网络营销等，服务网络体系都渗透其中。"经济花园"计划的实施，使得处于第一和第二发展阶段的小企业顺利进入更高发展阶段，并形成"中心—辐射型"发展模式，再带动其他小企业的良性发展，有效解决了就业等一系列问题，真正实现了区域利用内生力量来拉动经济增长。

（资料来源：吴建南，郑烨，徐萌萌．创新驱动经济发展：美国四个城市的多案例研究［J］．科学学与科学技术管理，2015，36（9）：21－30．）

思考题

1. 从优势和劣势比较方面出发，讨论美国这四个城市如何在创新驱动方面实现突破和发展。

2. 从政策、机制等方面，讨论美国这四个城市的政府在驱动创新方面的作用。

3. 对比美国这四个城市的发展，讨论其对我国发展驱动创新的借鉴意义。

案例二 大学生创新思维训练课程设计与总结

一、课程地位和作用

围绕"创新型人才培养"和"高水平探索职业教育和创客教育相融合"的方向，蓝岛创客空间开发了创新思维训练课程，它是创客教育专门课程体系中的一部分。创客教育专门课程的开发旨在提升学生的创造力水平，发掘更多具有创造力的创客作品和创业项目，而优秀的创客作品和创业项目起源于创新创意的思维。创新思维训练课程以开发学生的创造思维素质作为课程的宗旨，通过介绍创新思维的技巧和方法，阐明创造的基本原理和技法，并为学生构筑创新思维训练和创造力开发的平台，提升学生创新思维的品质和开发学生的创造力。

二、课程教学目标

该课程以实践训练为主线，主要通过思维练习的方式使学生在该课程中学习创新的基本方法，从而激发其对创新的兴趣，助其积累创新的经验，提高创新的能力。教师以引导学生思考、分析、总结、陈述、分享为主，穿插知识点为辅，主要通过案例分析、头脑风暴、小组讨论、游戏竞赛的方式，让学生积极参与到课堂中，以达到训练其创新、创造能力。

三、课程纲要

1. 课程引入

教师自我介绍以及课程简要介绍；分组以及团队破冰；广义创新以及狭义创新概念引入；发散性思维、求异思维，突破传统思维引入训练；游戏环节，一人比划一人猜；分组讨论分享：以元宵为例在常规思维的基础上对描述元宵的属性稍加改变，思考哪些是市场上没有的且能够商品化的；课程引入总结，以各式各样的水杯为例。

2. 创新思维方式介绍

创新思维之求同、求异、求和思维；创新思维之想象思维；创新思维之扩散思维与集中思维；创新思维之联想思维；创新思维之直觉思维以及灵感思维。

3. 创新方法的介绍

创新方法——缺点（痛点）列举法引入及训练。创新方法——奥斯本检核表法引入及训练。创新方法——组合法引入及训练。创新方法——移植法。

四、课程评价方式

创新思维训练课程采用过程性评价方式对课程进行考核，主要根据课堂讨论发言表现以及课堂中奥斯本检核表、尤金·劳德塞创造力测试表、课堂讨论记录表三张表单来综合评价学生课程学习情况。

课堂讨论发言表现

	A（95%）	B（80%）	C（60%）	F（<60%）
课堂讨论	积极踊跃参与课堂讨论，主动回答问题并代表小组汇报、认真听取其他人发言并恰当提出问题，将课程中所学正确全面地应用	按要求参与课堂讨论，被点名回答问题时迅速作答，认真听取其他人发言，将课程中所学基本正确应用但不全面	按要求参与课堂讨论，被点名回答问题时反应迟疑，尝试将课程中所学进行应用但效果不佳	课堂讨论态度散漫或讨论其他话题，拒绝回答问题，未应用所学内容并且严重偏差

（资料来源：黄克瑶. 大学生创新思维训练课程设计与总结［J］. 科技资讯，2017，15（19）：144－146.）

思考题

1. 如何科学地设计创新课程？
2. 如何在创新的课程中培养团队精神？
3. 如何科学地评判学生在创新方面的表现？

第三章
当代创业分析

 导入案例

施乐公司的起步

施乐公司创建于 1906 年，公司总部设在美国康涅狄格州斯坦福市，主营办公文件处理设备。施乐的文件处理设备包括所有文件处理产品和系统的设计、开发、制造、销售和服务，其产品销往全球 130 多个国家和地区。早在 1991 年，施乐公司的销售额即达到178.3 亿美元，利润额为 4.54 亿美元，雇员 109400 人。在全球 500 家最大的工业公司中，施乐排名第 66 位。

一、起步

进入现代工业社会以来，大量文件处理是让企业家、官员、学者最头痛的事情，而施乐的出现，着实让人们"笑"声不绝。

施乐的前身是 1906 年在纽约组建的哈洛伊德公司，1961 年改用了现名。其问世之初，主营照相纸的制造和销售。1938 年，公司创始人之一切斯特·卡尔森在纽约制成了第一张静电复印图片；1947 年，公司从俄亥俄州哥伦布的巴特尔公司取得了基础静电复印的技术专利；1948 年，哈洛伊德公司和巴特尔公司宣布联合开发静电复印设备；1949年，公司推出第一台静电复印机，即 ModeIA；1958 年，哈洛伊德公司改为哈洛伊德施乐公司。1959 年，施乐公司推出 914 型自动普通办公复印机，并从巴特尔买下了当时全球所有关于静电复印的专利。

工业革命以来，各种合约、协议、备忘录、计划、标准等，已经构成了现代社会最大量的信息媒介。相应地，文件加工即编辑、文印、传送、储存就需要一场革命。几十年来，施乐公司正是迎合了这一需要，在文件加工处理领域中比行业内其他任何公司都做得更多更好。

施乐乐于帮助人们生产、传布与管理文件，乐于帮助人们更好、更有效地共事，为他们提供复印机、复制机、激光打印机、光扫描仪、工作台、网络系统、先进的办公系统、软件和储存设备等解决广大范围的文件处理问题。

二、质量领先战略

施乐通过质量领先战略使自己成为高质量公司。高质量是施乐基本的业务原则。在施乐看来，高质量意味着用户完全满意他们的产品和服务。自 1980 年以来，施乐在美国、澳大利亚、加拿大、法国、日本、墨西哥、荷兰和苏联都通过了相应的质量审定。

如在美国的审定叫作马尔科姆鲍德里基国家质量审定。通过独立检查机构的质量审定，施乐的产品不断被列入世界最好的行列。1989 年，施乐的产品和组织获得了 Malcdm-Baldrige 国家质量奖，施乐加拿大公司获了加拿大国家质量奖；1990 年，在荷兰的 Rank 施乐制造厂获荷兰 Nevat – MissetCo – Purchaser 奖。施乐墨西哥公司获得了墨西哥国家质量奖；Rank 施乐获澳大利亚杰出服务质量提高奖。

三、研究开发与技术创新

施乐能够不断为用户提供高质量的产品和服务，究其原因，除了企业内部制度和组织因素外，在研究开发上的进取和创新是另一个重要因素。自 1938 年律师切斯特·卡尔森制出了第一张静电复印图像以来，哈洛伊德公司即开发出了根据卡尔森的技术制作的拷贝机。之后，哈洛伊德认为"电子照相"的名字太麻烦，便使用了"静电复印"的名字。再后来哈洛伊德制造了 Xero（施乐）这个专有名词作为识别其设备的名字。Xerography 与 Xero 两个词汇于 1948 年同时推向市场。

受这种拷贝机早期成功的启发，哈洛伊德公司于 1958 年改变了它的名字，叫哈洛伊德施乐公司。在施乐 914 型第一代使用普通纸的自动化办公复印机得到广泛承认后，公司于 1961 年又易名为施乐公司。

施乐公司重视基础研究和应用研究。通过开发、制造和营销组织，不断探索新技术。施乐重视营销技术、系统技术和材料科学的研究。施乐有三个主要的机构，分布在美国和加拿大，还有较小的实验室在美国和欧洲。公司还与富士施乐有限公司的研究机构密切合作。就三个主要机构而言，分别是波罗奥托研究中心管理施乐的系统研究、韦伯斯特研究中心管理施乐的商标研究、施乐加拿大研究中心管理施乐的材料研究。

施乐公司的研究开发策略是，由公司和各中心共同负责全球施乐产品、系统和供给的规划和开发，包括复印机、传真机、激光印刷机、光扫描器仪、工作台、网络系统、高级办公系统、软件及其供给的规划和开发。

四、资本运营

在施乐发展过程中，持续的资本运营起到了很大的作用。1962年，施乐收购了某大学的缩微胶片公司，成立了富士施乐有限公司；1965年，施乐买下了基础系统公司之后，将其改名为施乐学习系统公司；买下美国教育出版公司之后，易名为施乐教育出版公司；1968年，施乐又买下了金恩公司；1969年，施乐买下了科技数据系统公司和RankXerox的主要股份；1970年，成立了施乐计算机服务公司，在加州帕洛阿尔托成立了施乐帕洛阿尔托研究中心；1974年，在弗吉尼亚州成立了施乐培训和管理开发国际中心；在加拿大安大略省设立施乐加拿大研究中心；1979年，买下了加利福尼亚计算机产品公司的存储产品部，之后改名为世纪数据系统公司；同年又买下英特尔公司的AutEX及WUI公司，成立了施乐信贷公司；1984年，它买下VanKampenMerritt公司，成立施乐金融服务公司；1985年，它建立了Astra通信公司，之后改名为Synoptics通信公司；同年，又成立了施乐金融服务人寿保险公司；1986年，它买下了Dowdell公司，成立了Rank施乐欧洲分公司，建立了学习机研究机构，探测人工智能在教育方面的应用；1987年，施乐与中国计算机系统工程公司合资经营，开辟了在北京的电子印刷中心；在卖掉了施乐南非有限公司后，施乐成立了与杜邦合资的DX图片公司；并与上海SMPIC公司和中国交通银行合资建立了施乐上海公司；1988年，施乐公司又购买了数据拷贝公司及美国计算机公司的高级信息技术，生产出第200万台施乐复印机，推出50系列复印机；1991年，施乐在纽约韦伯斯特成立了彩色研究实验室及新的软件部——X – Soft，推出了两种彩色复印机：5775型1分钟复印75页，4850型1分钟复印50页，配置了一系列激光印刷器；1992年，施乐的组织结构发生了重大变化，并开始与Dell计算机公司协作，在中美、南美和加勒比海地区营销Dell个人计算机。

不难看出，施乐在服务用户过程中，反复进行着技术创新和企业组织创新。这正是施乐成为高质量公司的技术基础与组织基础。

（资料来源：姜彦福. 工商管理800案例［M］. 西安：世界图书出版集团，1997.）

第一节　创业与企业文化

一、企业文化内容

1. 企业文化现象

企业文化现象一般从以下七个方面有所体现：第一，风俗和习惯。不同地方，其风俗与习惯也有所不同，故有可能成为这个地方的企业文化现象。第二，思维方式。东西方具有典型的差异化思维方式。例如，美国人和日本人一同遇到狮子时，日本人把鞋带系紧准备跑，美国人就嘲笑日本人："你跑得过狮子吗？"日本人回答："我只要跑得过你就行！"第三，行为准则。美国人在创办企业时，更加看重利益，而日本人兼顾利益与忠诚。第四，价值观念。价值观念主要包括服务价值观和利益价值观。第五，精神境界。第六，作风。有些企业主张强势管理，而有些企业以"仁"为核心。第七，待人艺术。

2. 企业文化要素

企业文化主要包含五个要素：第一，文化传统。不同的地方地域文化不同，因此有可能产生差异化的企业文化，即"一方水土养一方人"。第二，价值观。价值观是企业文化的内核。第三，英雄人物。英雄人物往往是指企业的灵魂人物。第四，习俗与仪式。第五，文化网络。企业内部信息需要一定的渠道进行传输，这些渠道则形成了网络。而文化网络一旦形成，将很难被改变，除非继任者强行推翻它。

3. 企业文化的内容

（1）企业精神。企业精神被认为是企业文化中的核心要素，体现了企业员工集体意识，它也反映了企业员工集体志向的决心和追求。企业精神一般具有双面性：或是乐观向上、积极进取，或是悲观丧气；或是敢想敢干、有胆有识，或是裹足不前、畏首畏尾；或是勇于开拓进取，或是故步自封、保守落后。纵观商业历史，成功企业都具有自己积极进取、富有鲜明个性的企业精神。美国快餐企业麦当劳公司，有为顾客提供热情服务为荣的精神；有重视小处、完善细节的精神；有重视团队作用，激发兴奋、鼓舞的精神；有重视服务动作快、品质高、服务好、整洁优雅的精神。正是因为麦当劳公司向顾客提供了热情和周到的服务，因此社会各界给予它广泛的好评。公司创办人克罗克曾经提出：要"让金黄色的 M 形拱门标志成为品质、服务、整洁与值得花钱买来吃的标志。"日本松下公司有产业报国、感恩报德等七种精神，日本东京西武百货公司有激励员工追求自我实现的精神等。这些都是积极向上、富有鲜明个性的企业精神。

企业文化中决定性要素即为企业精神，企业精神能够决定其他文化的性质。例如，企业精神能够决定企业信念、企业经营哲学等是否为积极上进、开拓进取。故企业精神能够影响到企业文化的性质，使企业文化表现为双面性。

企业精神另一个重要特点：其表达较为简明、语言凝练、准确，且富有煽动性。例如，企业精神可以使用一句口号表达："顽强进取、争创一流""开拓文明、求实创新"等。需要注意的是，企业在创立自身的企业精神时，必须一切从实际出发，确保员工可以达到该精神所指引的目标，任何假、大、空的精神口号都不应被使用。

（2）企业价值观。文化是人类生活方式的表达，而只有那些有价值的生活方式才能被反复重复，因而价值在文化中占有核心地位。而在商业环境中，企业价值观在企业文化中也起着关键性作用。企业文化的所有内涵都建立于企业价值观基础之上，因此许多学者将企业价值观称为企业文化基石。企业价值观对企业和员工行为取向具有引导性作用，而对企业兴衰也具有决定性作用。企业价值观不是一成不变的，它一般经历三个发展阶段：第一阶段为企业初创期。由于企业刚刚成立，企业规模较小，经营能力较差，故其宗旨主要是为了企业和员工的生存。第二阶段为企业成长期。企业进入成长期后，企业规模扩大，经营能力增强。企业生存已经不再是一个问题，企业将谋求长久发展，在竞争中求取长久胜利，因此其价值观将超越生存需要，开始追求更高的经营理念，主要为了满足顾客需求。第三阶段为企业成熟期。在这一阶段其目标再次实现超越，它主要是为了社会服务、追求进步、对人类文明做出贡献、提高人们的生活质量、促进人类物质和精神生产、个性全面发展等。

（3）企业目标。企业目标是指企业在较长时期内的发展方向和预期经营成果。企业目标是企业行动的指南，它也可以看成是一种企业观念形态文化。企业目标实则为一种意念、符号、信号，当企业目标传达给全体员工后，它能够把一个企业的特定经营指向指标化。即其主旨在于以一种企业目标形式，指引全体员工把看不见、摸不着的预期抽象目标变成实实在在的成果。

公司的目标有几个基本特征：第一，量化业务目标的数量。公司的生产经营，如产值多少、收入多少等，达到一系列具体数字的目标。第二，整个内容是集中的。多少万元产值、多少吨钢材等具体数字，不但是企业的经济奋斗指标，同时也集中反映企业群体人格价值追求、企业道德规范、民主建设、团体意识、企业形象等一系列企业文化内涵。第三，战略指向成果化。因为具体数量和实际数量以结果形式、以特定方式指出了企业的业务发展和开发策略。第四，发展指标概念化。经各种形式的灌输、宣传，它深深扎根于人们的思想中，是直接指导和调节人们行为的一个概念。

（4）企业伦理道德。企业道德可以分为两种：公司道德和社会道德。公司道德是社会道德的一部分，受到社会道德的制约。同时，这也会对社会道德造成不利影响。当公司建立对社会道德做出回应的道德标准时，公司的行为准则就是标准化的，可以协调公司内部的各种关系。公司道德没有强制性的约束力，但舆论的约束力很强。因此，企业伦理道德在企业文化建设中发挥着重要作用。

作为一种特殊的行为准则，企业伦理具有从企业伦理关系角度发挥作用的职能、机制和作用。所有制度，如企业道德意识、企业道德关系、企业道德行为等都表现出一系列的规则和互补关系。这是一个不能被法律规范、规章制度、商业规则和技术规则所取代的"灵魂法系"。企业道德以诚实和虚伪、善与恶、正义与非正义、公平和自私等道德范畴来评价和规范企业、员工的各种行为。

企业伦理通过两种方式调节五种关系。两种方式：一种是通过舆论和教育来影响人们的思想；另一种是以传统、习俗、规则等形式在企业中确定下来。五种关系如下：第一，公司与客户之间的关系，如公司销售必须是讲信用的。第二，公司和生产者之间的关系。

第三，商业竞争等。商业组织之间的关系必须友好公平，不能采取卑劣手段。第四，企业组织与员工，企业组织应继续改善工作条件，提高员工薪酬福利，员工则必须忠于职守。第五，员工关系。例如，员工应该合作、公开和诚实。像兄弟姐妹一样照顾对方。这些道德规范实际上是人们心中的"灵魂法则"，它们被用来协调员工和企业的行为。

（5）企业制度。企业制度文化乃是企业在长期的生产、经营和管理实践中生成和发育起来的一种文化现象。它既是企业为实现其盈利目标，要求其成员共同遵守的办事规程等，又是处理相互之间生产关系的各种规章制度、组织形式的行为准则、行为规范。作为一个独立的企业文化系统，企业制度大体上包含三个方面的内容：第一，员工群体在生产、流通、经营过程中所形成的相互关系——生产关系。第二，建立在生产关系基础上的各种行为规范。第三，建立在人与人的关系及种种行为规范和准则。企业制度的完备与否、企业制度的现代化程度高低，特别是企业文化贯彻"人本"原则的自觉性和能力如何，对一个企业生产经营的成败关系极大。

事实解释了大部分问题。例如，某水泥厂总结多年管理经验，按照人本原则，提出并实施了"标准化处理方法"，用统一、科学的规范引发统一的行为，把 8 小时工作时间划分为 32 个时间单元，在每个单元的时间内，规定员工干什么、怎么干、按照什么顺序、干到什么程度、达到什么标准，从而使工作实现程式化、均衡化、标准化。同时，在生产经营岗位上引入竞争机制，如制定每个员工岗位、责任和工资，八级工资制度被彻底摧毁。在相同条件下，每个人都面对公平的竞争。因此，具有随意性的员工会感受到危机感。具有强烈主观性和热情的员工加强了紧迫感，中间状态下的员工也提高了积极性。因此，保证了公司整体实现最高经济效益的目标。这个事实不仅增强了他们的积极性，而且还关注了企业制度文化的发展，在许多其他的例子中，这是"治事"而不是"治人"，处处注重"感情投资"的企业制度、规范、准则等的改革、创新、调整，对企业生产、经营、管理以及整个企业的发展，具有重大的意义和作用。

二、创立企业文化的途径

从 21 世纪新视角出发，我们应该以企业哲学为主导，企业价值为核心，以企业精神为灵魂，以企业道德为准则，保护企业环境，关注企业形象。它必须充分尊重人、理解人、关爱人、信任人。最大限度地提高员工在公司的创新能力。积极适应 21 世纪经济知识化、网络化、全球化的大趋势。不断增强公司的弹性和竞争力，促进公司又好又快发展，立足国内，走向世界。为了实现企业文化建设的总体目标，有必要从以下几个方面着手：

1. 继承与创新

企业文化是文化传承与创新的过程。继承是创新的基础，创新是辩证地扬弃。创新文化是反映时代精神的文化，是一种反映时代发展方向的文化，是一种具有生命力的文化。例如，山东百济煤矿将"诚信，务实，高效，创新"作为企业精神与"和谐文明、兴矿富我"的共同愿景，"安全为天、质量为本""爱岗敬业、忠诚企业、勤俭持业、创新兴业"的职业道德理念等，是引领公司持续健康发展的精神旗帜。我们要继承和发扬企业的优良传统，企业精神将吸收丰富的营养和文化修养，注重未来发展需要，整合原有企业精神，并赋予新时代寓意。

企业是创新的主体。企业要在激烈的市场竞争中获得优势，必须勇于创新、勇往直前。为了使企业创新，一方面，需要为企业创新奠定基础。各级企业领导和经理积极参与创新活动，需要在创新过程中发挥主导作用。另一方面，我们必须为员工建立鼓励创新的环境，并用一切可能的方式和手段来打破旧的思想。公司需要克服各种不利因素，为每个员工和公司创造整体性创新氛围。

2. 搭建观念体系

基于以人为本的管理思想，人才被视为生产和管理的基本要素。人才是企业的核心和支撑，重视人的价值并努力创造条件促成人的价值实现，通过人的价值实现来达到企业的价值实现，这是现代企业管理的核心，也是企业文化的中心任务。企业文化这一主题的实质是利用以人为本的文化导向，作为无意识地影响员工意识和行为的基本手段，激发管理哲学的文化现象。

为员工建立新的价值观，指导和规范员工的行为，并将其与企业利润挂钩。公司应该首先考虑建立一个更完整的概念和系统。这就像将地图保存到公司大脑中一样。简言之，如果员工对公司感兴趣并能与公司合作，我们必须能够分享公司发展的优点。只有在这种企业文化中，员工才能建立积极的工作价值。员工真正感受到成功的喜悦，员工意识到其个性受到尊重并能表现出专业性。只有这样，公司才能真正被员工所喜爱。为了建立员工的正确价值观，规范员工的思想、意识和行为，有可能引入更多的激励机制。通过创新提案和活动，建立了各种激励措施，让员工创业、认识自己的价值、体验公司的利润。对于今天的经营者来说，这是一项艰巨的工作。

3. 确立新型经营理念

新的管理理念，要树立以人为本的管理理念和以客户为导向的经营理念。传统企业把经济效益视为重中之重，实现这一目标往往是以牺牲对有限自然资源的掠夺性开采为代价的。在知识经济时代，社会文化和社会心理正在发生重大变化。强调环境保护，与大自然亲和，相信、信任是公司的共识。为此，企业只有从利欲熏心的"经济人"角色转变为生态环境和经济伦理的忠诚卫士，只有通过协调区域利益和整个利润，才能实现可持续的社会经济发展和繁荣。

要通过企业文化建设的促进作用，形成企业员工的新型经营理念、价值观念和社会形象等。把道德文化建设、制度文化建设、法制文化建设、信用文化建设、环境文化建设融为一体，铸造企业各具特色的企业文化精神。

4. 培育具有全球战略观念的企业家群体

从某种意义上说，企业文化就是企业家文化。没有一个优秀的企业家，我们不能创造一个良好的企业文化。因此，建立一个独特的企业文化的关键是能否培养一个优秀的企业家群体。古人云"三军易得，一将难求"，这句话突出地强调了"将"的重要性。对于企业来说，企业家是"三军"的指挥员，是公司的精神领袖。他们的个人素质在建立企业文化中发挥着重要作用。

5. 构建学习型组织

学习型组织。在这个竞争激烈、技术日新月异、知识不断发展的时代，创新日益成为企业的生命线。只有以更快的速度不断学习和创新，企业才能赢得竞争位置。彼得·圣吉指出，企业应该成为"学习型组织"，"学习型组织"要求员工通过不断共同学习，突破自己能力的上限，创造真心向往的结果，培养全新、前瞻性开阔的思考方式，全力实现共同的抱负。

学习的真正目的是扩大创造力，学习型企业是具有创造力的"文化"组织。在不断学习和不断创新的基础上创建企业文化。内部建立完整的学习机制，倡导全员学习，使公司能够在个人层面、团队层面、系统整体上共同发展。①

三、企业家与企业文化

新成立的公司创业者概念意识很重要，它在企业文化中扮演着重要的领导角色，它能够使企业发展和保持长期的竞争优势。企业家应在以下领域有更多的想法：文化永远也不是停止不变的、刻板的或者是落后于时代的。文化的僵化会导致缺乏创新，而缺乏创新是走向毁灭的第一步。所以，为了使企业文化能够持续地支持企业的发展，除了企业文化形成初期，在企业文化以后的建设过程中都非常需要优秀的领导者。具体说来，企业家在企业文化的建设中具有核心与关键的作用。

文化永无止境，而且不能落后于时代。文化僵化导致缺乏创新，缺乏创新是走向毁灭的第一步。因此，除了企业文化的早期阶段之外，在企业文化建设过程中需要优秀的领导人才使企业文化能够持续支持企业发展。具体来说，企业家在建立企业文化方面起着重要的作用。企业家通常在新兴企业的文化建设中担任八个角色。②

① 张光辉，戴育滨，张日新．创业管理概论［M］．沈阳：东北财经大学出版社，2006.
② 夏清华．创业管理［M］．武汉：武汉大学出版社，2007.

（1）创造者。企业文化的形式对未来企业文化的发展有很大影响。在惯性的影响下，如果新成立的文化对企业创新和增长没有贡献，企业已经完成了孵化阶段，尚未达到成长阶段，就会出现创业夭折。然而，实际是文化限制了创业公司的健康成长。因此，企业文化与企业家密切相关。如果企业家不只是谋取利润并期望长期发展公司，企业家应该在企业家创业初期强调独特企业文化的创造和实践。同时，随着企业家的成长，企业家不断根据企业发展和环境变化改善和发展企业文化，企业文化应该始终保持活力。

（2）倡导者。企业家创造的企业文化若不反复提倡，企业文化难以成为所有人共享的文化，而树立企业文化的共同价值也是不可能的。另外，由于新创业公司的发展，初创文化既需要强化，也需要改进和发展。企业家需要不断学习和提高企业精神和管理理念。倡导新观念，不断促进文化发展。

（3）组织者。企业家是创始文化建设的组织者。新兴公司的文化建设是一项复杂的长期系统项目，需要耐心，不能马上看到利润。为了实施这个项目，必须认真和谨慎地组织工作。如果企业文化的缺失是由于缺乏认真细致的组织规划而造成的，导致根基不稳或出现方向性偏差，就不是轻易可纠正和补救的。因此，企业家应亲自承担企业文化建设的组织工作，必须做好组织者。

（4）指导者。企业家也应该成为企业文化建设的领导者。遇到困惑、问题、突变和衰退后，初创企业似乎很难适应新的文化价值。这将是很难摆脱旧的想法习俗。因此，企业家需要支持团队和员工，耐心指导，并提供及时有效的领导。

（5）示范者。要创建企业文化，创业者需要成为创业团队和员工的榜样。企业家需要成为他们公司的英雄和榜样。榜样的力量是无限的，企业家将在创业团队和员工心中树立一个高大形象，为团队或全体员工衷心敬爱，创业者所倡导的文化价值规范才能真正被团队或员工接受和认同。

（6）激励者。创业企业的文化建设，不仅需要创业家身体力行，成为创业团队或全体员工的示范者，并且还要成为他们的激励者。创业家只有不断地激励员工，他们才能发挥出参与企业文化建设的主动性、积极性和创造性。激励是创业领袖的基本功能，缺乏动力的企业家不能成为企业家，就不能成为创业家，使创业真正地走向成功。

（7）培育者。为了创造企业文化，企业家需要成为人才发现者、选拔者和培育者。培养文化建设的骨干和模范英雄是企业家的义务。骨干和英雄模式是构建企业文化的基础支撑。如果没有骨干和英雄模型，就没有榜样。因此，创业者应该关注培育骨干和楷模。

（8）诊断咨询者。为了创建企业文化，企业家必须成为企业文化的诊断和顾问，寻求专家诊断和咨询，并根据需要使用大脑和智库。但是，专家特别是外聘专家有一定的局限性。外部专家是否比企业创业者更熟悉他所创立的企业组织呢？因此，企业家应该参与企业文化的诊断咨询。[①]

---

① 陈德智．创业管理［M］．北京：清华大学出版社，2001.

第二节　创业与战略选择

一、创业战略基本内容

1. 创业主体战略

创业主体战略是考虑创业主体构成的战略。创业主体可以是团队，也可以是个体。

（1）个体创业。个体创业是指由一个人投资和经营的企业家行为和过程，创业者负责公司债务。个人创业者是公司的所有者、管理者，企业的控制权、经营权、资产所有权、收益权都归个人。

个体创业的优势在于创业资本小，易于建立，运营管理限制较少，并且可以根据个人需求进行运作。不同地区的收益或损失可以相互抵消。缺点是筹资难，获得信贷不容易，注册资本金相对较少，抵御风险能力差，独立承担风险；资源有限，力量单薄。

（2）团队创业。团队创业是两个或更多的企业家根据协议，决定出资比例，接受按投资比例分配利益，并根据投资比例承担法律责任。首先，朋友不一定是团队创业者理想的合作伙伴。在选择合作伙伴之后，不可感情用事。其次，在团队创业中一定要做到账目清晰。对于每一笔账目的进出情况、收益和损失情况都要定期在合伙人中进行核对，要严格执行当初签订合作协议中规定的相关内容。

团队创业的好处是，启动资金是比较大的，团队成员可以提高相互信任、分享责任，形成互补的技能和知识，加强社会网络和分担风险。它的缺点是不易调整，内部摩擦可能发生，团队资产难以迁移，利益冲突易发生。

2. 创业路径战略

创业路径战略是指创业者对创业行动路径的考虑。一般来说，创业的行动路径分为直接创业和迂回创业两种。

（1）直接创业。直接创业是一个企业家，不经过相关的职业培训就进入创业。在我国改革开放初期，直接出现了企业家。随着经济和社会的发展，对企业家选拔的需求也在增长，往往要求创业者具有一技之长或者是受过高等教育。

直接创业优势在于企业家积极性高，创业机会及时推进。缺点是缺乏相关的知识和经验，存在眼高手低的心理障碍，缺乏社交网络资源，对风险反应相对较慢。

（2）迂回创业。迂回创业是首先学习相关行业经验再开始自己的事业。先就业、再创业是许多从业人员的选择，尤其是大学生，其大学毕业后，由于刚走出校门，往往各方面阅历和经验都不足，等到积累了一定的知识和经验再进行创业是一种较明智的选择。迂回创业的优势在于，相关知识和经验的积累使创业更加理性化；积累了社会网络资源，有利于创业活动的展开；积累了一定的创业资金，可以选择更好的创业项目。缺点为：可能存在诸如启动延迟、失去开创业务的最佳机会等问题，容易退缩。

3. 创业领域战略

创业领域战略是一项考虑选择行业的战略。按工业部门划分，可分为第一产业、第二产业和第三产业。第一产业指农业、林业、畜牧业和渔业。第二产业是指采矿业，制造业，电力、燃气、水的生产和供应业，建筑业。第三产业是指除第一产业和第二产业以外的产业。随着经济的发展，企业家为了取得成功。有必要分析工业部门的特点并选择符合自身条件的领域。

（1）行业分析需要找到有吸引力的行业。行业吸引力通常体现在高利润水平和高增长率。有些行业的利润水平高于其他行业，但未来发展前景并不乐观，有些产业的利润水平虽然暂时低于其他产业，但未来其发展潜力不可限量。

（2）行业分析也需要将自己的资源与其他条件结合起来。一些行业具有很高的盈利能力和发展潜力，但只有在资源条件允许的情况下，才能创办企业。因此，企业家首先要考虑自己的资源和机会成本，以及如何以更高的吸引力进入这个行业。在现实社会生活中，每个创业领域都有成功的案例。

4. 创业导向战略

创业导向战略是考虑新创企业行为导向的战略。按行为导向可分为市场导向创业、技术导向创业、竞争导向创业及政策导向创业。在创业初始阶段，创业者要认真思考企业战略具体属于何种导向。

（1）市场导向战略。市场导向战略是企业家发现创业机会并进行创业活动的战略。市场导向战略主要是由于市场环境和结构的变化。例如，经济发展、发达国家和地区的产业转移，市场垄断的崩溃等各个阶段都将创造新的市场需求。企业家以此为指导，抓住机会开展创业活动。

（2）技术导向战略。以技术为导向的战略是一个企业家，他在特定的产品和服务方面具有技术优势，并将其作为企业战略的起点。企业家可以利用专业知识成为行业领导者。采用最先进的技术，初创公司的产品成为行业标准，进入壁垒增加，竞争对手的入侵减少。但是，在采取这一战略时，企业家必须改进现有技术，始终保持优势。

（3）竞争导向战略。面向竞争的战略是帮助企业家依靠自己的资源，看到他们优于市场上现有的供应商，选择创业策略。发现现有的厂商在产品或服务的价格、功能、特色方面还存在改进的地方，他们可以对现有产品和服务系统进行创新和改进。可以获得更好的客户满意度和特定的市场份额。

（4）政策导向战略。政策导向战略是指企业家通过关注政府制定的法律法规和政策的变化，选择相关行业进行创业，从而为企业家创造机会的战略。在政策方面，创业者在信息方面比别人更加灵通，从而抢占创业的先机。在我国，许多企业家把握了政府的政策出台带来的创业机会，从而获得了创业的成功。

5. 创业竞争战略

创业者在创业过程中也面临竞争战略的选择问题，在这一方面，迈克尔·波特从产业组织的观点出发，运用结构主义分析方法提出了企业竞争战略，这一战略也适用于创业的竞争战略。创业竞争战略包括成本领先战略、差异化战略和集中化战略三种。

（1）成本领先战略。成本领先战略也称为低成本战略，发现现有资源和能力的优势，大规模生产标准化产品，保持全行业的成本领先优势，从而形成竞争战略。在实施过程中，通常以较低的单位产品价格提供标准化产品。

（2）差异化战略。差异化战略也称为差别化战略，意味着提供给客户的产品或服务在行业内是独一无二的。此功能可能会导致产品或服务的更高溢价。如果公司的产品或服务由于其独特性而溢出额外成本，那么企业就会从竞争中受益。差异化的目的是创造产品和服务的差异和特征，并且用简单的程序和方法很难获得这种差异化。为了确保差异化的有效性，公司必须了解其资源和能力是否可以提供差异化的产品和服务。同时，由于差异化优势的前提和基础是企业提供的产品或服务能够与顾客需求、偏好相一致，因此差异化也必须以顾客诉求为核心，深入了解其需求和偏好的变化。

（3）集中化战略。集中化战略也称聚焦战略，是指强调企业实现细分市场目标的战略。集中战略是针对特定客户群体，某产品系列的一个细分区段或某一个地区市场的战略。从整个行业角度来看，集中化战略可能并未取得差异化或成本领先优势。但是，集中化可以满足狭窄市场中特定客户的需求，并可以在区域市场中获得竞争优势。因此，对于资本、力量和经验有限的初创企业而言，集中化策略更为适合。在实施这一战略时，一般选择对替代品具有抵抗力或竞争对手最弱之处作为目标市场。

二、创业战略选择影响因素

1. 创业主体选择的影响因素

创业主体选择是指创业者考虑是个人创业还是团队创业。在进行创业主体选择时，创业者要充分考虑自身偏好、财力、准备选择的产业类型及创业的知识匹配等。

（1）自身偏好。创业者的选择取决于创业者的偏好。有的创业者喜欢独立的企业家精神，而有的企业家则希望与他人合作。因此，创业者必须合理分析自己的偏好，避免在未来的创业过程中由于创业主体选择不慎，而导致决策分歧等问题。

（2）自身财力。创业者自身财力的大小对创业者的创业选择也有很大的影响。当创业者自身的经济实力相对较大时，往往掌握创业的话语权，进行个人创业。当企业家的财力不足时，企业家会寻找合作伙伴以弥补资金短缺，并开始团队创业。事实上，创业者的创业项目资金需求比较小则可以直接选择个人创业。

（3）产业类型。由于每个行业都有自己的行业特征和产品特征，行业类型也对创业者的选择产生了很大的影响。例如，为了建立一个会计师事务所，就要求创业者以股份制或者合伙制的形式成立。在一些行业，创业者不需要团队，但是存在进入壁垒。如果创业者是个人，突破这些障碍通常是困难的，并导致企业创业失败。

（4）知识匹配。知识匹配是指创业者自身与信息存量之间的匹配程度。创业者有广泛的个人知识和信息，且理性程度较高，能够充分识别企业家机会，整合创业资源，使企业创业成功。如果创业者知识匹配度不高，需借用他人的力量，然后会选择团队创业。一般来说，在依赖技术的行业中，团队成员需要进行知识匹配以弥补知识的差异。

2. 创业路径选择的影响因素

创业路径选择是指创业者选择直接创业还是迂回创业。创业路径的选择主要受创业者对经验重要性的评估以及创业机会与资源评估的影响。

（1）经验重要性的评估。对于创业者来说，选择直接创业还是迂回创业，一个重要的影响因素就是创业者对经验重要性的评估。有些创业者特别看重经验和知识的积累，往往采取先学习后创业的战略进行迂回创业。同样，一些创业者创业激情高，对经验重要性并不十分看重，而主要看重自己的创业过程，他们不怕经验的匮乏，更注重在实践中找到成功的钥匙，对于创业者来说，选择直接创业还是迂回创业，将因人而异。

（2）创业机会与资源评估。创业机会和资源评估也是影响创业者选择的重要因素。如果创业者很快抓住机会，相信现有的创业机会和创业资源非常稀少，他们会选择直接的创业。如果企业家认为目前的创业机会和创业资源不成熟，他们可能会考虑迂回创业。在创业者的机会和资源评估过程中，创业者的个体理性非常有限，而更多是主观的评价，很少涉及客观的评价指标。

3. 创业领域选择的影响因素

创业领域选择是指创业者选择所要从事的行业。这主要受机会类型、先前知识和个人偏好的影响。

（1）机会类型。创业机会类型常常影响创业者领域的选择。一些创业者更喜欢以技术为导向的创业机会，另一些则对市场导向创业机会非常乐观，而有些创业者青睐竞争导向型创业机会。然而，创业者的机会并不是静态的，往往会根据环境的变化选择新的创业机会。

（2）先前知识。是否拥有某个行业的相关知识，也是影响创业者选择创业领域的重要因素。创业者如果对某一行业有比较深入的了解，之后发现其中的创业机会，很可能选择进入该行业创业。相反，如果创业者虽然认识到某一行业存在创业机会，但是由于自己缺乏先前知识，一般来说，创业者不会选择自己特别陌生的领域进行创业，创业者选择的创业领域或多或少与自己的先前知识相关。

无论是否具备与行业相关的知识，都是影响创业者创业选择的重要因素。创业者对特定行业有更深入的了解，创业者更易发现机遇，很可能选择进入该商业领域。相反，如果一个创业者认识到某个行业有创业机会，但没有先前知识，往往要先进行学习，促成知识与其他创业要素匹配之后，选择进入该领域创业。一般来说，创业者不会选择在他们不熟悉的领域开始自己的事业。创业者选择的创业领域或多或少与他们自己的先前知识有关。

（3）个人偏好。追求自由意志本身就是创业的重要动因之一，创业者的个人偏好实际上是追求自由意志的一种体现。因此，个人偏好对创业领域的选择也具有重要影响。例如，女士对化妆品、服装有偏好，她们往往选取在这些领域创业，而男士选择机械制造等领域进行创业。

4. 创业导向影响因素

（1）机会识别。机会识别是决定创业者创业的重要因素。创业者将创业资源整合起来，以识别创业机会，以此为基础开展业务。在认识创业者机会的过程中，如果创业者认定的机会是市场机会，他往往会整合相关资源，并根据市场机会进行创业活动。同样，如果确定了技术机会、竞争机会或政策机会，也可以根据已识别的机会选择相关领域以开展业务。

（2）先前知识。先前知识对创业选择具有重要意义。先前知识与创业机会类型密切相关。他们的先前知识集中在这四个商业机会中的一个或几个机会。有些创业者对市场要求把握度高，他们选择市场导向进行创业，同样，其他创业者则选择以技术为导向，以竞争为导向或以政策为导向的创业。

（3）个人偏好。创业者对市场需求洞察、技术产品创新、同行竞争或政策信息的偏好程度不同，也影响创业导向的选择。

（4）产业类型。行业的类型也将极大地影响创业者的选择。某些产业竞争特别激烈，如酒吧、餐饮等；某些产业特别强调技术，如高技术产业、生化产业等；某些产业主要以市场为主，如百货、网店、小商品店。然而，粮食种植业的创业者具有政策导向性，创业者应该根据自身的资源优势选择相关行业开展业务。

5. 创业竞争选择影响因素

这种竞争状态取决于五项基本竞争力，即与现有竞争对手的竞争、潜在竞争者的进入、替代品的威胁、购买者的讨价还价能力和供应商讨价还价能力。

新兴企业应根据自身的资源状况和具体的竞争情况选择自己的竞争战略。如果初创公司竭尽全力建立高效率的大型生产设施并降低成本和费用，我们可以选择具有成本竞争力的竞争战略。如果新创企业能够通过为客户提供本产业范围内具有独特性的产品或服务，则可以选择差异化竞争战略。如果初创公司能够以高效率和更好的结果满足狭窄客户的特定需求，并且胜过现有竞争对手，那么可以选择集中式竞争战略。①

第三节　创业与公司产权安排

一、新创企业产权安排原则

对于新创企业而言，适当的产权安排尤为重要。作为一个刚刚诞生的企业，它在产权安排上需要遵循如下一些原则：

1. 归属清晰、权责明确、保护严格

这是现代产权制度的基本要求。归属清晰是指在建立现代企业制度和产权制度改革的前提下，明确投资者的所有权和公司产权以解决现代企业独立制度的核心问题。首先要弄清楚双重产权结构的界定，同时，在原产权方面，不仅是"归属"问题，还需要明确界定具体产权主体、产权界限。"明确归属"广义是指所有权中的占有权、使用权、支配权归谁拥有，而不是狭义所有权的明确定义，它必须明确界定并且不含糊。产权属性的不确定性不仅使企业产生不负责任的生产经营实践，而且企业可能会陷入无边的困境。

权责明确是指对产权制度规定的权利及对产权客体的用途要有明确的规定和限制。产权的权利和责任必须是对称的，权利和责任的界限必须一致，即不能"有权无责"或者"有责无权"。另外，产权在通过其各种形式如租赁、售卖、转让、合并等运营或流动中，各相关主体要权利到位、责任落实。例如，在股份制这种企业资本组织形式下，不仅作为投资者的股东会和投资者代表的董事会权责是明确的，而且作为非投资者经营管理者的权责也是明确的。这是优良经营行为得以产生和不良经营行为得以约束并能对后者进行有效追究的直接条件。产权的界定和保护也是对相关主体权利、责任和收益的界定和保护。一旦财产所有权按照法律正确定义和明确界定，它是排他性的，并受法律严格保护，其他任何主体不可随意侵犯。在建立这种保护制度的前提下，公司各方必须严格遵守，确保严格

---

①　聂元昆，王建中．创业管理新创企业管理理论与实务［M］．北京：高等教育出版社，2011.

保护的原则得到有效实施。

2. 流转顺畅

产权流转是指不同主体之间的产权和交易流动。以交易形式转让财产权是提高资源分配效率的基础，产权交易和流通的目的是追求自身利益的最大化，产权交易活动是交易各方追求自身利益的综合作用。产权流转是扩大产权资产种类，实现资产保值增值的根本途径，这对公司有很大的意义，没有产权的流转，可以说公司的利润和市场经济的效率并不高。在正常情况下，产权流动受阻主要是由于所有权不明确、权责不明确、动力不足、交易和分配不积极。此外，通过完善各类产权交易市场，减少产权转让技术障碍和人为障碍，是产权流转顺畅，资源配置优化的重要环节。

3. 能够调动企业员工的积极性

公司就像一台精密机器，任何问题都可能影响整个机器的运行。随着知识经济时代的到来，人力资源的价值和作用越来越受到人们的关注。新创公司正处在一个激烈发展的时期，显然这对人才的需求更加迫切。因此，新创企业的产权安排必须以充分发挥员工的积极性为原则，充分利用员工的人力资源，充分发挥其优势，确保新公司的平稳快速发展。

4. 保证创业者的利益

对于新成立的企业来说，创业者是最根本和持久的动力。根据经济学的假设，人都是理性的，企业家的热情来自于对企业利润的不断追求，这也是企业家创业的初衷。因此，在设立创业公司的产权时，必须保证创业者的利益。这是安排新企业产权的先决条件。换句话说，有必要保证创业者对于新创企业的剩余控制权和剩余索取权。传统的产权理论强调拥有、控制、处置和获得所有权的所有者的权利，但现代产权理论强调公司的剩余控制和剩余权利。由于传统的所有权理论，处置权和控制权实际上并不代表产权的含义，它不能有效地保证企业家的利益。能否保证企业家的剩余控制权和剩余索取权，影响着公司的发展状况和前景。

5. 能够在企业形成协作的团队精神

团队指的是员工打破部门边界，绕开中间各管理层，打破分工界限，共同协作，以获得竞争优势。团队的基本特征包括：明确公司目标，明确组织界限和分担角色。团队精神是指公司全体员工团结一致的精神面貌和氛围，通过团队的智慧与合作获得竞争优势，实现企业整体目标。拥有团队精神的新创企业表现在员工与创业者同甘苦、共患难。大家主动去做有利于企业目标实现的事务，不愿或不敢做不利于企业目标实现的事务，简言之，就是个人目标与企业目标达成高度的一致。并非所有企业家都需要建立一个团队，但拥有团队精神是绝对必要的。企业能够充分展现生机和活力，并能提高企业的业务效率和反应能力。因此，在安排产权时，要保证这样的产权安排有利于在新创企业中形成互帮、互助、共同进步的协作团队精神。

6. 多种要素参与产权安排

传统的产权安排基本是在财产归属基础上引申出来的权利空间，因此，主要是以资产的多少作为产权安排的依据。但随着社会的进一步发展，公司产权安排中涉及的要素也越来越多。企业内部各种特色资源的投资者越来越多，他们投入的专用资源对新兴企业而言往往很重要。因此，在创业公司的产权安排中，他们必须认真对待他们的需求。否则这些资源进入者的撤离将对新创公司造成毁灭性的打击。这些特殊资源通常包括人员、专有技术资源、知识产权资源和营销网络资源。

二、对创业者、企业家、关键人员的产权安排

在新创企业中，创业者、企业家和关键人员是企业的关键力量，产权安排是一个非常重要的问题，它与公司的发展和前景息息相关。

创业者是新创企业的建立者，他对新创企业投入的资源和心血都最大，所以他必须拥有公司的股份。不同的企业制度下企业家的产权安排是不同的。根据企业制度的不同和出现时间的差异，可以大致分为以下几类：

古典企业制度。在这些公司中，公司所有权和公司治理高度统一。由于创业者既是资助者又是管理者，从而不存在委托—代理关系，所有者获得公司所有的盈余，员工只拿固定工资，公司治理结构是只显示简单的监督和激励。这样的企业包括独资企业、合伙企业、传统的股份制企业等。独资企业的最大特点是所有权、经营权和控制权三权合一，企业家拥有完全的剩余控制权和剩余索取权。合伙公司的特点是公司的所有权、经营权、控制权由合伙人共同管理并行使。合伙人共同享有企业的剩余控制权和剩余索取权。传统的股份制公司主要由大股东控制，股东分享企业的剩余控制权和剩余索取权。

现代企业制度。这种类型的企业制度目前正在被广泛使用，与传统企业相比最大的特点是企业所有权和控制权的分离，一般存在着普遍的委托—代理问题。由于市场经济条件不同，公司的业务风险安排有所不同。这种企业制度又存在两种公司治理模式：市场导向型和网络导向型。大多数的公司制企业都采用这样的产权安排。在这种形式下，创业者可以是公司的所有者，也可以根据自己的投资比例拥有公司的股份，但作为公司所有者的创业者不参与公司管理，即不掌握企业的经营权和控制权，而只保留企业的所有权。但是，所有者仍然拥有公司的剩余管理权和剩余索取权。

后现代企业制度。随着公司治理制度的发展，未来人力资本和非人力资本不可避免地结合起来承担公司的经营风险，从而共同拥有企业剩余控制权，共同分享企业剩余索取

权。这将是以后企业产权安排的发展方向。

对于创业者来说，选择所有权的类型需要根据企业的实际情况、商业环境及个人优势、劣势和能力来考虑。所选择的产权安排应有助于创业企业的健康发展和创业者的利益。对于一些创业公司来说，他们的所有者和经营者并不统一。成立公司后，雇主聘请有能力和经验丰富的职业经理人来经营业务。这样就出现了企业家产权安排问题。

随着中国市场化改革日益深入，公司间市场竞争加剧，人力资源成为提升公司核心竞争力的核心，对于新成立的创业公司尤其如此。企业家是企业的管理者和经营者，作为公司人力资源的重要组成部分，公司的努力和责任对公司的生存和发展至关重要，其努力及负责程度对企业的生存和发展至关重要。国内外企业的发展实践表明，有效的企业家产权安排是绩效改进的重要来源。

从企业的委托—代理角度看，所有权和经营权分离，所有者和代理人在业务目标、信息和风险等方面存在矛盾，从而导致所谓的代理成本问题。企业所有者希望企业能够迅速发展壮大，因为他们有企业的产权，也有剩余的控制权和剩余索取权，但是作为经营者的企业家并不一定以此为目标，因为他没有企业的产权，不能从企业的发展中获取收益。而且他所拥有的产权足以唤起他对企业生存与发展的高度关注，那么可以在一定意义上变企业所有者同经营者"目标不对称"关系为"利益相关联"关系。当然，除薪水、福利等物质手段和荣誉、晋升等精神手段外，企业应更注重从产权安排的角度来保证企业家的利益，保证企业的高速、有效运转。可以对企业家采用的产权安排模式主要包括经营者持股、股票期权制度、管理层收购、虚拟股票期权计划等具体模式。由于与具体模式的应用条件和实施效果存在差异，因此，新创企业应根据自身的发展状况和发展战略选择使用。

在创业时，关键人员是指具有不可替代的人力资源。他们投资的资源对于创业公司的发展至关重要。因此，创业公司必须维护他们的利益，享有一定的产权，并获得相应的剩余控制权或剩余索取权。其中，具有不可替代技术资源的科技人员对创业十分重要。由于大多数新兴公司都是高科技公司，发展在很大程度上取决于科技人员的稳定性和努力程度。如果科技人员的产权没有得到妥善组织，对整个新企业来说必然会产生巨大的影响。如果科技人员的产权得到妥善安排，必然会促进新企业的健康成长。

为充分调动科技人员的积极性，应允许知识产权和知识型劳动者参与企业经济剩余的分配。换句话说，从事技术创新的关键人员和其他科技人员根据创新成果的价值给予奖励和分享利润，提高服务发明的利润，激发自我的创造力。逐步确立科技人员在新兴企业轴心上的地位，充分展示科技人员的积极性和创新动力。当然，安排这些产权也要注意公平与效率的平衡，否则会影响科技人员的技术创新和新兴企业的顺利发展。

此外，企业必须申请技术专利，给予科技人员相应的知识产权。对于新技术而言，普遍存在着一种"搭便车"现象，即在缺乏专利和知识产权保护下，他人可以自由享用。由于模仿成本大大低于创新成本，因而模仿现象屡见不鲜，严重损害了创新者的应得利益，不创新者反而从模仿中得到好处，导致创新竞争蜕变成了一种有害的"对峙博弈"，技术创新活动缓慢下来。因此，出现了专利保护制度，为了增加科技人员的创新积极性，有效的方法就是合理确定技术人员的所有权。在保护科技人员知识产权完整性的同时，除法律保护外，还需要企业的支持和保护。例如，中国的一些公司，沿袭计划经济时期的习俗，以企业的名义去申请专利，剥夺了科技人员对自己创新成果的拥有权和收益权，势必打击科技人员的创新积极性，那么企业就会逐渐丧失竞争力和创新的积极性。①

本章小结

企业文化包括企业精神、企业价值观、企业目标、企业伦理道德和企业制度。创立企业文化需要从继承与创新、搭建观念体系、确立新型经营理念、培育具有全球战略观念的企业家群体和构建学习型组织入手。企业文化建设过程中需要优秀的领导人才能使企业文化能够持续支持企业发展，而企业家往往是通过创造者、倡导者、组织者、指导者、示范者、激励者、培育者和诊断咨询者等角色进行文化构建。创业主体可以是团队，也可以是个人，创业的行动路径可以选择直接创业，也可以选择迂回创业。在创业初始阶段，创业者要认真思考企业战略具体是属于市场导向创业、技术导向创业、竞争导向创业还是政策导向创业。创业者在创业过程中也面临竞争战略的选择问题，结合迈克尔·波特从产业组织的观点出发，运用结构主义分析方法提出了企业竞争战略，创业者可以选择成本领先战略、差异化战略或者集中化战略。当然，以上这些选择都受到相应要素的制约。除此之外，在新创企业中，创业者、企业家和关键人员是企业的关键力量，适当的产权安排尤为重要，它与公司的发展和前景息息相关。

关键概念

企业精神　个人创业　团队创业　直接创业　迂回创业　成本领先战略　差异化战略集中化战略　产权流转

---

① 赵骅等. 创业管理的理论与实践［M］. 重庆：重庆大学出版社，2007.

 **思考题**

1. 企业文化现象都有哪些？

2. 如何创建企业文化？

3. 企业家通常在新兴企业的文化建设中担任哪些角色？

4. 企业如何选择创业竞争战略？

5. 企业在进行创业战略选择时受哪些因素影响？

6. 新创企业产权安排原则有哪些？

案例分析

松下电器公司的企业文化

一、松下精神

松下电器公司特别强调"松下精神"。所谓"松下精神"，即"顺应同化"精神，主要有 7 项：

1. 产业报国精神

产业报国是公司的纲领。

2. 光明正大精神

光明正大为人们处世之本，学识才能有高低，但若无此精神，即不足为训。

3. 友好一致精神

友好一致为公司信条，公司人才济济，如无此精神，就是乌合之众，无力量可言。

4. 奋斗向上精神

为了完成公司使命，只有彻底奋斗，才是唯一途径，和平繁荣要靠这种精神争取。

5. 礼节和谦让精神

为人若无礼节和谦让精神，就无正常的社会秩序、社会礼节。谦让的美德塑造情操高尚的人生。

6. 同化精神

如不适应自然哲理，进步发达就无法实现；如不适应社会大势，成功就无法获得。

7. 感激报恩精神

对为职工带来无限喜悦与活力者应持感激报恩之念；此念铭记心中，便可以克服种种困难。

二、松下的基本纲领（或基本企业原则）

认清职工身为企业人的责任，追求进步，促进社会大众的福利，致力于社会文化的长远发展。

三、松下的员工信条

唯有公司每一位成员亲和协力，至诚团结，才能促进进步与发展，每一个人都要记住这一信条，努力使本公司不断进步。

上述条文，不论董事长、部长、课长，还是新来的职工，都要齐声朗读。

松下公司是日本第一家有自己厂歌的公司。每天早晨 8 点钟，87000 人都一起唱歌。此外，该公司还要求每个职工每隔 1 个月，至少在其所属团体进行 10 分钟讲演，说明企业精神与企业和社会的关系，在说服别人的同时，提高自己，使职工受到企业精神的教育。

（资料来源：陈德智．创业管理［M］．北京：清华大学出版社，2001．）

💬💬 思考题

1. 从案例中，分析松下公司的企业文化现象都有哪些？
2. 松下企业文化在企业创立之初可能会起到哪些作用？

第四章
创业环境与创业政策

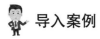

导入案例

200万元研发机器人背后的故事

来自2016年6月观察者网报道。某日凌晨，实名认证为某企业董事长的一名微博用户发了一条微博，谈到了中国创业环境的问题。微博是这样的：一位30多岁海归机器人博士，自投200万元，搞机器人研发，创业两年后主动放弃，感慨中国创业环境太差了，产品还没完全成型，已经申请了十多项专利、注册了网站域名。200万元投资主要花在人工上，感慨中国的人力资源环境实在差得一塌糊涂，职业精神缺乏。创业前乌发少年，变成满头白发沧桑者。

原博主并未给出他这个故事的更具体信息，相应过程及内容在此姑且不论。不过听到用200万元搞机器人研发，网友瞬间就提出了质疑，网友评价也是五花八门，在此列举如下：

网友1：研发机器人投资门槛这么低了……半天没上网我就跟不上形势了。

网友2：你是出来搞笑的吧，200万元做机器人？加个0看够不够啊！自己没商业头脑还怪环境？

网友3：200万元加盟沙县，黄焖鸡大概还不够吧？机器人？

有的网友进一步在质疑上给出了自己的计算：

网友1：专利费差不多5万元一个，十多个可能需要100万元。办公室房租两年20万元，两名员工两年40万元，其他置办点办公用品5万元，其他的差旅费、杂费10万元，200万元还剩25万元。你用25万元研发机器人试试？

网友2：我们来做一个最简单的数学题，200万元，24个月，每个月83333万元，也就是说搞机器人研发每月才花8万元，呵呵呵，我家楼下的小食店每个月流水就这么多。

......

2015年5月，国务院印发《中国制造2025》，这个被称为中国版的"工业4.0"规划正式出台，其中，高档数控机床和机器人是大力推动的十大重点领域之一。机器人俨然成为下一个风口上的猪。2015年，我国工业机器人市场规模继续保持世界第一，达到6.6万台，约占全球销量的1/4。工业机器人保有量增加到25.6万台，机器人产业园快速发展。但同时，中国机器人行业也面临着产能过剩、缺乏核心技术等一系列问题。

中新网6月16日报道，据中国工信部统计，中国有机器人企业800余家，但企业规模普遍较小，超过90%的企业年产值在1亿元之下。大量企业处于产业链低端，产业集中度很低，总体规模小。央广网6月16日报道，我国机器人产业已呈现出"高端产业低端化"，甚至"玩具化"发展趋势。缺乏核心技术，弄几块电池，装个电机，再套个外壳，有些企业就管这个叫服务机器人。

"中国机器人TOP10"企业之一、纳恩博（北京）科技有限公司总裁王野在接受媒体采访时称，目前机器人行业确实存在着一些乱象，包括由于过度投资和重复建设而造成资金和资源的浪费，一些地方政府把机器人产业看作传统产业转型升级的契机，而投资者认为其中有利可图，觊觎补贴和资金支持，两方面的推波助澜共同导致产业过热，另外，创新力严重不足，制约了产业的健康发展。

据《瞭望东方周刊》2015年10月报道，新松总裁曲道奎此前在接受媒体采访时也曾建议：企业一定要找准定位，面面俱到很难与跨国公司竞争；还要转变发展模式，"关起门来"很难做大，需要学会整合资源、与外界协作；另外，千万不能走"高端产业低端化"的路，机器人集成的产业链很长，如果只做低端的加工制造，意义不大。

上海交通大学机器人研究所博士顿向明说，如果国产机器人未来5年内仍然找不到准确的市场定位，很快会被市场淘汰，再大的蛋糕也吃不到。

（资料来源：http：//www.guancha.cn/society/2016_ 06_ 18_ 364573.shtml.）

第一节　创业环境评价及特点

随着我国近年来经济快速发展以及经济领域的转型与推进，创业成为激活中国社会经济枢纽的关键方式之一。2015年被业界称为中国第四次创业大潮的起点，创业成功与否关键在于创业的环境和创业者的努力，创业环境优越程度是各地区吸引高素质领军人才加入的重要条件。

一、创业环境评价体系

1. 创业环境评价指标

创业环境是一系列概念和关系的集合体，是各种因素综合的结果，其本身是一个大的系统，该系统的主要特征表现为整体性、开放性、层次性与相关性，从实际情况的发展以及学科的特点来看，正确认识和了解创业环境的前提是对创业环境进行客观、科学的评价和构建科学的评价指标体系。

整体而言，对创业外部环境的评价是现有创业环境评价的主要关注点，即外部环境评价；而创业内部环境却没有被纳入到创业环境研究框架之内，如创业团队的文化、组织发展、资源分配与劳动分工等问题，从这个意义上而言，创业环境评价的整体性缺乏。另外，创业环境评价的层次性也有待加强，从现有评价的情况来看，主要有单纯对宏观环境和市场环境的两种评价，而这远远不能满足现实发展的需要。基于此，亟须在创业环境研究框架中引入内部创业环境部分，并对创业环境层次进行科学合理的划分，构建完成创业环境评价指标体系应是正确选择。

国外的创业环境评价指标体系总体上来看，简单的只有两三项指标，复杂的最多可达到数百项指标。但这些指标均是形成于国外，对中国来说是舶来品，是否可以直接放到中国来使用则需细细考量。对中国的创业企业家而言，国外指标应用于中国必然涉及一个本土化问题，哪些评价指标是比较重要的，哪些评价指标是可以更换的，哪些评价指标是需要进一步改善的，等等，这些问题还是需要实证检验甚至长期跟踪考察。到目前为止，GEM 创业环境评价模型是现今在实践中国内应用最广泛的，该模型侧重于创业外部宏观环境的评价，但 GEM 模型也是从国外引进的舶来品，对微观环境及内部环境评价没有涉及。因此，在现有情况下，综合分析中国实际状况，只有经过大量实证研究和不断探索实践，才能建立一套适合中国国情的评价指标体系和评价方法，这也应是当前的首要任务之一。

2. 构建创业环境体系的原则

（1）时代性原则。创业环境的指标选择离不开时代发展的大背景，经济的发展、政治的变动、社会的变迁以及文化的渗透等所引致的时代性转变将会日益迅猛和深刻，因此，创业环境的指标以及创业环境指标体系的构建也必然随着时代的进步与变迁而多样化与动态化。

（2）重要性原则。创业环境的指标选择应根据实际情况分清主次，从而采取不同的应对策略，对关键指标的选择是重点，应运用科学的方法全方位衡量，同时还应在充分考虑时空差异性基础上对创业环境指标体系进行去粗取精、去伪存真的合理调整。

（3）科学性原则。创业环境评价一定要坚持科学性原则，这里说的科学性体现在两方面：一是要综合国外评价指标体系和中国发展实际双方面情况来确定；二是需要通过实证的手段和科学的方法选择和确定评价指标。从某种程度上而言，科学性的评价方法要求对关键指标采取定性分析方法和定量分析方法相结合的综合评价。

（4）全面性原则。创业环境本身就是一个整体性的系统，具有诸多类型和种类，在理论和实践层面都会受到多种因素的影响和制约，其所涵盖的内容涉及经济、政治、市场、行业、环境、社会等各个方面，因此无论是评价创业环境，还是对其指标体系进行构建都需全面综合考量诸因素及相应关系的作用。

二、当前我国创业环境的突出特点

基于上文所述，可以发现，创业环境的好坏必然受到多方面因素的影响和制约，比较突出的如政府资助力度、社会制度规范、教育实践、金融支持、知识产权保护、文化建设等诸多方面。可喜的是，近些年随着我国经济社会的良好发展，在上述所列方面均有所进步，甚至发生了翻天覆地的变化，由这些因素所构成的良好的创业环境极大地推动了广大民众创业的主动性和积极性。以北京为例，北京可以说已是当前中国所有城市中创业指数最高的城市，据统计，每万人就有 107.61 家私营创业企业，其发展状况喜人。可以说当前中国的创业环境不仅良好，而且盛况空前，这和国家层面的政策支持和观念引导是分不开的。尤其是我国政府更是明确提出鼓励海内外各类投资者在我国建设中的创业活动，提出应保护一切合法的劳动收入和非劳动收入。这对于加快推进和形成与当前中国发展实际相适应的观念和创业机制，激发民众创业的冲动和热情作用巨大。综上所述，当前中国是世界上创业最活跃的地区之一，创业环境也呈现出不同于以往阶段和其他国家或地区的新的时代特征，需我们加以关注。

1. 平民创业时代业已来临

当前我国出现前所未有的创业大潮，此一潮流中的创业活动呈现出明显的平民化趋势，一方面是国家层面主导政策的强力推动下愈演愈烈，另一方面电子商务的蓬勃发展与突飞猛进更是推波助澜，促使这种趋势愈加凸显。形成这一趋势的原因是多方面、多角度的，但有一点是尤为突出的，那就是创业的主体多数来自社会基层的平民，并且国家对该主体创业的限制少、标准低，诸多的鼓励政策更能使平民不仅容易而且顺利地加入到创业大军中来，随之而来的也是由此所举行的创业宣传、各种产品营销活动、服务推广等同样基于平民化理念，整个创业大潮中的平民创业也因之显现出旺盛的生机和持久的活力，也必将带动其他领域和行业的创业热潮。

2. 创业教育如火如荼

创业教育对于创业者在创业活动中提升创业能力和创业水平具有重要的促进作用。世界经济合作和发展组织的专家柯林·博尔将创业教育总结为：未来人应掌握的"第三本教育护照"。创业教育思想得到了世界劳工组织、国际教育署、联合国教科文组织等多个组织或机构的认可和倡导，在此基础上，世界范围内的就业创业教育的探索在很多国家相继展开。以美国为代表，创业学在美国较为盛行，在美国商学院和工程学院的课程设置及学科建设中，创业学是发展最快的学科领域之一。并且，美国具有完备的创业学教育体系，从小学、初中、高中、大学乃至研究生阶段都普遍开设就业与创业教育课程，许多学院和大学还开设了与创业学相关的学科和专业。从我国情况来看，与美国相比差距较大，虽说早在1991年就开展了基础教育阶段创业教育的研究，据统计已在6省市、20个县乡和30多所学校进行了创业教育实践，但当时受多种因素的影响未能成为全国教育改革的主流。进入21世纪，受国家兴起的创业大潮的影响，发展最快速的当属大学的高校创业教育。2003年3月，教育部高教司在北京召开了创业教育试点学校工作会议，总结了包括清华大学、中国人民大学、北京航空航天大学、西安交通大学、武汉大学、上海交通大学、西北工业大学、南京经济学院、黑龙江大学九所大学在内的创业教育试点的经验，进一步推动了创业教育工作的深入开展。以此为契机，创业教育在全国教育系统蓬勃开展。

3. 心理学的专业方法和创业能力提升相结合

创业不是一件简单容易的事情，决定创业成功的因素有很多，创业过程中的心态是非常关键的影响因素。应用心理学的专业理论和方法对创业者的创业能力，特别是对创业者的心理承受能力、心理适应能力进行心理评测是重要而科学的探索方式。在相当多的创业培训中，心理医生被许多培训机构邀请，介入到对学员的培训过程中，帮助创业者寻找并疏通心理问题，进行精神疏导和解压，帮助创业者形成良好的创业心态进而健康成长。

4. 多种形式的创业培训作用巨大

创业培训是衡量一个国家创业成熟度高低的重要标志之一，概括地说，创业培训是对具有创业意愿和创业条件的人员，进行提升创业能力的一种培训。世界各国和地区通常采用的做法是对中小企业实施创业辅导。我国已将建立中小企业创业培训体系作为重要发展举措并在具体实践中加以施行，一方面拨出专款设立"民营与中小企业发展专项资金"以重点支持建立各类中小企业，另一方面确定了深圳市等一批有发展前景的试点城市，鼓励、支持创业，为创业者提供了广阔的发展空间和平台。当前我国正在兴起的主要创业培训：一是对创业人员开展两个方面的培训，包括创业基础知识层面的理论知识以及实际操作层面的基本技能培训，为他们后续开展创业活动奠定坚实基础；二是开阔国际视野，引入国际化培训课件，如劳动和社会保障部与国际劳工组织合作宣布，以"马兰花"为

"SIYB 中国项目"的注册标识，并以此为契机，塑造 SIYB 创业培训项目在我国的整体形象。目前"创办和改善你的企业"（SIYB）项目已经相继在北京等 14 个试点城市展开，已有上万人参加了相关培训，培训后大批学员走上创办企业的创业之路。以此观之，创业培训正在逐步转变为一种综合技能和素质的全面提升培训项目，年轻人将逐渐成为未来创业的主力军和推动者。

5. 创业孵化器相继产生并迅速扩展

作为一种新型的创业经济组织，创业孵化器是由美国的乔·曼库索于 1959 年首次提出的，他所言的创业孵化器是通过提供低成本的研发、生产、经营的用地，通信、网络办公等共享设施，系统的培训和咨询，政策、融资、法律和市场推广等方面的支持系统，降低创业企业的创业成本、规避创业风险、提高创业成功率，一种适合于中小企业生存和成长的发展环境和上升空间。创业孵化器一经提出在全世界就得到迅速发展，在实践中陆续采用后立刻在孵化和培育中小科技型企业、培养新的经济增长点以及振兴区域经济等方面发挥举足轻重的作用。我国业已步入创业孵化器大国行列，据科技部火炬中心统计数据显示，至 2016 年底，全国纳入火炬计划的众创空间有 4298 家，科技企业孵化器有 3255 家，企业加速器有 400 余家，三者累计近 8000 家，共同形成接递有序的创业服务生态。尤其是近三年间，全国新建成孵化器 1787 家，占 30 年来建立的孵化器总量的一半以上。可以说，我国孵化器数量和规模均已居世界首位，初步形成了科技型创业孵化器、下岗职工创业孵化器、大学生创业孵化器、回国人员创业孵化器等、多种形式多种类型的科技创业孵化体系，特别是我国的成都市、武汉市、上海市在创业孵化器中进行风险投资的探索均取得了成功，为后续工作的开展提供了宝贵的经验。

第二节　我国创业环境发展趋势及应对

一、我国创业环境的主要变化

目前，在"大众创业、万众创新"浪潮的推动下，创业大军迅速壮大且异军突起，但随着互联网的崛起与普及、金融体系的建立并开放、中国实体经济不景气，等等，这些因素的出现既为创业者带来了不少新的创业机会，同时也带来了诸多挑战。

"互联网 +"时代引领了崭新而开放的信息时代，在此时代背景下，产品的生产与定制均出现新的发展态势，社交网络的密集更加剧了信息的储存能力与持续发酵作用，如百度贴吧，如今在各个领域应用较为广泛，其所具有的定向传播广告的功能被创业者所重视，从而企业也能借助网络宣传的作用为产品定出更合理的价格，总之互联网创业必将给百姓带来越来越多的便捷与实惠。

物流行业在当前中国的兴起令世人瞩目，成为我们不得不加以关注的重要经济领域，该行业的迅猛发展不仅降低了我们的产品成本，而且为我们购买产品及享受产品带来的后续效应提供了前所未有的便利。

产业间的交叉和渗透会越来越多，也越来越密集，产业之间的界限将越来越模糊，但往往新的创业机会的孕育就在产业交融处出现，也极可能成为未来的经济增长点。

随着传统媒体日渐衰落，新媒体迅速崛起，互联网的迅猛发展使得很多企业不再依靠传统意义上的分销渠道来运营，新媒体与新营销方式的介入，使得很多以社交媒体和互联网为载体的企业因此都获利颇丰，可以想见未来的发展空间也会日趋广阔。

传统广告时代已逐渐衰落，原有的广告宣传手段和营销模式也逐渐解体，"互联网＋"时代背景下，很多企业借助互联网的营销手段进行产品宣传和产品推广，使得产品的成本迅速降低，产品的营销渠道丰富化，再加上各类团购网站的蓬勃发展，让消费者享受到了切实的优惠。

云计算、大数据等手段对于用户信息的收集和整理作用巨大，信息时代信息的掌握对企业发展的影响毋庸置疑，借此企业可以进行事前预测和有针对性的生产，使企业发展过程中商业风险降到最低。并且云服务一个非常重要的功能是实现了数据的网络存取和快速运算，极大地降低了企业运营成本。

消费者参与企业生产的主动性和积极性得以激发并迅速高涨，维权意识、主人翁意识凸显。这在之前的企业发展中是极为少见的现象，创业者可借此良机寻找商机，商家如若运用得当则极有可能在竞争中处于有利地位。

互联网信息时代的来临，使信息的传播和收取越来越快速，不同于传统意义上信息传播对消费者的影响，消费者不再被动地接收信息，而是在信息的选择和筛选过程中处于主动，也越来越能理智地进行消费和交换。

政府主导支持下创业服务的基础设施将得到不断改善，创业服务的机构和载体也将不断得以打造，科技企业孵化器的建立、创投机构的设立等活动的开展也预示着创业服务基础设施和后续工作拓展都将得到不断加强和日益完善。

二、我国当前创业环境的利弊因素

当前时代背景下推动"大众创业、万众创新"的深入开展，具有重大而深远的意义，创业环境是创新创业兴起和发展壮大的现实土壤和必备载体，有效激发与点燃全民创业的热情与开发创新活力，为创业大潮提供可持续发展的现实支撑和持久动力，不断优化和完善创业环境是当前重要任务。

1. 我国当前创业环境的有利因素

一是国家政策支持力度大。鼓励创业一直是政府极力推进的国家重要发展战略之一，是助推我国经济社会发展转型升级、塑造经济增长新动力的选择。特别是 2016 年李克强总理提出"大众创业、万众创新"的经济发展理念之后，成为中国经济发展的新引擎，并带来大量新的经济增长点，全国掀起了前所未有的创业高潮，国家不仅相继出台了一系列鼓励创业、助力创业的优惠政策，而且针对重点创业人群做出了诸多新的政策调整，如大学生创业减免税收、免息贷款等。为了鼓励事业单位人员参与创业，国家人社部特印发《关于支持和鼓励事业单位专业技术人员创新创业的指导意见》，随后，各地纷纷做出响应，陆续出台相应政策措施，掀起了事业单位人员参与创业的高潮。

二是"互联网＋"时代的来临为创业者创业提供了更多更好的机遇和平台。随着互联网技术的普及，现在网络创业的门槛也越来越低，风险相对较小。互联网的普及和广泛应用为新的商业模式及商业平台的产生创造了前所未有的契机，各种形式的微商与电商如雨后春笋般蓬勃发展，创业形式已呈现多样化、多种类、多层面的鲜明的时代特征。

三是整个社会尊知重才的良好态势为创业创造了宽松优越的人文氛围。事业发展关键在人才，当前中国社会的发展实际已无数次证明人才的重要性，尊重劳动、尊重创造、尊重知识、尊重人才已是大势所趋，人才兴则创业兴，各级各类人才将不断奏响时代的最强音，为创新创业提供广阔的发展空间和施展拳脚的舞台。

2. 我国当前创业环境的不利因素

创业环境是影响创业活动的重要因素之一，但我国的创业环境仍然存在着制约创业活动的诸多问题，概括而言，主要存在的问题如下：

一是不完善的市场竞争制度极大地压缩了创业空间。我国自 20 世纪 90 年代全面建立市场经济体制以来，经济取得辉煌成绩的同时，市场垄断、不公平竞争等负面经济问题也较为突出，中小型民营企业的创业活动在市场竞争中受到不同程度的限制，仍然不能得到更广阔的发展机会和空间。虽然国家层面多次制定和公布鼓励非公有制经济和中小企业发展的扶持性和鼓励性政策，但在具体的企业发展实践过程中为数不少的中小民营企业往往受限甚至是到处碰壁。

二是创业成本偏高在一定程度上抑制了大众创业的积极性。对于创业成本问题，的确是创业过程中的重要考量。我国政府在降低创业成本方面花费的心思较多，如不断出台多项优惠政策，包括对公司注册资本登记制度进行优化改革、降低创业者准入门槛、一定程度减免新创企业税收、尽可能减轻创业者的负担等，尽管如此，仍无法真正改变创业成本过高的现状。而且通常而言，创业企业的发展初期经济收益大多并不可观，甚至可能面临亏损的境地，同时面临的创业风险较大，因此真正能够生存并成功的创业企业凤毛麟角。

三是创业法制环境不完善、不健全使创业市场乱象频生、创业风险骤增。"没有规矩，不成方圆"，健全的法制体系是创业市场稳定发展的保障，法律问题是市场经济运行过程中必然经历的，创业者的创业过程也概莫能外。但当前我国在创业方面的法律体系仍不完备、不健全，民众社会法制观念缺失以及不法行为等负面问题的客观存在，不仅使企业创业成本不断增加，而且所产生的创业环境恶化问题也不同程度地挫伤了创业者信心，增加了创业者对创业前景的疑虑而患得患失。

四是市场经济波动起伏加大了创业公司的压力和发展方向的选择。市场经济的发展虽然有其自身的发展规律，优胜劣汰、适者生存历来是市场经济的丛林法则，但市场经济也存在失灵现象，因此，市场经济的变幻莫测给创业者及创业环境的打造均带来或多或少的影响。由于国家政策的大力扶持和有效推动，创业企业准入门槛较低，但市场经济的不确定性及变动性必然导致整体创业市场秩序可能出现较为混杂的局面，这种情况下创业企业的市场竞争压力必将加大，应对竞争压力所付出的成本必定增多，最终收益必然减少。

三、优化创业环境、助力创业顺利进行的具体举措

1. 推进政府行政管理体制改革，打造良好的创业政务环境

转变政府职能的目的在于提高效率，高效是优化创业环境的必然要求，需要进一步转变政府职能：

（1）坚持简政放权、放管结合的方针，不断深入推进政府职能转变。在创业企业建立和发展过程中，会面临多项制度及部门的审批，如若不能合理、科学、高效地加以解决，很可能会对创业企业造成阻碍，挫伤创业者的信心。因此，以为创业企业提供市场准入便利为宗旨，简化企业登记和注销流程是创业企业的头等要事，借鉴以往的经验，可以考虑开辟多个办事窗口和渠道，如在这方面可建立一站式窗口服务平台，同时充分发挥网络的现代功能，结合网络资源打造网络服务平台，制定网上申报制度，最大化减少办事环节和流程，缩短审批的流程和办事时间。另外，需对行政审批制度和行为加以重点审查和关注，为提高办事效率，可逐步借鉴并实行"并联审批"和部门办事承诺制，推行直接以高效为宗旨的登记制度，如已在多个部门施行的"三证合一、一照一码"登记制度。

（2）需不断增强行政机关执政理念建设，提高行政人员的服务意识，进而提升行政效能。服务型政府建设一直是行政职能转变的目标，这就既需政府加强内在理念及服务意识建设，从根本上改变传统管理的弊端，打造符合新时代的新理念和平台；还需要多方规范政府行政行为，提升政府执行力和公信力，在民众心中树立起廉洁高效、行为规范、务实奋进的政府形象。

（3）重视监督检查，建立并严格执行责任追究制度。责任监督机制是促进创业顺利施行的有力保障，从内外两方面对相关部门和人员实施责任监督，在明确各层级监督的任务和责任，确保督查对象及督查主体职责层层落实的情况下，对多头执法、重复执法、执法扰民等损害创业者利益、阻碍创业活动的行为一经发现必须严厉查处，或可针对一些特殊的事件进行重点处理以儆效尤。

2. 完善市场经济体制，优化创业市场环境

市场既是创业必然经历的重要环节，又是创业必须面对的发展环境，而政府和市场的关系一直是多方关注的焦点问题，创业环境的打造需减少政府对市场的干预，采取市场化的发展方式，用政府对创业的"小投入"引导社会资本的"大投入"，这就需要进一步厘清政府和市场的边界，明确二者的职能划分，政府适度放权，坚持依市场规律选择创业的方向和发展路径，充分发挥市场在配置创业资源中的决定性作用，更好地为创业者清障搭台。在市场经济建设与运行的大背景下，创业环境应着力营造公平、诚信的市场环境。为此，构建合理完备的市场经济法律体系是实现法制化创业环境的根本，坚持有法可依、依法治理，促进市场主体依法经营，保证市场竞争的公平性和正当性，制止不正当市场竞争和恶性垄断行为，对危害创业安全、侵害创业者合法权益等违法行为要严查严办、特案特办。营造公平的法制环境，对于创业企业来说，知识产权立法是关键问题，要加快形成符合新时代发展需要的健全、完备的知识产权法律体系，要完善知识产权快速维权与援助机制，对于侵犯知识产权的现象，可采取集中查处一批侵犯知识产权的案件，形成良好的创新创业社会氛围和发展环境。要逐步清理并废除阻碍创业发展的制度障碍和现实屏障，打破地方保护主义，建立统一透明、有序规范的市场秩序。在不断建立完备的市场机制过程中相继引导更多社会资本和人力资本参与，极力支持创业活动，打造适应创新创业的多层次资本市场体系，建立广覆盖、多渠道、低成本、高效率、严监管的多层次股权市场。

3. 健全服务体系功能，优化创业服务环境

（1）为达到健全和完善创业服务的目的，需重点关注"政府—社会—市场"三元框架下的服务体系建设。首先，促使政府引导、社会投资、市场运作三者良性互动，为创业人员提供工商注册、税务登记、科技项目申报、法律咨询、企业诊断、知识产权保护、技术产权交易、风险投资、人才引进、培训交流等全过程、全方位立体化的专业化服务。其次，基于当前发展形势，可加快发展众创空间，当前社会出现了如创新工场、创客空间、创业咖啡、开放工坊等新型孵化载体，这些机构或部门既为创业提供了良好机遇，也进一步促进了科技企业孵化器、小企业创业基地、大学科技园同行业领军企业与创业投资机构的联合，构建一批新时期符合时代特点的众创空间，为创业者提供发展机会和舞台。

（2）需为创业人才提供基本生活保障，妥善解决各类创业人才落户、住房、医疗、子女入学等现实问题，这些问题的解决是人才发展的基本条件，通过此类措施为他们提供良好的生活便利和宜居生活环境，为创业者提供更多发展机会。引导和支持各类创业公共服务平台和服务机构蓬勃发展，可考虑不断增加公共产品和服务供给，不断完善创业服务体系。

（3）加快发展以企业为扶持对象的相关服务项目和发展课题，不断丰富和完善创业服务，重点关注法律咨询、市场营销、财务管理、知识产权保护、人力资源开发与管理、现代物流等第三方专业服务；搭建公共创业创新技术平台，促使基础科技设施、大型科研仪器和专利信息资源相继陆续向全社会开放，并力争建立长期的、持续的长效机制。

（4）创业过程中可借鉴各种实体资源来推动创业进程，使实际科研平台切实发挥作用转化为现实生产力。对此，一些比较重要的，能够为大众创业提供强有力支撑和有效指导，并可向全社会开放的科研平台主要包括各类国家重点实验室、工程和战略研发中心及高校智库咨询机构等。

4. 以先进文化打造优越的创业文化环境

文化是一种精神，更是一种力量，创业环境的打造需要精神引领，积极培育创业精神应是创业文化环境建设的必然选择和前进动力。创业并非易事，创业成功更需要付出不同寻常的努力，这就要求创业者具备多重素质，这些素质可通过学校教育、社会培训等多种渠道获得。同时，尤其需要不断集聚精神力量，如创新精神、艰苦奋斗精神及敢为人先、勇于探索、敢于冒险精神与百折不挠的进取精神等。创业及创业者也需得到社会的认同，因此从文化层面提升社会对创业者的认可和尊重是建设优越的创业文化环境的重要途径。鼓励创业、支持创业、包容创业、投身创业理应成为整个社会秉持的精神价值取向，这对于创业者在创造经济价值的过程中实现人生抱负和自身价值具有重要作用。在创业文化建设的过程中，也需利用新媒体时代的先进技术和设备加大创业宣传力度，营造良好的舆论环境和创业氛围。如在实际工作中积极宣传创业典型和先进创业事迹，为全社会树立创业典范和创业标准，加大对创业理念和创业标杆的宣传和引导，让创业者成为时代的楷模，进而为形成全民创业动力增光添彩，不断增强人们的创业意识，引导人们将创业变为自觉行动，激发全社会的创业智慧与活力，既要打造敢闯、敢拼、敢想、敢为的顶层企业家文化，也要培育立足底层、不怕失败、永不放弃的平民式创业文化。让"大众创业、万众创新"在全社会真正成为新时代的风尚和追求。

第三节 创业政策概述

一、创业政策的含义及类型

对于创业政策的界定，国内近些年才开始关注，一直以来西方学者关注较多，而且多从"创业"和"政策"两个角度来理解，即一方面鼓励创业并提高存活率，另一方面为新创企业营造良好的创业环境和成长机会等。如 Lundstrom 和 Stevenson 所界定的创业政策是指，"为激励一国或地区经济主体的创业精神并提高其创业活动水平而采取的政策措施，它针对创业过程的前期、中期和后期各个阶段，着眼于创业者的创业动机、机会和技能，并以鼓励更多的人创建自己的企业作为首要目标"。

国内学者多是借鉴西方学者的说法提出自己的见解，我们这里所界定的创业政策是指，为实现某种经济目标，在一个国家或地区实行的，不仅能够促进创业活动开展，而且能保持创业活动水平不断提升均衡的具体相关政策。

关于创业政策的类型划分，经济社会发展背景对于创业政策的影响不容忽视。各个国家或地区所处的不同经济社会背景是实行不同体系的创业政策的决定性因素，实证研究指出，各个国家根据它们所处的不同经济社会背景采取不同类型的创业政策，Lundstrom 和 Stevenson 在研究中通过比较后发现，在那些创业基础较弱的国家，更注重创业教育、创业文化改善等基本政策，如英国、荷兰、芬兰、瑞典等。而在创业活动水平高的国家，全面的创业政策已渐趋缩减，更多关注新创企业支援、技术创业促进等特定创业政策，如澳大利亚、爱尔兰、挪威等。

其实在此之前，有专家就把创业政策划分为四种类型：①新企业创立政策。实行该政策的国家建立一站式服务平台促进新企业的创立，这一过程中用公司法加以修正和指导。需要说明的是，这类政策往往对减小有关创立企业和市场进退的限制规定特别关注，而且实行这一政策的国家一般多数受经济增长停滞、高失业的发展状态的困扰。②中小企业政策。澳大利亚、加拿大、瑞典等国家采取这类政策，政策主要集中于事业计划咨询、信息提供、小规模贷款、自营业培训等。采用这类政策的国家的创业政策多是在已建立的中小企业推广政策，并且多是已实行比较完整的中小企业支援政策。③细分创业政策。英国、荷兰、澳大利亚、丹麦等国家实行这类创业政策，该政策追求劳动市场整合、性平等、社会和谐等。这类政策增加创业活动主要关注的是两类特定人群，一类是在美国、加拿大、瑞典等国家实行的，对包括青年、妇女、原住民、少数民族、移民者等在内的人群实行创业政策。另一类是技术创业者。对其施行大学风险投资支持、大学孵化器资金支持、国家级事业计划比赛、创业咨询平台等政策。④全面创业政策。英国、荷兰、芬兰、丹麦四国采取全面创业政策，这些国家都认为创业政策是整个经济政策的主要部分，可以通过政府各部门间的合作推进整个创业政策的实行。

二、完善我国创业政策的基本举措

1. 加大政策扶持力度，优化创业政策环境

总体来说，需进一步建立和完善金融、科技、产业、人才等方面支持鼓励创业的政策体系。具体而言，营造宽松的政策环境资金是关键，一方面，对现有各类扶持引导资金需加强统筹使用力度，加大对创新创业的支持力度，并加快形成创业投资基金的层次化，引导并合理吸纳社会资源参与到支持创业的队伍中来；另一方面，普惠性税收政策需继续加强和完善，对小微企业应重点给予支持，如减半征收所得税、免征营业税和增值税等各项优惠政策，对企业各项研发费用、固定资产折旧等税收优惠政策也应加快落实和深化。另外，创业融资问题在实践中逐渐显现，其对于拉动社会资本运营，充分发挥财政资金在创业过程中的积极作用影响颇大，因此为破解初创企业和小微企业融资难的问题，需不断加强和优化创业融资环境，采取有力有效措施逐步拓宽创业融资渠道。

2. 力主发展创客经济，着力建设和完善创新创业载体

一是借助现代信息技术手段发展众创空间。现实中创业的成本和费用较高，而以互联网为载体，打造虚拟空间为特点的新型创业服务模式，如众创空间，则具有低成本、开放式、便利化的特点，可以为创业者提供开放多元化的工作空间、学习空间、社交空间、休闲空间、共享空间等，不仅减少了创业的成本，而且降低了准入门槛。

二是以打造创新型小微企业为主要方向，加大孵化培育的力度和深度。小微企业是创业进程中的主打，它具小规模化、智能化和专业化的时代特征，在鼓励和推动创业者和企业开展商业模式创新的同时，可陆续引导社会资本参与到建设和推进小微企业的创新和服务中来，不断推动大批充满创新和活力的小微企业出台。

三是鼓励和支持一切尽可能的创新，以此推动创业。以学校为依托，形成小学、初中、高中、大学为一体的创新创业体系，在各校普遍开设创新创业常识性和专业性课程，鼓励学生亲身实践、尝试创业，进而形成学习型文化，使创客文化进学校并与学校课程设置及教学实践结为一体。在企业中，支持企业员工参与到产品创新及技术改进的实践中来，对微创新、微创业和小发明、小改进给予奖励和宣传，进而逐渐形成创新创意、不断推陈出新的良好氛围。

3. 创造公平、平等、公开透明的创业就业环境的政策

一是创业和就业密不可分，创业本身就是一种就业，就业公平是创业政策关注的焦点，保证就业公平理应是打造良好创业环境的重要组成。但在现实就业创业过程中，就业歧视问题一直是就业市场的普遍性问题，创业环境的优化仍需对这一问题予以重点关注，民族、种族、学历、身体、户籍等因素不应成为阻碍就业、创业的限制性条件。

二是对一些重点就业方向及组织应重点关注，一直以来，国有企业都是高校毕业生就业的首选，因此对应届高校毕业生的招聘应公开透明，不仅招聘信息要公开，也要实行公开招聘，力争做到招聘前期招聘信息公开，招聘中期考核程序透明、监督渠道公正，招聘后期信息公示明确、人员选拔公正等，一切为应届高校毕业生就业甚至创业服务。

三是在社会中一直存在鱼龙混杂的就业乱象，非法中介和虚假招聘一直没能杜绝，甚至更有屡教不改者，极大地扰乱了就业、创业市场，各地区和相关部门要依法严厉整治各种就业歧视现象，加大对企业招工用工行为以及招用高校毕业生的监管力度，切实维护就业工人的合法权益，促成合理科学的就业市场的形成，依法按规定为创业市场保驾护航。

4. 加大和激发各层各级人才的创新创业活力

对创业大军中的特殊创业群体进行差异化、优先化帮扶和激励。一是鼓励和扶持青年创业群体和留学回国人员创业。除了要积极筹措各类资金为上述群体提供物质支持外，对这些群体所进行的优秀创业项目给予多方支持，充分发挥他们在科技创新和就业、创业方面的榜样力量。二是鼓励和支持事业单位科研人员参与创业。一方面，应加快制定和出台事业单位科研人员兼职创业管理办法，规范和塑造正确的创业观和创业行为，鼓励全国各高校、科研院所，尤其是全国范围内排名靠前的组织或机构的科研人员到企业挂职锻炼或离岗创办企业；另一方面，建立健全科研人员双向流动和创新机制，使优秀人才的理念和精神价值迅速转化为实际效益。

第四节 大学生创业政策

新时代大学生应如何创业？由创业新政策想到的……

近年来，为支持大学生创业，国家和各级政府出台了许多优惠政策，深入了解和灵活应用创业政策是成功创业的关键，尤其是对现代大学生创业者来说，国家及地方政府均出台了诸多创业优惠政策，掌握相关创业知识和政策，是走好创业的第一步，这对于即将创业以及支持创业均十分重要。

近年来创业新政策介绍（以下政策选自网络）：

1. 2014～2017 年，在全国范围内实施大学生创业引领计划。通过提供创业服务，落实创业扶持政策，提升创业能力，帮助和扶持更多高校毕业生自主创业，逐步提高高校毕业生创业比例。

2. 各地要采取措施，确保符合条件的高校毕业生都能得到创业指导、创业培训、工商登记、融资服务、税收优惠、场地扶持等各项服务和政策优惠。

3. 各高校要广泛开展创新创业教育，将创业教育课程纳入学分管理，有关部门要研发适合高校毕业生特点的创业培训课程，根据需求开展创业培训，提升高校毕业生创业意识和创业能力。

4. 各地公共就业人才服务机构要为自主创业的高校毕业生做好人事代理、档案保管、社会保险办理和接续、职称评定、权益保障等服务。

5. 各地区、各有关部门要进一步落实和完善工商登记、场地支持、税费减免等各项创业扶持政策。拓宽高校毕业生创办企业出资方式，简化工商注册登记手续。

6. 鼓励各地充分利用现有资源建设大学生创业园、创业孵化基地和小企业创业基地，为高校毕业生提供创业经营场所支持。

7. 对高校毕业生创办的小型微型企业，按规定落实好减半征收企业所得税、月销售额不超过 2 万元的暂免征收增值税和营业税等税收优惠政策。

8. 对从事个体经营的高校毕业生和毕业年度内的高校毕业生，按规定享受相关税收优惠政策。

9. 留学回国的高校毕业生自主创业，符合条件的，可享受现行高校毕业生创业扶持政策。

10. 各银行业金融机构要本着风险可控和方便高校毕业生享受政策的原则，降低贷款门槛，优化贷款审批流程，提升贷款审批效率。通过进一步完善抵押、质押、联保、保证和信用贷款等多种方式，多途径为高校毕业生解决反担保难问题。

11. 在电子商务网络平台开办"网店"的高校毕业生，可享受小额担保贷款和贴息政策。

12. 充分发挥中小企业发展专项资金的积极作用，鼓励企业、行业协会、群团组织、天使投资人等以多种方式向自主创业大学生提供资金支持，设立重点面向扶持高校毕业生创业的天使投资和创业投资基金。

在国家提出"大众创业、万众创新"的号召下，中国涌现出了一批批创业大军，大学生群体就是重要的一支队伍。大学生朝气蓬勃且富有拼劲闯劲，具有高学历且创业视野广阔，在创业过程中具有一定优势。大学生自主创业也得到国家的鼓励和支持，如自 2011 年 1 月 1 日起，毕业年度内的高校毕业生在校期间创业，可向所在高校申领《高校毕业生自主创业证》，后续又制定出台了各项优惠政策以鼓励高校毕业生自主创业，以下就对国家层面出台的主要创业政策加以介绍。

一、国家层面出台的主要就业创业政策

1. 促进离校未就业高校毕业生就业的政策

（1）各地区要将离校未就业高校毕业生全部纳入公共就业人才服务范围，采取有效措施，力争使每一名有就业意愿的未就业高校毕业生在毕业半年内都能实现就业或参加到就业准备活动中。

（2）有关部门、各高校要密切协作，做好未就业高校毕业生离校前后信息衔接和服务接续，切实保证服务不断线。教育部门要将有就业意愿的离校未就业高校毕业生的实名信息及时提供给人力资源和社会保障部门。人力资源和社会保障部门要建立离校未就业高校毕业生实名信息数据库，全面实行实名制就业服务。

（3）各级公共就业人才服务机构和基层就业服务平台要及时主动与实名登记的未就业高校毕业生联系，摸清就业需求，提供有针对性的就业服务。教育部门和高校要加强对离校未就业高校毕业生的跟踪服务，为有就业意愿的高校毕业生持续提供岗位信息和求职指导。

（4）各地区要结合本地产业发展需要和高校毕业生就业见习意愿及需求，扩大就业见习规模，提升就业见习质量，确保凡有见习需求的高校毕业生都能得到见习机会。要根据当地物价水平，适当提高见习人员见习期间基本生活补助标准。高校毕业生见习期间参加职业培训的，按现行政策享受职业培训补贴。

（5）各地区要继续推动离校未就业高校毕业生技能就业专项行动，结合当地产业发展和高校毕业生需求，创新职业培训课程，提高职业培训的针对性和实效性。在高校毕业生集中的城市，要提升改造一批适应高校毕业生特点的职业技能公共实训基地。国家级重点技工院校和培训实力雄厚的职业培训机构，要选择一批适合高校毕业生的培训项目，及时向社会公布。

2. 加强就业指导和服务的政策

（1）各地区、各有关部门、各高校要根据高校毕业生特点和求职需求，创新服务方式，改进服务措施，提高服务质量，促进更多的高校毕业生通过市场实现就业。

（2）加强网络信息服务，建立健全全国公共就业信息服务平台，加快招聘信息全国联网，更多开展网络招聘，为用人单位招聘和高校毕业生求职提供高效、便捷的就业信息服务。

（3）积极开展公共就业人才服务进校园活动，为高校毕业生送政策、送指导、送信息，特别是要让高校毕业生知晓获取就业政策和岗位信息的渠道。

（4）精心组织民营企业招聘周、高校毕业生就业服务月与就业服务周、部分大中城市联合招聘高校毕业生专场活动和每季度的全国高校毕业生网络招聘月等专项服务活动，搭建供需信息平台，积极促进对接。

（5）高校要加强就业指导课程和学科建设，积极聘请专家学者、企业人力资源经理、优秀校友担任就业导师。

（6）各地区、各高校要将零就业家庭、优抚对象家庭、农村贫困户、城乡低保家庭以及残疾等就业困难的高校毕业生列为重点对象实施重点帮扶。

（7）要在高校毕业生离校前，将享受城乡居民最低生活保障家庭的毕业年度内高校毕业生的求职补贴全部发放到位，求职补贴标准较低的要适当调高标准。

（8）鼓励各地结合本地实际将残疾高校毕业生纳入享受求职补贴对象范围。党政机关、事业单位、国有企业要带头招录残疾高校毕业生。

（9）离校未就业高校毕业生实现灵活就业的，在公共就业人才服务机构办理实名登记并按规定缴纳社会保险费的，给予一定数额的社会保险补贴，补贴数额原则上不超过其实际缴费的 2/3，最长不超过 2 年，所需资金从就业专项资金中列支。

3. 大学生自主创业优惠政策的创新发展

针对高校毕业生自主创业，2011 年出台的优惠政策主要有三方面新的突破：一是创业优惠政策首次覆盖毕业年度内在校创业的大学生。改变以往只针对社会人员的扶持政策，国家对在校创业的大学生"扶上马，送一程"，让他们能更早更快地开创自己的事业。二是我国对大学生自主创业首次出台了税收优惠政策，新出台的政策填补了我国大学生创业扶持政策的空白。这与世界各国，特别是美国、日本、英国为代表的国家在扶持大学生创业的税收优惠政策相一致。三是首次对大学生自主创业优惠政策采用网络申领方式，大学生自主创业是国家教育部的工作重点，便捷、高效的网络申领方式充分体现了教育部"高校毕业生就业优质服务年"的工作理念。

二、地方政府层面出台的扶助创业的政策汇总

据中国中小企业信息网报道，从 2018 年 2 月开始，各地陆续出台了扶助中小企业创新创业政策：

1. 北京市多层次着力推进创业孵化基地建设

孵化基地是包括孵化器、科技园、创业园、创业基地等在内的为入驻创业实体提供创业孵化服务的各类载体的统称。相关部门应结合各自职能，加强协作，建设多种类型的孵化基地，促进孵化基地多元化、专业化、市场化发展。市人力社保部门可根据全市孵化基地建设情况，会同相关部门适时开展市级创业孵化示范基地认定工作。

（1）以扶持科技创新创业为导向，加强科技企业孵化机构建设。市科委、中关村管委会以吸纳高端创新创业人才、扶持科技型创新创业企业为目标，以发展战略性新兴产业为重点，加强科技企业孵化器发展规划，不断创新孵化模式，激发科技创新创业活力，提

升首都科技创新能力。北京市科委、北京市教委、中关村管委会加强对大学科技园建设的支持，充分发挥大学智力资源优势，鼓励有能力、有意愿的大学生进入科技园开展创新创业活动，促进产学研结合，加速科技成果转化，推动科技创新，驱动经济社会发展。

（2）以促进中小企业发展为导向，加强小企业创业基地建设。市经信委以小企业创业基地为载体，以初创期小型微型企业为扶持重点，聚合各类生产要素和服务资源，降低小型微型企业创业成本和风险，着力培育创新创业实体，为初创期小型微型企业营造良好的成长和发展环境，引导创新型小型微型企业集群式发展。

（3）以吸引海外创新创业人才为导向，加强留学人员创业园建设。市人力社保部门加强留学人员创业园建设，实施海外人才聚集工程，鼓励和吸引海外高端留学人才来京创新创业，不断增强支撑世界城市建设的人才竞争优势。

（4）以扶持创业、促进就业为导向，加强创业带动就业孵化基地建设。鼓励各区县结合区域功能定位和资源优势，通过自建、共建、认定挂牌等方式，发展一批孵化基地，重点扶持吸纳就业型创业实体，助推带动就业潜力大的创业实体产业化、规模化发展，促进以高校毕业生为重点的青年群体及农村转移劳动力、城镇就业困难人员、退役军人等群体通过创业实现更高质量就业。

（5）以扶持青年群体创新创业为导向，加强青年创业园建设。各级团组织应将青年创业园建设作为促进青年创新创业、实现自身价值的有效途径，发挥宣传员优势，培育青年群体创新创业精神，充分发挥青年在创新驱动发展战略任务中的生力军作用，以青年创业园为载体，促进社会各方面扶持资源与青年创业者的有效对接，扎实推进青年创新创业工作。

2. 河北省：培育 15 家以上省级小微企业"双创"示范基地

按照河北省"双创双服"活动总体部署，河北省工信厅将大力推进小微型企业创业创新基地培育、精准服务重点规模以上工业企业工作。2018 年在全省培育省级小微型企业创业创新示范基地 15 家以上，同时以超亿元规模以上工业企业为重点，加大精准服务力度，开展十项精准服务，推动河北省工业经济高质量发展。

针对小微型企业创业创新基地长期以来服务意识不强、服务能力不高、服务管理不规范的问题，河北省工信厅将以优化创业孵化服务、激发企业创新活力、促进科技成果转化为目标，坚持扶持培育和示范带动并举，培育一批特色鲜明、服务高效、孵化力强、成果显著的小微型企业创业创新基地。2018 年培育省级小微型企业创业创新示范基地 15 家以上，建设市级小微型企业创业创新基地 35 家，通过创建培育活动，提升小微企业"双创"基地管理运营水平和创业创新服务能力，为小微企业创业创新发展提供有效支撑。

精准服务重点规模以上工业企业是"双创双服"活动中的一项重点内容，涉及全省6000 多家工业企业。河北省工信厅将全面落实重点企业联系服务"五个一"机制，坚持问题导向，突出精准服务，深入调查梳理制约企业发展的障碍和瓶颈。对于企业面临的共性问题，会同各有关部门及金融机构合力解决，企业遇到的个性问题和临时性困难，实行"一企一策、一事一策"，逐企帮扶、脱难解困。围绕超亿元规模以上工业企业，开展十项精准服务，即加强技术改造、组织银企对接、推动绿色发展、着力开拓市场、加强工业设计、开展企业家培训、减轻企业负担、服务小微企业、推进两化融合、加大宣传力度。

3. 青海省鼓励事业单位人员创新创业

青海省出台《关于支持和鼓励事业单位专业技术人员创新创业的实施意见》（以下简称《意见》），支持和鼓励高校、科研院所等从事科研创新活动的事业单位的专技人员，通过挂职、参与项目合作、兼职、在职创办企业、离岗创业等形式，到企业开展创新创业工作或创办企业。

青海省地处西部欠发达地区，技术和人才短缺，创新水平和创业层次普遍较低，创新创业服务能力较差、活力不足。为更好地推动创新创业工作，《意见》指出，除高校、科研院所之外的事业单位的专业技术人员，符合不同创新创业方式要求的，也可提出申请；事业单位中担任领导职务人员，在辞去领导职务后，可按专业技术人员身份离岗创业。

《意见》明确，采取挂职、参与项目合作、兼职等方式的，所到企业应与事业单位业务领域相近；在职创办企业的，创业项目需与本人在事业单位所从事专业相关；离岗创业的，需带着科研项目和成果创办科技型企业或者到企业开展创新工作。

为消除离岗创业人员的后顾之忧，青海省要求各事业单位在3年内保留离岗创业人员人事关系，离岗创业人员可继续从原单位领取基本工资（岗位工资、薪级工资）和冬季取暖补助费，社会保险费、住房公积金缴费基数按照离岗创业前的工资和相关政策规定核定，单位缴费部分由原单位承担。

4. 浙江省出台政策激励农业技术人员创业

浙江省农业厅、省林业厅、省海洋与渔业局、省科技厅联合发文实施《关于激励农业科技人员创新创业的意见》。《关于激励农业科技人员创新创业的意见》包括鼓励农业科研人员和农技推广人员离岗创新创业；鼓励农技推广人员在岗开展增值服务，鼓励农业科技成果转化等内容。《关于激励农业科技人员创新创业的意见》首先明确提出，鼓励农业科研人员和农技推广人员离岗到省内农业生产经营主体从事科技服务或在省内创办各类新型农业生产经营主体。离岗期间，相关人员的社会保险费用（含职业年金）单位缴费部分由所在事业单位承担，个人缴费部分均由个人承担，缴费基数参照所在事业单位同类人员确定。《关于激励农业科技人员创新创业的意见》鼓励农技推广人员在岗开展增值服务。根据农业生产经营主体的要求，在岗的农技推广人员可通过合同等形式，围绕产前、产中、产后提供单项或综合性技术服务。

为鼓励农业科技成果转化，《关于激励农业科技人员创新创业的意见》明确了农业科研机构、涉农高等院校和农技推广机构对由财政资金支持形成的科技成果（不涉及国防、国家安全、国家利益、重大社会公共利益），具有使用权、处置权和收益权。《关于激励农业科技人员创新创业的意见》还明确了农业科技成果转化的收益比例，从技术转让或许可所得净收入中提取不低于 70% 的比例用于奖励给完成和转化科技成果做出重要贡献的人员。为鼓励其他农业技术人员创新创业，《关于激励农业科技人员创新创业的意见》明确改革现有职称评审制度，将参评主体向农业生产经营主体中的技术人员以及返乡创业大学生、农创客等拓展。值得一提的是，《关于激励农业科技人员创新创业的意见》对领导干部或者具有独立法人资格单位党政正职领导进行科技成果转化做出了详细规定；并明确以上人员不得到企业开展增值服务，或利用职务便利给予企业项目支持并获取收益。

另外，今年浙江省妇联将以开展"争当新时代红船好女儿，争创高水平巾帼新业绩"活动为主线，深入贯彻新发展理念，服务妇女创新创业，积极为妇女群众投身现代农业、养生养老、乡村旅游、电子商务等搭建平台、提供舞台。2018 年，浙江省各级妇联将继续以"最多跑一次"的改革理念及改革要求，结合实际为妇女提供在健康、旅游、时尚等产业的发展需要，以及小微企业三年成长计划等服务。引导和鼓励女企业家做精做优企业。服务农村妇女发展，以"乡村振兴巾帼行动"为农村妇女工作主载体，大力扶持女农民发展合作经营和妇女参与"万村景区化"建设、大花园建设。大力开展技能培训，全力打造知识型、技能型、创新型女性劳动者队伍，依托浙江妇女创客园等平台开展技能培训，提升妇女创业发展意愿和能力。

5. 福建省鼓励支持创业举措

（1）厦门软件园设立"台创汇"。厦门软件园"台创汇"揭牌，"台创汇"由厦门火炬高新区管委会与厦门市台办共同指导，由厦门信息集团有限公司创新软件园管理有限公司、华侨大学闽台青年创新创业服务中心联合发起。成为该园区服务台湾企业、台湾青年的又一平台。厦门信息集团相关负责人介绍，"台创汇"将作为产业协作平台，帮助台湾企业、台湾创业团队对接产业链上下游，对接产品的应用场景，对接技术合作及市场合作的机会。

（2）福州大学生到基层创业最高可获 10 万元补助。福州市印发《关于进一步引导和鼓励高校毕业生到基层工作的实施意见》，要求各级各部门要进一步拓宽高校毕业生到基层工作的渠道，积极给予政策扶持，完善相关保障措施，为高校毕业生到基层工作提供良好环境。

根据《关于进一步引导和鼓励高校毕业生到基层工作的实施意见》，对于到中小微企业就业的应届高校毕业生，毕业生本人和就业企业均可获得相应补助；在公务员录用考试中，安排当年招录计划数 15% 的职位，定向招录符合条件的服务基层项目高校毕业生及退役大学生士兵；基层工作业绩可作为职称评审条件。此外，《关于进一步引导和鼓励高校毕业生到基层工作的实施意见》进一步加大对高校毕业生到基层创新创业的扶持力度，优秀创业项目最高可获得 10 万元补助。《关于进一步引导和鼓励高校毕业生到基层工作的实施意见》规定，高校毕业生到基层创业就业，按规定扣减增值税、城市维护建设税、教育费附加和个人（企业）所得税等，该政策执行至 2019 年底。《关于进一步引导和鼓励高校毕业生到基层工作的实施意见》还规定，在校大学生及毕业 5 年内的高校毕业生在福州创业可享受最长 2 年、不超过租金 50%、每年最高 3000 元的创业租金补贴。毕业 5 年内高校毕业生首次创业，领取工商营业执照或其他经营资质，且正常纳税经营 6 个月以上的，由创业纳税所在地县（市）区财政给予 5000 元的一次性开业补贴。毕业 5 年内高校毕业生创业，本人及其招用的应届高校毕业生签订 1 年以上劳动合同并按规定缴纳社会保险费的，可享受最长不超过 3 年的社会保险补贴。《关于进一步引导和鼓励高校毕业生到基层工作的实施意见》还规定，每年开展"植根榕城"100 个优秀创业项目评选活动，给予每个项目 3 万元至 10 万元的创业资金扶持，组织推荐创业导师与优秀项目创业大学生结对帮扶，创业导师指导一年以上、创业项目经营良好的，给予创业导师 5000 元奖励。工商登记注册的网络创业高校毕业生，同等享受各项创业扶持政策；未经工商登记注册的，可认定为灵活就业人员，享受灵活就业相关扶持政策。

本章小结

　　创业是当前中国激活社会经济的主要方式之一，创业成功与否关键在于创业的环境和创业政策。创业环境是各种因素综合的结果，正确认识和了解创业环境的前提是对创业环境进行评价，而只有经过大量实证研究和实践，综合分析中国实际情况，才能建立一套适合中国国情的评价指标体系和评价方法。当前我国创业环境特点主要表现在平民创业时代业已来临、创业教育如火如荼、心理学的专业方法和创业能力提升相结合、多种形式的创业培训作用巨大以及创业孵化器相继产生并迅速扩展。在"大众创业、万众创新"浪潮的推动下，为创业者带来了前所未有的创业机会与挑战，"互联网＋"时代创造了崭新的信息时代，使产品的生产与定制均出现新的态势，物流行业的迅猛发展不仅降低了产品成本，而且为人们购买产品提供了前所未有的便利；产业间的交叉和渗透会越来越多，产业之间的界限越来越模糊，往往新创业机会的孕育就在产业交融处出现；新媒体的崛起、互联网营销手段多元化让消费者享受到了切实的优惠；云计算、大数据实现了数据的网络存取和运算，极大地降低了企业运营成本；消费者参与企业生产的积极性高涨，消费者在信息的选择和筛选过程中越来越理智；政府主导支持下的创业服务的基础设施将得到不断改善，后续工作的拓展都将得到不断加强。我国当前创业环境的有利因素和不利因素并存。国家政策支持力度大，"互联网＋"时代为创业者提供了机遇和平台，整个社会尊知重才的良好态势为创业创造了宽松优越的人文氛围。但不完善的市场竞争制度极大地压缩了创业空间，创业成本高抑制了大众创业的积极性，创业法制环境不完善、不健全使创业风险骤增，市场经济波动起伏加大了创业公司的压力和发展方向的选择。基于此，优化创业环境、助力创业顺利施行可从以下方面着手：一是推进政府行政管理体制改革，打造良好的创业政务环境；二是"互联网＋"时代的来临为创业者创业提供了更多、更好的机遇和平台；三是整个社会尊知重才的良好态势为创业创造了宽松优越的人文氛围；四是以先进文化打造优越的创业文化环境。国外对创业政策的关注较早也较多，国内学者多是借鉴西方学者的说法提出自己的见解，创业政策有代表性的划分：新企业创立政策、中小企业政策、细分创业政策、全面创业政策。对于完善我国创业政策的基本举措可从以下方面着手：一是加大政策扶持力度，优化创业政策环境；二是力主发展创客经济，着力建设和完善创新创业载体；三是创造公平、平等、公开透明的创业就业环境的政策；四是加大和激发各层各级人才的创新创业活力，对创业大军中的特殊创业群体进行差异化、优先化帮扶和激励。

关键概念

创业环境　创业政策

思考题

1. 优化创业环境、助力创业顺利进行的具体举措有哪些？
2. 如何理解大学生的创业政策？

大学生应如何把握机遇实现创业成功？

下面以江苏省为例，通过问答的形式对大学生创业政策加以具体介绍。

一、高校毕业生自主创业，可以享受哪些优惠政策

按照《国务院关于进一步做好普通高等学校毕业生就业工作的通知》（国发〔2011〕16号）、《国务院办公厅关于做好2013年全国普通高等学校毕业生就业工作的通知》（国

办发〔2013〕35号)、《省政府关于进一步加强普通高等学校毕业生就业工作的通知》（苏政发〔2011〕97号）等文件，规定如下：

1. 降低准入门槛

高校毕业生申请个体工商业、合伙企业、独资企业登记，不受出资数额限制；对共同出资开办注册资本在10万元以下的科技型、环保节能型有限责任公司，首期出资额达到3万元即可登记；投资设立其他类型有限责任公司，允许在2年内分期注入资金，首期注入资本放宽到注册资本总额的20%；鼓励高校毕业生依法以知识产权等非货币形式评估作价出资，支持以不需要办理权属登记的自有技术作为公司股东的首次出资；高校毕业生创业无法提交住所（经营场所）产权证明的，可以提交市场开办者、各类园区管委会、村（居）委会出具的同意在该场所从事经营活动的相关证明，办理工商注册登记。

2. 免收有关行政事业性收费

毕业2年以内的普遍高校毕业生从事个体经营的（除国家限制的行业外），自其在工商部门首次注册登记之日起3年内，免收登记类和证照类等有关行政事业性收费。

3. 税收优惠

高校毕业生持《就业失业登记证》（注明"自主创业税收政策"或附着《高校毕业生自主创业证》）在毕业年度内（指毕业所在自然年，即1月1日至12月31日）从事个体经营的，3年内按每户每年8000元为限额依次扣减其当年实际应缴纳的营业税、城市维护建设税、教育费附加和个人所得税。对高校毕业生创办的小型微利企业，按国家规定享受相关税收支持政策。

4. 小额担保贷款和贴息支持

对符合条件的高校毕业生自主创业的，可在创业地按规定申请额度上限为10万元、期限不超过2年的小额担保贷款。对合伙经营和组织起来就业的，可根据实际需要适当提高贷款额度。对申请小额担保贷款从事微利项目的，由财政据实全额贴息；对从事非微利项目的，给予50%的贴息。

5. 享受培训补贴

对高校毕业生在毕业学年（即从毕业前一年7月1日起的12个月）内参加创业培训的，根据其获得创业培训合格证书或就业、创业情况，按规定给予职业培训补贴。

6. 给予创业补贴

对就业困难的高校毕业生初次自主创业，经营6个月以上、能带动其他劳动者就业且正常申报纳税的，给予一次性创业补贴。

7. 免费创业服务

有创业意愿的高校毕业生，可免费获得公共就业和人才服务机构提供的创业指导服务，包括政策咨询、信息服务、项目开发、风险评估、开业指导、融资服务、跟踪扶持等"一条龙"创业服务。允许包括专科生在内的高校毕业生在创业地办理落户手续（直辖市按有关规定执行）。

二、哪些项目属于微利项目

微利项目是指在社区、街道、工矿区等从事的商业、餐饮、修理等个体经营项目，具体包括：家庭手工业、修理修配、图书借阅、旅店服务、餐饮服务、洗染缝补、复印打字、理发、小餐桌、小卖部、搬家、钟点服务、家庭清洁卫生服务、初级卫生保健服务、婴幼儿看护和教育服务、残疾儿童训练和寄托服务、养老服务、病人看护、幼儿和学生接送服务等。

三、怎样申请小额担保贷款，在哪些银行可以申请小额担保贷款

小额担保贷款按照自愿申请、社区推荐、人力资源和社会保障部门审查、贷款担保机构审核并承诺担保、商业银行核贷的程序，办理贷款手续。

各国有商业银行、股份制商业银行、城市商业银行和城乡信用社都可以开办小额担保贷款业务，在指定的具体经办银行可以办理小额担保贷款。

四、针对高校毕业生灵活就业有什么政策措施

按照《国务院关于进一步做好普通高等学校毕业生就业工作的通知》（国发〔2011〕16号）等文件规定：

其一，对符合就业困难人员条件的灵活就业高校毕业生，按规定落实社会保险补贴政策，补贴数额原则上不超过其实际缴费的2/3。

其二，对申报灵活就业的高校毕业生，各级公共就业和人才服务机构按规定提供人事、劳动保障代理服务，做好社会保险关系接续工作。

（资料来源：山东省政府门户网站，山东省人民政府公报，http://www.shandong.gov.cn.）

思考题

1. 结合本章内容，谈谈你的创业所在地有哪些政策优惠？
2. 结合案例，谈讨创业环境的重要性？

第五章
创业机会与创业风险

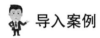导入案例

抓住机遇，锦上添花

20世纪90年代中期，手机来到我们身边的时候还是稀罕物，当时名字也不叫手机，而是叫"大哥大"，不像是一种通信产品，倒颇像某位江湖人士的匪号。当时谁拥有一部手机是件了不得的事儿，那是身份和地位的象征。走到街上，经常可以看到有人手里拿着个板砖似的东西站在马路中央，两眼朝天哇哇乱叫，碰到这种情况，过往的车辆都得绕着走，惹不起。那时候买一部手机要两三万元，以购买力来等值折算的话，大概至少得相当于现在的七八万元甚至10多万元吧。十几年来，手机产业让很多人都发了大财，但发财的大多是手机生产商和经销商，包括一些修手机的人。谁也没有想到，手机发展到现在，还能让另一种人发财，这种人就是像李俊峰这样的人，基本上属于白手起家的无产者。一想到手机，大家首先就会想到这是个大投入大产出，小投入没产出的行业，一款手机要想在市场上打响，最终捞回成本并且赚到钱，不说研发、生产，光广告费就得投入多少？在这样一个行业中，像李俊峰这样出身一般、无资源、无资本的普通人，是怎样起家发财的呢？

李俊峰，农民出身，发财前最大的愿望就是能够拥有一部自己的手机。1996年21岁的时候他出门打工，一直到2001年他26岁的时候，才真正拥有了第一部属于自己的手机。但那个时候，手机已经开始像洪水一样泛滥成灾。走在城市街头，虽不说人手一部，也相差不远了。对于好不容易才奋斗到手的一样宝物，转眼间便泯灭于芸芸众生之中，李俊峰很不甘心。他总想使自己的手机有点特色，与众不同。当时有一种小贴纸，本来是让人家贴在墙上或书包上做装饰用的，他用来贴在手机上，效果还不错，真能够产生"区别众生"的效果。后来他将这种贴纸改进，在上面打印上自己喜欢的图案，再压上一层塑料膜。因为不是手机装饰专用贴纸，这些工作做完后还要用刻刀比着手机的大小和形状

对贴纸进行"雕刻"和修改，然后才能贴到手机上。经过这样"改装"的手机，不但是区别众生，而且是超越众生，在众多手机中显得卓尔不群，李俊峰的虚荣心得到了极大的满足。

不过，这也给他惹来了麻烦，就是同事们不断地要求他帮忙给他们"改装"手机。李俊峰不能不答应，这使他几乎消耗了所有的休息时间，每天下班后就趴在那里给同事们做手机贴纸，进行手机美容。到后来，一些朋友的朋友为了排在别人前面得到他的手机贴纸，甚至愿意出钱购买他的贴纸，这使李俊峰灵机一动：原来这样还可以赚钱！随着愿意出钱买他的手机贴纸的人越来越多，到2002年初，李俊峰干脆辞了职，拿出6年打工的全部积蓄，一共18000元，在北京西单的一家商场租了一小截柜台，正式开始做起了手机贴纸和手机美容的生意。

三年过去了。李俊峰依靠一片小小的手机贴纸，成立了自己的公司，叫作大秦手机化妆公司。他不但自己做，还发展加盟代理，目前旗下已拥有加盟代理商数十家。一片小小的手机贴纸，3年来已为李俊峰带来了超过百万元的利益，以后还会给他带来多少收益，谁也不知道。

如果说金融行业有衍生产品，那么，李俊峰做的可以说是手机行业的衍生产品。像这样依靠手机行业衍生产品发财的并不止李俊峰一个。在南宁市，有一个叫黎小兰的女孩，也是靠做琥珀昆虫手机链和水晶昆虫手机链，从1000多元钱起家，成立了自己的公司南宁昆虫之恋工艺品厂，几年间赚了上千万元，2005年还将业务做到了国外，开始赚美元，事业做得比李俊峰还大，生意比李俊峰还火。

李俊峰和黎小兰能在短时间内创业成功，关键在于他们找到了一个藏金丰富的钱眼。两个人都是在懵懵懂懂之中，在外力的作用下，一头撞进了一个品质颇高的金矿。而事实上，你只要掌握了正确的方法，根本就不需要依靠运气。这个正确的方法就是：第一，观察。观察当前社会上热门的产业、热门的行业。第二，测量。测量产业的规模，测量行业的成熟度。第三，发现。发现该产业或行业的空白点，发现该产业或行业顾客有需要，而尚未有人想到去满足的产品或服务。第四，此类衍生业务需要的投入往往很少，操作简便，市场成熟，市场规模颇为可观，应该成为中小投资者和创业者的项目首选。

（资料来源：加盟网。）

第一节　创业机会识别

机会识别是创业的开端，也是创业的前提。对机会的识别源自创意的产生，而创意是具有创业指向同时具有创新性的想法。在创意没有产生之前，机会的存在与否意义并不大。一个符合实际能够解决问题的创意就是创业机会，更是创业成功的前提条件。当你的

经管类专业创新创业教育

知识和经验足够丰富时，并且深入了解所处的环境、某个活动或者行业时，也许你就会迸发出灵感，创意由此而生。Google 公司一直以创意闻名，其内部有一个"福利"，就是让每位员工每周都可以抽出 20% 的时间来做自己想做的和喜欢做的事情，让灵机一动的想法有机会变成现实，就是这样的自由氛围成就了 Google 不断推出新产品新创意的能力。

一、创业机会概述

所谓创业机会，是指创业者可以利用的市场机会。一般来说它具有以下特征：首先，创业机会要有吸引力，这是指业务可创造较大的价值，并获得回报。其次，创业机会要具备持久性的特征，创业机会不是指一次性的或短暂的回报，它是长期可得的。再次，创业机会的及时性很重要，机会是较快可以见效的。过于遥远的机会很难创造商业价值的回报。最后，创业机会依附于产品（服务）之中，创业机会一定要从顾客出发，在顾客和产品之间产生差异，差异中往往就存在着商业机会。

在创业过程中，创业企业如果没有认真进行创业机会识别，就无从谈起创业成功。所以，创业企业一定要先对市场机会进行研究、调查。有机会才能去创业，如果没有合适的创业机会，人云亦云，那么创业成功的概率微乎其微。科学完整的创业机会识别可以大大降低创业成本。创业成功者往往是在创业之前进行机会识别，他根据对机会的认知进行深入的调查研究和策略规划。有了深入的研究之后就可以在创业之初避免很多错误的行为。这样可以大大降低成本，提高存活率。否则产品没有销路，结果只能是失败。例如：中关村一家经销商与北京大学的学生合作开发了能够在黑暗中发出荧光的键盘，这样，在黑暗中（比如有别人休息的夜晚），计算机的使用者不用点灯就可以敲打键盘。这个创意很好，但显然这样的产品成本一定比普通键盘高，而经常使用计算机的用户，绝大多数可以基本实现盲打，因而市场需求不会很好，正因如此，该产品始终未能获得成功。[①] 许多创业成功企业的实践表明：创业机会识别是创业成功与否的决定因素。正确识别创业机会需要创业者的决策力。因为机会种类繁多，情况不一，有些机会可能是转瞬即逝的，有一些机会可能不符合企业发展目标，因此，能否正确识别机会是创业者的重要素质。

[案例 5 –1]

用曲别针敲开求婚的大门

1840 年，有一个叫亨特的法国青年爱上了一个中产阶级家庭的姑娘玛格瑞特。他诚恳地上门求婚，请求玛格瑞特的父亲把女儿嫁给他。但是，玛格瑞特的父亲不想把自己的

---

① 韩国文. 创业学 [M]. 武汉：武汉大学出版社，2007：61.

女儿嫁给这个穷小子，于是答复他说："如果你在 10 天内能够赚到 1000 美元，我就同意你们两人的婚事。"

亨特回家后，陷入了深深的苦闷中，1000 美元对于他来说简直是一个天文数字。为了不失去钟爱的玛格瑞特，也为了争一口气，让玛格瑞特的父亲不再小看自己，亨特废寝忘食地寻找目标，并绞尽脑汁地去尝试。爱情和自尊的力量使他很快选准了目标：人们在欢庆的场合，都习惯用大头针在衣服的前襟上别一朵花。可是大头针很不安全，经常把人的手或身体扎破，有时还会自己脱落。于是，亨特产生了灵感："如果将铁丝多折几道，再把口做成可以封住的，不就有了既方便又安全的戴花别针了吗？"他剪下 2 米左右的铁丝试做，反复试验，终于设计出了现代使用的曲别针雏形。大功告成之后，亨特飞奔到专利局，申请了专利。

很快，一个消息灵通的制造商问亨特："转让这个发明专利要多少钱？"

亨特一心只想把玛格瑞特娶到手，便毫不犹豫地回答："1000 美元。"

一拍即合，制造商当场就和他达成交易。

亨特拿着 1000 美元的支票跑到玛格瑞特家，玛格瑞特的父亲听完亨特讲述的赚钱经过后，先是笑了一下，随即骂道："你这个笨蛋！"原来他是嫌亨特太老实、太性急，因为这样的发明至少能值 10 万美元以上。但亨特还是用曲别针敲开了紧闭着的求婚之门，最终被获准和自己心爱的人结婚了。

在结婚的庆典上，朋友们请亨特说一说求婚的体会，他说出了赢得热烈掌声并使岳父刮目相看的话："这个世界对善于思考的人来说是喜剧，对不善于思考的人来说则是悲剧。只有善于思考的人，才是力大无边的人。"

（资料来源：蒋光宇．用曲别针敲开求婚门［J］．意林，2001（6）．）

二、创业机会类型

1. 环境创业机会

人类生存的环境是不断变化的，这些环境的变化会引起消费需求的变化，市场就会出现新的需求，创业机会便会产生。由于这些创业机会是由环境变化引起的，因此被称作环境机会。具体包括人口环境、自然环境、政治环境、法律环境、技术环境、社会环境等。这些环境变化，必然能够提供许多新的创业机会。自 20 世纪 60 年代以来，在世界范围内掀起了一次新的技术革命浪潮，也有人称其为第四次工业革命，这次革命是以"知识激增"为背景的。人类的新发现、新发明、新的创造越来越多，并且其中很多可以转化为可供开发的产品和技术，为新的创业提供机会。例如：英国细菌学家弗莱明于 1928 年发现了盘尼西林（俗称青霉素），十年以后，英国病理学家弗洛里才开始对其进行研究，用人体实验证明了青霉素的疗效，并研究其生产方法。但是，他们始终未找到开发这项发明所必需的发酵技术，而美国一家名叫普非策的小公司发展了发酵技术的有关知识，并成为全世界最重要的制造盘尼西林的厂家。[①]

2. 行业创业机会

行业通常都有其特定的经营范围，出现在本行业经营范围内的市场机会叫作行业创业机会。创业企业需要利用自身的经验和资源，去发掘并利用。这种机会易被发掘，但新的行业进入者会被现有企业排挤和压制，使创业企业阻力重重，甚至创业失败。一般来说，出现在不同行业之间的交叉与结合部分的市场机会，称作边缘市场机会。这类机会很隐蔽，市场进入壁垒相对较小，但是很可能带来较大的机会收益。创业企业可以不失时机地抓住这种创业机会。

3. 潜在创业机会

某一些未被满足并且隐藏或依附于某种市场需求的需求，称为潜在需求。这种需求大多隐藏于消费者日常生活之中，不易发觉，机会识别难度大。但竞争对手少，成功的概率很高，所以利用价值也很高。创业者如果发现并利用潜在创业机会，就能在市场上保持相对长久的竞争优势，获取较高的机会效益。

三、创业机会来源

1. 国外学者们的观点

Olm 和 Wddy 等认为创业者的机会源自以下几个方面：第一，先前的工作经验；第二，从有创意的其他人得到的机会；第三，获得某一项授权或特许权；第四，通过与专业或科技领域的专家接触从而得到启发；第五，通过参加各种会议获得，例如展销会、研讨会、座谈会等；第六，各种研究资料也可以提供创业机会，例如最新的研究报告；第七，从失败中获取成功的经验；第八，把个人的兴趣爱好转化为机会；第九，根据创业者的个人经验和需要进行创业。

彼得·德鲁克认为机会来自七个方面：意外事件——意外的成功、意外的失败、意外的外在事件；不一致的状况——实际状况与预期不一致；基于程序需要的创新；基于产业或市场结构上的改变，以出其不意的方式降临到每个人身上；人口统计特性；认知、情绪及意义上的改变；新知识——包括科学与非科学的。

Timmons 认为创业机会主要来自改变、混乱或是不连续的状况，主要体现在以下七

---

① 刘道玉. 大学生自我设计与创业 [M]. 武汉：武汉大学出版社，2009：197-198.

点：法规的改变；技术的快速变革；价值链或销售渠道的重组；技术的创新；现有管理或投资者的不良管理或没落；具有创业精神的领导；市场领导者受限于客户需求，忽视下一波客户需要。

2. 本书的观点

创业机会来自于满足特定顾客群体的独特需求。市场机会的分析要从市场细分开始，通过一些符合实际的细分标准，创业企业可以把顾客分成若干群体，并且详细描述出顾客的特定需求，根据企业的实际情况进行选择。例如大学生群体、白领群体、大学教师、家庭主妇、单身女性、老年群体等，认真研究各类人员的需求特点，会发现特定的创业机会。日本声宝公司根据市场调查研究发现，在日本有40%的主妇有全职或者兼职工作，其中70%的家庭在早上洗衣服，而多数主妇又希望多睡一会。于是推出了一种早晨全自动洗衣机，主妇们只要在临睡前调好时间，第二天早晨醒来，衣服就已洗涤干净。这种洗衣机一上市，就受到家庭主妇们的欢迎，销量直线上升。[1]

解决问题就是创业机会。创业企业要重点关注消费者生活中、工作中面临的各种疑难杂症。因为是苦恼，是困扰，消费者必然迫切希望解决，如果创业企业能够提供解决的办法，实际上就是找到了创业机会。方便面的诞生就充分说明了问题。第二次世界大战以后，日本食品严重不足，安藤百福偶尔经过一家拉面摊，看到人们顶着寒风排起了二三十米的长队，不由萌生了一个念头：制造一种加入热水就能食用的速食面。1958年春天，安藤在大阪府池田市的住宅后院建了一个10平方米的简陋小屋，充当方便面研究室。他找来了一台旧制面机，然后买了一个直径1米的炒锅、面粉、食油等，开始开发方便面。安藤设想的方便面是一种只要加入热水立刻就能食用的速食面。他为此设定了五个目标：①味道不仅好吃而且吃不厌；②可以成为家庭厨房常备品且具有很高的保存性；③简便，不需要烹饪；④价格便宜；⑤由于是食物，必须安全、卫生。安藤家后院养的鸡经常被用来做菜。有一天安藤夫人在下厨时，原本奄奄一息的鸡突然跳起来，吓坏了正在旁边的儿子宏基。从此之后宏基不仅不吃鸡肉，而且连以前喜爱的鸡饭也不吃了。但是，有一天安藤的岳母把鸡汤放在拉面里，儿子居然吃得很香。就在那时，安藤决定方便面也用鸡汤。在方便面打入国际市场后，还没有发现不吃鸡肉的国家。首包鸡肉方便面于1958年问世。1971年，日清首次推出杯装即食面，随即风靡全球。[2]

创业机会蕴藏在各种变化中。环境的变化，会给各行各业带来机会，人们透过这些变化，就会发现很多创业机会。这些变化可以包括：产业结构的变化；科技进步；通信革新；政府放松管制；经济信息化、服务化；价值观与生活形态变化；人口结构变化如老龄化。以科技进步为例，现今我们已经进入"互联网＋"时代，这对许多企业来说都是一

① 韩国文. 创业学 [M]. 武汉：武汉大学出版社，2007：61.
② 杨艳萍. 创业学 [M]. 长沙：湖南大学出版社，2004：138.

次非常重要的市场机会。创业者利用互联网可以更好地满足消费者的需求，去创造更多的社会价值和经济价值。

四、创业机会识别方法

1. 趋势观察法

如果创业者具备观察趋势的素质和能力，那么就能抓住市场机会。一般来说，经济环境、社会变化、技术进步和政治法律因素等都是外界最能反映趋势的变量。创业者可以利用自身具备的行业经验、敏锐的警觉或者是庞大的社会资源，从这些因素的变化中发现规律进而进行预测，抓住市场机会。另外，创业者也可以从一些专业的市场调查机构中购买所需要的行业预测和分析，这种资料相对来说价值更高一些。

2. 解决问题法

消费者在现实生活中，会遇到许多问题，有些问题的解决过程或方法就是机会的来源。大多数人可能并不知道，以一次成像摄影而闻名于世的宝丽来公司（Polaroid）成立时销售的是汽车前灯。20 世纪 30 年代，埃德温·H. 兰德博士开发并取得了偏振片的专利权，偏振片是通过使光发生偏振来减弱耀眼的强光的一种塑料物质。因此，具有偏振特色的汽车前灯具有令人信服的安全性质，能减少驾驶员在夜间受迎面光直射而"眼睛发花"所引起的迎面相撞。然而，宝丽来公司发展到目前的 20 多亿美元的规模与汽车前灯已经是完全不相干了。[①] 另外有一种可能就是解决方案不太对，但它可能是另一种市场机会的来源。也就是说，有时机会的发现具有偶然性。晶体管的发明完全是一种偶然的机遇。1948 年 6 月 23 日，美国贝尔电话研究所完成了一项重大的研究，并公开进行了试验，这项发明就是晶体管，它的发明人是威廉·肖克利。原来，肖克利、巴丁和布拉顿在进行锗表面研究时，做过这样的试验：他们把一根细针插到锗片上，接通电流。同时，把另一根细针尽量靠近第一根细针，并通过微电流。这时通过锗片的电流突然增大起来，这就是一种放大现象。贝尔电话研究所根据这种放大现象，制成了"点接触型晶体管"。接着，肖克利等又从理论方面对这种现象进行了深入的探讨，提出了"空穴"这个崭新的概念。在技术上，安置极为接近的电极很困难，所以点接触晶体管不仅制造困难，而且次品极多。之后，肖克利等又发明了"PN 结型晶体管"，它利用晶体中的电子和空穴的作用原理制成，这是现代晶体管的雏形。晶体管的重大发明具有划时代的意义，使人们向着电子时代发展迈出了极为重要的一步。为此，肖克利等人获得了 1956 年诺贝尔物理学奖。肖克利在发明晶体管以后不久便离开了贝尔电话研究所，建立了他自己的半导体公司。随

---

① 韩国文. 创业学 [M]. 武汉：武汉大学出版社，2007：67.

后，他们又发明集成电路和微处理机。这个由偶然现象引发的重大发明，现在已在全世界得到开发与应用，它不仅极大地革新了原有的技术工艺，而且也改变了人们的生活方式。[①]

3. 市场研究法

市场研究法包括市场信息的收集以及相关环境分析。通过信息收集，可以为创业者的具体创业计划制定提供有效的数据和资料。信息收集的方法可以是访谈法、问卷调查、网络搜索等，要把第一手信息资料和第二手信息资料相结合。这个步骤是创业者机会识别的基础工作。另外，创业者对技术环境、市场环境、政策环境等的分析是机会识别的关键。创业者通过分析结果，形成创业机会。

第二节　创业机会评价

创业机会评价是基于创业机会识别的另一个重要工作。事实上，过半数的创业计划在其最初阶段就被否决，原因是它们不能通过创业者评价的基本标准。一般来说，大多数创业企业在进行创业机会评价时，都会遵循以下几点基本标准：首先，满足需求。创业企业要以满足市场需求为前提，资源丰富的创业者的焦点在于发展需求量大、发展前景广阔的产业或项目；资源相对有限的创业者可以进行市场细分，满足特定用户的独特需求。其次，效益最大化。任何创业企业都要关注投资回报率。再次，创业企业要充分利用当地资源优势和创业者自身优势的原则。选择创业者熟悉并拥有资源优势的项目，不要跟风，不追求社会经济热点，以避免决策失误，浪费资源。最后，创业项目需要符合国家产业政策导向。这样在创业初期创业项目会获得政策上的扶持与相关机构的支持，使创业企业能够安全度过成长期。

一、创业机会评价主要内容

1. 市场评价内容

第一，创业公司所要填补的需求是什么或者说要解决什么样的问题。创业项目价值定位必须清楚地定义目标客户、客户的问题和痛点、独特的解决方案以及从客户的角度来看

---

① 刘道玉. 大学生自我设计与创业［M］. 武汉：武汉大学出版社，2009：193.

这种解决方案的净效益。第二，创业企业要明确目标市场。创业带给目标顾客的价值越高，创业成功的机会也就越大。第三，创业公司产品分销渠道选择问题。有些产品和服务可以在网上销售，有些产品需要多层次的分销商、合作伙伴或增值零售商。创业公司要规划好自己产品的市场范围。一般说来，市场越大，创业企业的市场开拓费用越高。第四，创业企业要对拟进入的市场规模进行评价。如果一个新创企业进入的是一个市场规模巨大而且还在发展中的市场，那么在这个市场上占有一个不大的份额就可以拥有相当大的销售量。市场规模大小与成长速度也是影响创业成败的重要因素。一般而言，市场规模大者，进入障碍相对较低，市场竞争激烈程度也会略为下降。第五，创业企业进入的行业增长率如何。如果进入的行业非常具有成长的潜力。在这样的市场上，新创企业占有市场的很大份额却不会对竞争对手构成很大威胁，而且即使只占有一个小的市场份额，只要能够保持，就意味着不断增加的销售额。第六，对创业企业的成本结构进行评价也十分重要。创业企业的产品成本构成中固定成本和可变成本的比重、各种费用的分摊等。

2. 效益评价内容

第一，创业企业的产品毛利情况十分重要。高额和持久获取毛利的潜力是十分重要的。毛利率高的创业机会，相对风险较低，也比较容易达到损益平衡；反之，毛利率低的创业机会，风险则较高，企业很容易遭受损失。第二，有吸引力的创业机会具有取得至少15%或更高比例的持久利润的潜力。那些产生不到5%税后利润的企业是十分脆弱的。第三，合理的盈亏平衡时间应该在两年以内，如果三年还达不到盈亏平衡，恐怕不是一个值得投入的创业机会。在互联网经济下，一些创业项目需要前期培育消费者的消费习惯，所以前期市场的培育需要大量前期投入，可能会导致盈亏平衡时间拉长。第四，创业投资的最重要目标必须是取得投资收益。一般来说，合理的投资收益应该在25%以上，而15%以下的投资收益率是不值得考虑的创业机会。第五，以战略价值为基础的新企业是具有吸引力的，而那些只有较低的或根本没有战略价值的企业就没有太大的吸引力。第六，创业企业的资本需求量是评价的重要方面。对于创业者来说，有着较少或者中等程度资本需要量的创业机会可能得分会更高。所以创业企业需要根据自身的资本持有情况对机会进行选择。第七，所有投资目的都在于回收，因此退出机制与策略就成为评估创业机会的一项重要指标。企业价值一般也要由具有客观评价能力的交易市场来决定，而这种交易机制的完善程度也会影响投资的退出。由于退出的难度普遍要高于进入，所以一个具有吸引力的创业机会，应该要为所有投资者考虑退出机制以及退出的策略。资金的退出主要有企业被收购或出售、公开发行股票等途径。有吸引力的创业机会应该能够拥有或者想象一种获利和退出的机制，而没有一种退出机制的创业机会就没有太大的吸引力。

二、创业机会筛选

现在国际上公认比较权威、科学的是 Timmons 提出的全面的机会评价框架，Timmons 是从一个机构投资者或者从一个旁观者的角度来分析，结合机会本身的特点和创业家的特质来综合考虑。他概括了一个筛选创业机会的框架（见表 5 – 1），其中涉及八大类 53 项指标，针对不同指标权衡打分。这些指标提供了一些量化的方式，使创业者可以对行业和市场问题、竞争优势问题、经济结构和收获问题、管理团队问题、致命缺陷问题做出判断，以及这些要素加起来是否组成一个足够吸引力的商机。他的这个框架是目前包含指标比较完整的一个体系。

表 5 – 1　Timmons 机会筛选框架

行业与市场	1. 市场容易识别，可以带来持续收入
	2. 顾客可以接受产品或服务，愿意为此付费
	3. 产品的附加价值高
	4. 产品对市场的影响力高
	5. 将要开发的产品生命长久
	6. 项目所在的行业是新兴行业，竞争不完善
	7. 市场规模扩大，销售潜力达到 1000 万元到 10 亿元
	8. 市场成长率在 30% ~50%，甚至更高
	9. 现在厂商的生产能力几乎完全饱和
	10. 在 5 年内能占据市场的领导者地位，达到 20% 以上
	11. 拥有低成本的供货商，具有成本优势
经济因素	1. 达到盈亏平衡点所需要的时间在 2 年以内
	2. 盈亏平衡点不会逐渐提高
	3. 投资回报率在 25% 以上
	4. 项目对资金的要求不是很大，能够获得融资
	5. 销售额的年增长率高于 15%
	6. 有良好的现金流量，能占到销售额的 20% 以上
	7. 能获得持久的毛利，毛利率要达到 40% 以上
	8. 能获得持久的税后利润，税后利润要超过 10%
	9. 资产集中程度低
	10. 运营资金不多，需求量是逐渐增加的
	11. 研究开发工作对资金的要求不高

经管类专业创新创业教育

续表

收获条件	1. 项目带来的附加价值具有较高的战略意义 2. 存在现在有的或可预料的退出方式 3. 资本市场环境有利，可以实现资本的流动
竞争优势	1. 固定成本和可变成本低 2. 对成本、价格和销售的控制较高 3. 已获得或可以获得对专利所有权的保护 4. 竞争对手尚未觉醒，竞争较弱 5. 拥有专利或某种独占性 6. 拥有发展良好的网络关系，容易获得合同 7. 拥有杰出的关键人员和管理团队
管理团队	1. 创业者团队是一个优秀管理者的组合 2. 行业和技术经验达到了本行业内的最高水平 3. 管理团队的正直廉洁程度达到最高水准 4. 管理团队知道自己缺乏哪方面的知识
致命缺陷	不存在任何致命缺陷
创业者的个人标准	1. 个人目标与创业活动相符合 2. 创业者可以做到在有限的风险下实现成功 3. 创业者能接受薪水减少的损失 4. 创业者渴望进行创业这种生活方式，而不只是赚大钱 5. 创业者可以承受适当的风险 6. 创业者在压力下状态依然良好
理想与现实的战略性差异	1. 理想与现实情况相吻合 2. 管理团队已经是最好的 3. 在客户服务管理方面有很好的服务理念 4. 所创办的事业顺应时代潮流 5. 所采取的技术具有突破性，不存在许多替代品或竞争对手 6. 具备灵活的适应能力，能快速地进行施舍 7. 始终在寻找新的机会 8. 定价与市场领导者几乎持平 9. 能够获得销售渠道，或已经拥有现成的网络 10. 能够允许失败

第三节　创业风险识别

2007 年，日本经济产业省①通过问卷调查及访谈法，关于创业失败的理由及结果问题，对创业企业 300 家公司进行了调查。其中得到 83 家企业允许，将调查结果对外公布。选择由于产品或技术研究开发缓慢而导致失败的企业有 6 家，选择成本意识薄弱的企业 3 家，销售能力过低导致创业失败的企业有 10 家，选择市场环境差的企业有 17 家，认为导致失败的原因是企业经营管理不善的共有 35 家，有 8 家公司认为组织结构不合理，有 28 家企业认为是由于战略失误导致创业失败，7 家企业将创业失败归结为领导者能力问题，10 家企业因为资金短缺，11 家企业选择了设备投资负担过重。

由此可见，导致创业企业失败的原因众多，在企业发展的各个时期都存在着各种各样的风险。因此，如何识别风险、规避风险是创业企业的重要课题。

一、风险一词的由来及定义

1. "风险"一词的由来

风险自古有之，它伴随人类和科学技术的进步而变化。特别是进入现代社会以后，人们越发认识到"风险"是关系到国家、企业、家庭，以至个人的生存发展及前途命运的大问题。如何管理风险、应对风险已成为组织管理、业务工作及个人生活中一项极其重要的内容。

"风险"一词由来已久，相传在远古时期，以打鱼捕捞为生的渔民们，每次出海前都要祈祷，祈求神灵保佑自己能够平安归来，其中祈祷的主要内容就是让神灵保佑自己在出海时能风平浪静、满载而归。但是，一旦出现大风兴起大浪，就有可能造成船毁人亡。捕捞活动使他们深刻认识到"风"会给他们带来的无法预测、无法确定的灾难性危险，有"风"就意味着有"危险"。这就是"风险"一词的由来。可见，"风险"是一个与不确定性密切相关，对实现目标不"吉利"的事件。

2. 风险的定义

风险这一名词传承下来慢慢延伸到许多领域。例如用于投资方面，有可能不能收回本

---

① 经济产业省，隶属日本中央省厅，前身是通商产业省，它负责提高民间经济活力，使对外经济关系顺利发展，确保经济与产业得到发展，使矿物资源及能源的供应稳定而且保持效率。

金，就意味着有风险，称为"投资风险"。酒后驾车，由于酒精作用使司机精神失常，很容易酿成车祸，这就意味着酒后开车有风险。人吃东西不注意卫生，意味着有生病的风险。

管理经济学中的风险，指一种特定决策所带来结果与期望结果之间变动性的大小。经济学中的风险，是指发生损失或失败的可能性。金融学中的风险，有"变辐说"和"预期—实际变动说"两种。前者认为当事物的未来结果不确定或可能发生变化时，则存在风险；后者认为当实际结果与预期结果不符时即存在风险。保险学中的风险，是指事件的结果存在着不确定性。系统工程学中的风险，是指用于度量在技术性能、成本进度方面达到某种目的的不确定性。而在指挥决策学中，风险被理解为在不确定性的决策过程中，所面临的无法保证方案实施后一定能达到的期望。

因此，风险是指由于环境的不确定性、客体的复杂性、主体的能力与实力的有限性，而导致某一事项或活动偏离预期目标的可能性。

二、创业风险的概念与特征

创业风险，是指由于创业环境的不确定性，创业机会与创业企业的复杂性，创业者、创业团队与创业投资者的能力与实力的有限性，而导致创业活动偏离预期目标的可能性及其后果。在创业过程中风险是普遍存在的，风险事件的发生将会给企业带来不同程度的损失。创业企业有风险是必然的，一个没有风险的企业也不会是一个能产生利润的企业。

创业是企业整个成长过程中的孕育期，这一时期的特点如下：

1. 创业风险的客观性

创业风险的客观性，首先表现在它的存在是不以人的意志为转移，无法避免和消除的。风险是客观存在的自然现象和社会现象所引起的，无论是自然界中的洪涝、雷击、地震、海啸等自然灾害，还是社会领域的战争、车祸、破产等都是客观存在的。人们通常说的规避风险、消除风险有两重含义：一是指改变或消除所从事的活动，既然活动对象改变了，风险就自然不同；二是指将风险所造成的经济损失通过各种经济的、技术的手段转移或扩散。

2. 创业风险的不确定性

创业风险的不确定性，是指创业风险的发生是不确定的，即风险的程度有多大、风险何时何地有可能转变为现实均是不确定的。这是由于人们对客观世界的认识受各种条件的限制，不可能准确预测风险的发生。创业过程是创业者将自己的创意或创新技术变为现实产品或服务的过程。尽管风险具有不确定性，但任何事物的发生都不是偶然的，而是有规律可循的，因此，随着科技进步和人们素质的提高，风险的规律性是可以被认识和掌握的。

3. 创业风险的相对性

创业风险是相对的、变化的，相对于不同的活动主体，风险也不相同，而且随着时间、空间的改变，风险也会发生变化。①当这些条件发生变化时，必然引起风险的变化、风险后果的变化。随着科学技术发展和生产力水平的提高，人们认识和抵御风险的能力增强，能够在一定程度上降低风险发生的频率，减少损失。②出现新风险。新的风险出现时，特别是为了回避某种风险而采取行动时，代替旧的风险，新的风险就会出现。

4. 创业风险的可测量性

在不确定性风险中，风险的大小与事件的变化范围大小有关；在概率性风险中，风险的大小与分布的离散度有关。在概率性风险中，风险分布的离散程度越高，说明风险越大。企业可以通过定性或定量的方法对风险进行评估和测量，为风险的管理提供可靠的依据。

5. 创业风险的损益双重性

创业有成功或失败两种可能性，创业风险具有盈利或亏损两重性。自然灾害和意外事故等带来的风险只会产生损失，而创业活动中的风险则是和潜在的收益共生的。在创业活动中，对创业者来说风险和利益是必然同时存在的，即风险是利益的代价，利益是风险的报酬。

三、创业风险的类型

按创业风险产生的原因，创业风险可分为主观创业风险和客观创业风险。主观创业风险，是指在创业阶段，由于创业者的身体与心理素质等主观方面的因素导致创业失败的可能性。客观创业风险，是指在创业阶段，由于客观因素导致创业失败的可能性，如市场的变动、政策的变化、竞争对手的出现及创业资金缺乏等。按风险来源的主客观性划分，创业企业风险可分为主观创业风险和客观创业风险。

按创业风险产生的内容划分，创业企业风险可分为技术风险、市场风险、管理风险、财务风险。

1. 创业企业技术风险

技术风险就是由于企业所应用技术或技术集合的不确定性以及技术与经济互动过程的不确定所引起的收益与损失不确定性。技术不确定性既包括企业现在拥有的技术本身功能与成长的不确定，也包括与之相关技术（互补和替代）变动的不确定，特别是对于高新技术创业企业而言，技术之间的竞争往往很激烈，技术与技术、技术与经济环境的互动使得技术很容易丧失其优越性，从而也使得投资贬值。技术型的特有风险主要有：技术的不确定性、技术的生命周期、技术的可复制和替代性、技术的壁垒是否建立、技术是否申请专利、能否寻求法律上的保护等。

2. 创业企业市场风险

所谓创业市场风险，主要是指新创企业的产品或服务与市场需求不适应或与市场容量不匹配，而导致新创企业的产品或服务进入市场后面临的盈利或亏损的可能性。即由于市场情况的不确定性导致创业者或创业企业遭受损失的可能性。面对不同的市场类型，新创企业所面临的风险不同，这种因为市场不确定性产生的主要风险如下：

（1）市场接受能力的不确定性。如果企业推出的是全新的产品，虽然该市场中的竞争者少，但市场前景的不确定性因素很多，市场需求还处于开发或者萌芽阶段。顾客在产品推出时不易及时了解其性能而往往持观望态度，并且容易做出错误判断。因此，一个新产品或者服务是否能被顾客接受、何时能被顾客接受，往往很不明确，这会给新创企业带来一定的风险。

（2）产品扩散速度的不确定性。新产品的扩散速度很难预测，这就使许多企业要么失去了发展的契机，要么陷入困境。贝尔实验室20世纪50年代就推出了图像电话，但20年后该技术才被市场接受。1959年IBM公司预测施乐914复印机在10年内仅能销售5000台，而拒绝了与研制该产品的哈罗德公司的技术合作，然而复印技术被迅速采用，10年后改名为施乐公司的哈罗德公司已销售了20万台施乐914复印机，成为一个拥有10亿美元资产的大公司。

（3）竞争能力的不确定性。市场经济本质上是一种竞争型经济，优胜劣汰是市场经济的客观规律，竞争是提高市场劳动效率之所在，而市场竞争能力则是价格、服务等各方面市场战略、策略综合作用的结果。一项好的高技术产品或商业点子，如果没有好的市场战略、策略，在价格定位、用户选择、上市时间、市场区域划分等方面出现失误，就会给产品的市场开拓造成困难，甚至功亏一篑。尤其，新产品常常面临着激烈的市场竞争，生产新产品的企业往往是初创企业，缺乏资金和强大的销售系统，在竞争中往往受到一些大公司开发的类似产品的竞争。新产品能否占领市场、能够占领多大的市场份额，事先难以确定。

（4）产品售后服务的不确定性。产品生产出来后，能否提供快速、高效的服务也将影响产品的销售和生产，售后服务也是影响产品能否被市场接受的重要环节。产品销售以后如果不能够向用户提供相应的售后服务和技术支持，那么产品最终还是会被市场淘汰。许多从事软件开发的高新企业都是由于售后服务和技术支持不能够到位而遭到市场拒绝。

3. 创业企业管理风险

管理风险是指创业过程中因管理不善而导致创业失败所带来的风险。创业者并不一定是出色的企业家，不一定具备出色的管理才能。创业者素质差，决策失误；大权独揽，独断专行；团队不团结，钩心斗角；企业无凝聚力，管理松散，员工跳槽等足以使一个公司垮掉。这方面的不确定性最多，风险也最大。管理风险主要包括以下几种：

（1）管理制度风险。创业企业往往没有完善的管理制度，这种松散型的管理在创业初期还可以由创业者的辛苦工作弥补，当创业企业发展到一定程度以后，松散型的管理就会造成政令不畅，容易导致风险事件的发生。

（2）人力资源管理风险。人力资源管理的风险主要包括创业团队的风险、人员选择的风险、重要员工流失的风险等。人员配置不科学、激励达不到预期效果、工作作风不严谨，这些人力资源管理的问题往往造成内部消耗巨大、重要员工流失等问题，给企业带来巨大的损失。人力资源管理风险具有突发性、不确定性、破坏性、公众性、复杂性及双重性的特点。

（3）营销管理的风险。创业企业生产销售的产品一般是新产品，新产品的市场定位、营销策略的制定、营销人员的管理以及营销政策的确定如果出现失误，就会造成整个产品滞销，给企业带来损失。

4. 创业企业财务风险

创业财务风险是指企业资金供应的不确定性以及负债筹资而产生的用现金偿还到期债务的不确定性，引起的投资收益下降或者创业失败的风险。企业是以盈利为目的，而从事生产经营活动的社会组织，这一切是靠资金作为基础的，资金是使企业正常运作的物质保障。创业者可以证明其构想的可行性，但往往没有足够的资金将其实现商品化，从而给创业企业带来一定的风险。在新创企业中，有 80% 的企业生命周期不过 3 年，最主要的原因就是财务风险的影响。创业财务风险主要包括筹资风险、投资风险和现金流风险。

（1）筹资风险是指由于资金供需情况、宏观经济环境等因素的变化，企业筹集借入资金给财务成果带来的不确定性。筹资风险随筹资方式的不同而不同，其主要体现如下：

其一，新创企业投资利润率和借入资金利息率的不确性。在企业资金全部为自由资金的情况下，创业企业无财务风险，但也无法获得财务杠杆带来的效益。当企业投资利润率高于借入资金利息率时，企业使用一部分借入资金，可以因财务杠杆的作用提高自有资金利润率；当企业投资利润率低于借入资金利息率时，企业使用借入资金将使自有资金利润率降低，甚至发生亏损，严重的则因资产负债率过高或不良资产的大量存在，导致资不抵债而破产。筹集资金的方式有长期资金的筹集，包括吸收投资、发行股票、发行债券、长期借款、融资租赁；短期资金的筹集，包括银行短期贷款、商业信用、短期融资。为了降低财务风险，负债经营应该保持合理的负债比率，生产经营状况好、资金周转快时负债经营比率可以适当高一些；生产经营不理想、产销不畅时负债比率要相对保持在低水平。

其二，新创企业经营活动成败的不确定性。新创企业筹资经营，其还本付息的资金最终来源于新创企业的收益。如果新创企业经营管理不善，长期亏损，那么就不能按期支付债务本息，这样就给其带来偿还债务的压力，也可能使信誉受损，不能有效地再去筹集资金，导致其陷入财务风险。

（2）投资风险是投资项目不能达到预期收益，影响企业盈利水平和资金回收的风险。如建立新的生产线和营业机构、研究开发新项目、收购合并等，不能为股东带来合理的回报，甚至发生亏损的可能性。投资时要注意项目能不能取得理想的效益，达到一定的收益率水平；项目利润率是否高于企业目前的资金利润率。

（3）现金流风险是企业财务风险中最普遍、影响力最大的一种，它属于支付风险。由于权责发生制原则，确定的收益并不能够带来确定的现金流，由现金流不确定造成的风险称为现金流风险。通过现金流分析，了解企业的盈利能力、偿债能力和支付能力，从而识别企业财务风险及其大小程度。掌握现金流日常管理的技巧和方法，同时加强企业现金流量表的编制和应用分析，树立以现金流管理为中心的企业理财新观念。

四、创业风险的识别

既然创业风险是创业过程中不可避免的现象，那么直面风险并有效化解，则是创业过程中的重要任务。创业风险识别是创业者依据企业活动，对创业企业面临的现实以及潜在风险运用各种方法加以判断、归类并鉴定风险性质的过程。创业者都必须掌握风险识别的能力，并不断提高这种能力。

1. 树立风险识别的基本理念

作为创业者，应该树立正确识别企业风险的基本理念，主要具备以下意识：

（1）有备无患的意识。创业风险的出现是正常的，带来一些损失也是正常的。要善于运用底线思维的方法，凡事从坏处准备，努力争取最好的结果，做到有备无患、遇事不慌，牢牢把握主动权。

（2）识别风险的能力。发现和识别风险，是为了防范和控制风险。风险识别，是风险管理的第一步，也是风险管理的基础。只有在正确识别出创业所面临的风险的基础上，人们才能够主动选择适当有效的方法进行处理。

（3）未雨绸缪的观念。创业风险需要创业者通过创业活动的迹象，分析风险产生的原因，判断风险的性质，预测风险的后果，识别创业过程中各种潜在的风险。

（4）坚持不懈的精神。创业之路漫长而崎岖，隐伏着各种险阻。这就要求创业者有持之以恒、坚持不懈的思想。

（5）实事求是的态度。虽然风险识别是一个主观过程，但是必须遵循客观规律。风险识别是一项复杂而细致的工作，要按特定的程序、步骤，选用适当的方法逐层次地分析各种现象，实事求是地做出评估。

2. 了解识别风险的方法和工具

风险的识别，需要通过掌握一定的专业知识，按照一定的途径，运用一定的方法，并借助一定的工具来实现。

（1）专家调查法。专家调查法又称德尔菲法，是指向有关专家提出问题，了解相关风险因素，并获得各种信息。调查的方式通常有两种：一种是召集有关专家开会，让专家充分发表意见，起到集思广益的作用；另一种是采用问卷式调查，各专家根据自己的看法单独填写问卷。在采用专家调查法时，应注意所提出的问题应当具有指导性和代表性，并具有一定的深度，问题要提得尽量具体一些。同时，还应注意专家的调查面应尽可能广泛。

（2）财务报表法。财务状况分析法是根据企业或其他单位的资产负债表、损益表、财务状况表和财产目录等资料，对企业的固定资产和流动资产的分布进行分析，识别风险，以便从财务的角度发现企业所面临的潜在风险和财务损失的一种分析风险的方法。通过对财务状况的分析，可以识别企业当前所面临的风险和潜在的未来风险。

（3）流程图法。流程图法是将企业经营全过程，按其内在的逻辑关系以若干个模块形式组成一个流程图系列。在每个模块中都标出各种潜在的风险因素或风险事件，从而给决策者一个清晰的总体印象。针对流程中的关键环节和薄弱环节进行调查和分析，标出各环节的潜在风险因素或风险事件，找出风险存在的原因，分析风险发生后可能造成损失和对项目全过程造成的影响有多大。

（4）保险调查法。保险调查法是指企业可以委托保险公司或保险咨询服务机构，依据专业人士编制风险调查表，通过逐项回答调查所列问题，对潜在损失和由于风险事件的出现可能造成的消极影响进行调查分析，提出预防风险损失出现的措施。如美国的保险公司、风险及保险管理学会就曾经设计出一种企业界应用的风险分析调查表，但一般只适用于中小规模且风险管理政策并不完备的企业。

（5）环境分析法。环境分析法是指通过对企业外部环境、内部条件的分析，明确机会和威胁，结合企业的优势和劣势，找出这些环境可能引发的风险和损失，抓住机遇规避风险的方法。环境分析法重点是分析环境的不确定性及变动趋势给企业经营带来的风险，还要注意分析环境中的变动因素及其相互作用对企业的经营效果带来的影响。具体的分析方法主要有头脑风暴法、SWOT 分析法等。头脑风暴法又称智力激励法，由美国学者奥斯本提出。头脑风暴法原指精神病患者头脑中短时间出现的思维紊乱现象。奥斯本借用这个概念来比喻思维高度活跃，因打破常规的思维方式而产生大量创造性设想的状况。头脑风暴的目的是激发人类大脑的创新思维以及能够产生出新的想法、新的观念。头脑风暴法有低成本、高效率的优点，并且可以获取广泛的信息，有助于企业识别潜在的风险。SWOT

分析法，是对企业内部的优劣势、外部的机会和威胁进行分析，然后做出准确的判断。首先，对企业内部条件进行分析，明确企业的优劣势。其次，运用环境扫描法对企业所面临的外部环境进行系统分析，判断环境可能对企业产生的潜在风险。最后，形成 SWOT 分析表，继而制定企业发展的战略和策略。

五、创业企业风险的防范方法

1. 创业企业技术风险的防范

技术风险防范是指决策者对技术风险进行识别、预测，并采取有效措施进行回避、转移、削减的行为。创业企业对技术研究开发的风险进行防范，是提高创业成功率，减少风险损失的重要方法。

（1）风险回避，即企业避开高风险的开发项目或避开高技术开发中的某些高风险因素。这里的"回避"可分为主动回避和被动回避。另外，创业企业可以通过向保险公司投保的方式，向保险公司缴纳一定的保险金，若新产品、新技术开发失败，则在责任范围内由保险公司负责赔偿。

（2）风险转移，即创业企业通过技术转让、技术交易等方式，把高技术开发的风险进行分解和分散，让更多的主体来分散承担，从而使本企业所承担的风险相对减少。

（3）风险削减，即创业企业在高技术开发过程中，对所遇到的既不可回避又不可控制的风险因素，应尽量设法减少风险带来的损失。风险分散是指创业企业通过多元化经营，使风险在不同的经营活动中分散化。对于一些风险较大的项目，可以先投入少量资金进行生产和市场试验，然后再决定是否大规模投产。

2. 创业市场风险的防范

市场风险是导致创业企业失败的最重要因素之一。对于创业企业来说，开拓产品市场是一项挑战性的事业。他们开辟的大多数是全新的市场，很难以顾客的需求作为市场基础，因而增加了市场的不确定性。因此，对于市场风险的防范显得十分重要。

（1）坚持以市场为导向的核心经营理念。新创企业不一定拥有最好的产品和最先进的技术，但一定要拥有正确的营销理念和最合适的营销策略。新创企业要根据自身情况，明确企业所要面临的市场处于何种阶段，树立以市场为导向的核心经营理念。新创企业还要对生产的产品或服务分析评估，预测产品生命周期的各个阶段可能引发的风险，制定合理对策。

（2）加强市场营销环境的调查研究。充分获取市场信息，捕捉市场机会。捕捉对创业者有利的市场机会，有助于企业顺利开展市场营销活动，从而防范或降低创业过程中的市场风险。进行市场分析，挖掘市场需求。新创企业在尽可能地收集市场信息后，为了有效地抓住和利用对企业有利的市场机会，需要结合现状，把握经济发展规律，进行市场分析。进行市场细分，选择目标市场。企业进行市场分析、细分市场，明确了发展方向以后，就要研究和选择目标市场。市场需求是复杂多变的，企业不可能全都满足。只有在深刻了解市场需求的基础上把市场分为不同类型，结合企业自身资源和市场环境条件确定目标市场，才能充分发挥企业优势，增强竞争能力。

[案例 5-2]

小油漆厂如何选择目标市场

英国有一家小油漆厂访问了许多潜在消费者，调查他们的需要，并对市场做了以下细分：本地市场的60%，是一个较大的普及市场，对各种油漆产品都有潜在需求，但是本厂无力参与竞争；另有四个分市场，各占10%的份额。四个分市场特点如下：一个是家庭主妇群体，特点是不懂室内装饰需要什么油漆，但是要求质量好，希望油漆商提供设计，油漆效果美观；一个是油漆工助手群体，顾客需要购买质量较好的油漆，替住户进行室内装饰，他们过去一向从老式金属器具店或木材厂购买油漆；一个是老油漆技工群体，他们的特点是一向不买调好的油漆，只买颜料和油料自己调配；一个是对价格敏感的青年夫妇群体，收入低，租公寓居住，按照英国的习惯，公寓住户在一定时间内必须油漆住房，以保护房屋，因此，他们购买油漆不求质量，只要比白粉刷浆稍好就行，但要价格便宜。

经过研究，该厂决定选择青年夫妇作为目标市场，并制定了相应的市场营销组合：①产品。经营少数不同颜色、大小不同包装的油漆，并根据目标顾客的喜好，随时增加、改变或取消颜色品种和装罐大小。②分销。产品送抵目标顾客住处附近的每一家零售商店。目标市场范围内一旦出现新的商店，立即招徕经销本厂产品。③价格。保持单一低廉价格，不提供任何特价优惠，也不跟随其他厂家调整价格。④促销。以"低价""满意的质量"为号召，以适应目标顾客的需求特点。定期变换商店布置和广告版本，创造新颖形象，并变换使用广告媒体。

由于市场选择恰当，市场营销战略较好适应了目标顾客，虽然经营的是低档产品，但该企业仍然获得了很大成功。

（资料来源：吴建安. 市场营销［M］. 北京：清华大学出版社，2013.）

3. 财务风险规避方法

新创企业的财务风险的规避方法可以从两个方面来说明：一是财务风险防范要在风险发生以前采取各种措施，最大限度地防止风险的发生或者把风险控制到最小程度；二是有些财务风险的发生，企业无能为力，只能力求在风险发生之后把损失降到最小，或者可以通过其他途径把风险损失弥补过来，或者尽可能地恢复正常的生产经营活动，缩小风险损失。

（1）择优投放项目。将有限的资金用在高效的产品上，选择高效率的项目是关键。通过各种投资分析方法，在初期选择好投资项目，是创业的关键，一个好的项目就基本上决定了创业活动能否成功。为防范财务风险，企业必须采用科学的决策方法。在决策过程中，应充分考虑影响决策的各种因素，尽量采用定量计算的方法并运用科学的决策模型进行决策。对各种可行性方案要认真进行分析评价，从中选择最优的决策方案，切忌主观臆断。例如，在筹资决策过程中，企业首先应根据生产经营情况合理预测资金需要量，其次通过对资金成本的计算分析及各种筹资方式的风险分析，选择正确的筹资方式，确定合理的资金结构，在此基础上做出正确的筹资决策，以降低成本，减少风险。

（2）分散财务风险。通过企业之间联营、多种经营及对外投资多元化等方式分散财务风险。在多种经营方式下，某些产品因滞销而产生的损失，可能会被其他产品带来的收益所抵消，从而可以避免经营单一，产生无法实现预期收益的风险。对外投资多元化是指企业对外投资时，应将资金投资于不同的投资品种，以达到分散风险的目的。

（3）提高风险管理水平。加强风险管理的日常工作，尽可能地在风险发生之前就能够预测到，并相应地设计备用方案，一旦风险事件发生，可以马上采取补救措施，将损失降到最小程度。理顺企业内部财务关系，做到责、权、利相统一。为防范财务风险，企业必须理顺内部的各种财务关系。首先，要明确各部门在企业财务管理中的地位、作用及应承担的职责，并赋予其相应的权利，真正做到权责分明、各负其责。其次，在利益分配方面，应兼顾企业各方利益，以调动各方面参与企业财务管理的积极性，从而真正做到责、权、利相统一，使企业内部各种财务关系清晰明了。

第四节　商业模式开发

一、传统商业模式的新挑战

所谓商业模式，就是企业市场价值的实现模式。当今企业经营环境发生了巨大的变化，其主要特征是全球化、信息化、市场化。面临前所未有的严峻挑战，必然要求企业对传统商业模式进行系统的全面创新，以适应经营环境的深刻变化。①

1. 全球化

在全球化背景下，企业不仅面临国内竞争，还面临着以领先的知识产权、营销理念以

---

① 袁文宗. 创新的云计算商业模式［M］. 北京：清华大学出版社，2013.

及强势品牌为优势的跨国企业对市场的瓜分。在这样的市场环境下，现代企业不得不在全球范围寻找自己生存的恰当位置。对企业而言，既是挑战的国际化，也是机遇的国际化。

（1）贸易自由化。随着全球货物贸易、服务贸易、技术贸易的加速发展。经济全球化促进了世界多边贸易体制的形成，从而加快了国际贸易的增长速度，促进了全球贸易自由化的发展，也使得加入 WTO 组织的成员以统一的国际准则来规范自己的行为。

（2）生产国际化。生产力作为人类社会发展的根本动力，极大地推动着世界市场的扩大。以互联网为标志的科技革命，从时间和空间上缩小了各国之间的距离，促使世界贸易结构发生巨大变化，促使生产要素跨国流动。它不仅对生产超越国界提出了内在要求，也为全球化生产准备了条件，是推动经济全球化的根本动力。

（3）科技全球化。各国科技资源在全球范围内的优化配置，是经济全球化最新拓展和进展迅速的领域，表现为先进技术和研发能力的大规模跨国界转移、跨国界联合研发广泛存在。以信息技术产业为典型代表，各国的技术标准越来越趋向一致。跨国公司巨头通过垄断技术标准的使用，控制了行业的发展，获取了大量的超额利润。

2. 信息化

当今世界信息化潮流势不可当，信息特别是网络的方便快捷、信息量大、传播面广等特性，使其发展越来越迅速。互联网的商业应用已渗透到经济社会生活的方方面面，深刻地改变着人们的生活方式与传统观念，这种速度足以令人惊叹。短短几年时间，互联网就已迅速地延伸到包括生产、金融、商务以及各种服务在内的所有社会经济领域。电子商务、电子货币、电子银行、电子政府、虚拟企业、信息家电、网上购物、远程医疗等全新的社会经济范畴和全新的经济活动充斥了整个社会，似乎人们的所有活动都将要与网络发生关系。

（1）网络经济。1993 年互联网的商业应用开始，标志着网络经济的到来。各种商业、金融机构等纷纷"入网"，传递、获取商业信息，开创出许多全新的经营方式和遍及全球的商业活动。一些更年轻的创业者，充分利用互联网所形成的全球信息网络空间，开创出网络门户、电子广告、网络销售、网络购物中心、网络银行、电子报刊、网络图书馆等新兴产业。

（2）企业信息化。信息化是当今世界经济和社会发展的大趋势。信息经济已成为当代世界经济新动力的增长点，利用信息技术是各国经济发展的关键。只有抓住信息化发展的机遇，才能使企业发挥整体优势①。

3. 市场化

与 20 世纪的市场竞争特点相比，21 世纪的市场竞争又有了新的特点，许多行业出现

---

① 乔为国. 商业模式创新［M］. 上海：上海远东出版社，2009.

生产相对过剩，人们普遍感受到商品供给丰富。买方市场的形成是中国经济发展过程中的一个里程碑，它对 21 世纪中国经济的运行和发展产生了深刻影响。

（1）产品生命周期越来越短。由于科技不断进步、经济的不断发展和全球化市场的形成，产品的生命周期越来越短，更新换代速度加快。由于产品在市场上存留时间大大缩短，企业产品开发和上市时间缩短，这无疑给企业造成巨大压力。

（2）产品品种总数飞速膨胀。因消费者需求的多样化越来越突出，企业为了更好地满足其要求，不断推出新品种，从而引起了一轮又一轮的产品开发竞争，结果是产品的品种数倍增长。但是，按照传统思路，每一种产品均生产，以备用户选择，那么制造商和销售商要背上沉重的负担，市场平均库存占用大量的资金，严重影响企业的资金周转速度，进而影响企业的竞争。

（3）对产品和服务的期待值增高。现在的用户已不满足于在市场上买到标准化生产的产品，他们希望得到按照自己要求定制的产品或服务，这些变化导致产品生产方式革命性的变化。传统的标准化生产方式是"一对多"的关系，即企业开发出一种产品，然后组织规模化大批量生产，用一种标准产品满足不同消费者的要求，然而，这种模式已不再能使企业继续获得效益。现在的企业必须具有根据每一个客户的特别要求定制产品或服务的能力，即"一对一"的定制化服务。企业为了能在新的环境中继续保持发展，纷纷转变生产管理模式，采取的措施是从单一产品大量生产转向定制化大量生产。[①]

二、商业模式的定义与特点

商业模式热潮始于 20 世纪末期的互联网创业时期。互联网兴起之后，涌现出许多新的经营模式。同时在网络经济条件下，出现了各种不同的业务流程、不同的收入模式、不同的信息流通方式。人们逐渐认识到，企业必须选择一个合适有效的和成功的商业模式，从而保证自身的生存和发展。[②]

1. 商业模式的定义

商业模式事实上是普遍存在的，只要有企业存在，该企业与客户进行了价值交换，不管其是否盈利，该企业都有其商业模式，只不过多数企业的商业模式都是雷同的，甚至是失败的。商业模式有优秀的也有欠佳的，有简单的也有复杂的，有明显的也有隐含的，商业模式是个系统性的结构。过去研究者对商业模式的定义，更多的是一种"贵族化"的描述，描述的结果就是"商业模式"等同于"优秀的商业模式"。我们知道，商业模式中的势能模式解决了企业盈利的持续性问题，而溢价模式解决了商业模式的盈利有效性

① 李翔. 商业的模式［M］. 青岛：青岛出版社，2011.
② 钱志新. 新商业模式［M］. 南京：南京大学出版社，2008.

问题。

因此，我们可以定义商业模式：商业模式就是企业为做到有效盈利并持续盈利，将内外部各种资源合理调配和利用，向购买者或消费者提供准确的受用价值，而建立的一种系统结构。恰当的商品或服务、巧妙的实现方式就构成了优秀的商业模式。商业模式创新就是为实现企业持续盈利并有效盈利而将内外部资源合理调配和利用，以便为购买者或消费者提供更为准确的价值的过程。[①]

2. 商业模式的特点

通过对商业模式的研究发现，优秀的商业模式具有四个特点：系统性、整合性、适应性和动态性。

（1）系统性。系统性是指商业模式将涉及企业内外等方方面面，每个局部都将是商业模式的一种影响因素，而每一因素都可能成为企业商业模式的一项构成策略。

（2）整合性。整合性是指商业模式对企业所处的环境应具有的较强的资源整合功能，这种整合是以双赢为基础，为创造受用价值或降低共同成本为目标。整合性更多的是考虑共事而非竞争，整合将形成有效的产业价值链，该价值链能为消费者带来更多的受用价值。

（3）适应性。适应性是指目标企业的商业模式对行业环境是适应的，这种环境对于企业来讲具有独特免疫性。优秀的商业模式是依据行业资源特点、企业本身资源特点及能力而量身打造的，在企业机体上运营是排他性的。这个商业模式如果被其他企业所复制，则必须依据自身的资源特点及能力将其调整改造，而不能完全照搬，否则必将造成自我伤身，如果一个商业模式设计出来，并得到了成功运营，同时又被其他企业成功复制，那么这个企业商业模式就存在很多缺陷，这说明该企业没能真正挖掘出本身资源特点与能力或者没有充分利用好行业的资源优势，企业所创造出的商业模式，只是适合大众企业的通用品，导致的结果必然还是同质化的恶性竞争。

（4）动态性。动态性是指商业模式会随环境、需求的变化以及企业自身的发展而不断发生变化。由于购买者及消费者的需求是不断变化的，企业又是在不断地发展，行业的整体经营发展也给企业带来更多的可利用的资源，企业必须对这些资源进行调整，使其更加适合未来的发展。这种调整只为提供更多的受用价值，或降低使用成本。正是基于发展及竞争，为求得更准确价值而对购买者及消费者不断地分析的过程，导致商业模式被不断地进行修正，相应的企业商业模式也就不断地发生变化。[②]

---

① 余来文，陈吉乐，温著彬. 大数据商业模式［M］. 北京：经济管理出版社，2014.
② ［瑞士］亚历山大·奥斯特瓦德，［比利时］伊夫·皮尼厄. 商业模式新生代［M］. 北京：机械工业出版社，2011.

三、商业模式开发基本途径

商业模式是一个系统，由构成要素、要素间关系及系统动力机制组成，因此，商业模式创新既可以以商业模式某个要素及其具体形态创新变化为主，也可以以各要素间组合结构关系或系统动力机制创新变化为主。当然，由于商业模式创新不只是某单个构成要素的变化，更是多个要素及其相互间结构关系和动力机制的协同变化，因此，它们的边界是模糊的。以要素为主变化的商业模式创新，也常会改变企业在价值链或网络中的位置。此外，以某个要素及具体形态为主要途径的，这些要素一般是产品或服务、目标客户、渠道、收益方式、内部价值链或合作网络。因为客户关系依赖于产品或服务及渠道特性，核心能力和成本通常是企业内部价值链的表现或结果，所以，客户关系、核心能力和成本三个要素难以形成商业模式创新的基本途径。当然，这并不是说它们不重要。[1]

1. 产品或服务

以产品或服务要素为主要途径，是一种传统和常见的类型。以产品或服务为主要途径时，通常伴随着满足新的市场需求的革新性产品或服务的问世；或伴随着产品、服务构成及标准化、个性化等产品具体特性的变化。革新性产品或服务的推出，同时意味着新市场的开辟创造。从商业模式创新与产业演化关系看，商业模式创新最初常以创新型产品或服务的出现为基本途径，因为它是产业产生、发展的开始。

2. 目标客户、渠道或收益方式

以目标客户要素为主要途径是另一种常见类型。它主要指本地、区域、国内、国际、城市、乡村、政府、企业、个人，或是根据年龄、性别、收入甚至生活方式划分的一种大众市场或细分市场等客户市场各种特性的创新变化。当然，这类创新与产品创新密切相关，特定产品服务于新的目标客户时，也常有产品创新的因素。

对任何企业来说，关注可能的新市场和目标客户都是必要的。为某一用途设计的产品，特别是科技产品，通常会应用于它最先设计的市场，但并不总是如此，产品可能的用途广泛，大部分可能的顾客甚至不在公司当初考虑的范围之内，企业往往会在企图服务的市场之外取得成功。

渠道也是商业模式创新的一种重要要素途径。渠道创新指通过单一、多渠道，互联网络、实体店铺等销售渠道因素变化进行创新。

传统制造厂商常通过批发、分销、零售等环节销售产品。一些销售环节，如沃尔玛通过连锁经营，取得强大的市场力量。经销商的强大常使许多制造商处于不利的谈判地位，

---

① 黄勇，吴晓波．浙江省服务业企业商业模式创新案例［M］．杭州：浙江大学出版社，2011.

这意味着产品有较高的价格和较差的服务。为改变这种不利地位，一些有实力的厂商积极向销售环节拓展，以求获得更强的控制力，而另一些企业，则试图直接消除中间商环节。

以收益方式要素为商业模式创新主要途径时，主要是租赁、销售、产品、服务、广告收入、销售量、利润率等收益因素的创新变化。

在传统经济条件下，企业一般都是通过向客户直接销售产品和提供服务，或者租赁取得收益，或者如媒体，靠广告产生收益。在信息时代条件下，这些传统的收益来源依然存在，但也出现了一些新的形态和特征。

收益来源发展趋势有两种特征：一是与服务的重要性相对应，服务已成为越来越重要的收入源，即便对传统制造业企业也是如此。二是传媒资源的发展，继报纸、广播、电视、互联网后，传统产品的传媒价值也正在被发现并加以有效利用。

3. 企业内部价值链或合作网络

以企业内部价值链要素为主要途径，主要指包括生产、营销、研发、财务、人力资源、信息管理、供应链管理等企业内部资源与生产经营活动组织的创新变化。

内部价值链既是为客户提供产品及服务的价值创造过程，也是成本的主要成因，它在某个或某几个方面的优势，常构成企业核心竞争能力的基础。

以合作网络要素为商业模式创新主要途径，指创造并提供价值过程中和其他公司的网络联系、合作关系安排的创新。以合作网络途径为主要特征的商业模式创新成为越来越重要的一种形态。

在分工与专业化的时代，信息技术的发展大大降低了合作和交易成本，组织边界变得更模糊。与其他公司结成合作网络，可以使每个公司都专注并发挥自己的专长，网络协同效应可加强每个公司的核心能力。[①]

四、企业常见的商业模式

企业商业模式是伴随互联网行业的兴起而产生的。对于商业模式的分类，相关学者主要从价值性、产业类型或类别、互联网、盈利方式等方面进行划分。

1. 轻重资产商业模式

（1）轻资产商业模式主要有以下三种：

第一，品牌型轻资产商业模式。这种商业模式是把打造自身品牌作为企业的核心业务，主要关注市场分析、预测、产品或服务的开发、企业品牌的打造等，而把企业生产环节、销售环节不作为企业内部的业务来完成，选择其他的合作伙伴来承担这部分业务和运

---

① 陈明，余来文，温著彬，封智勇．商业模式创业的视角［M］．厦门：厦门大学出版社，2011．

营。品牌型轻资产企业的弱点在于品牌是虚的东西，在品牌方面一直保持领先是不容易的。品牌的价值是以无形胜有形，因此，做好难度比较大，常胜不容易。美特斯·邦威就是典型的轻资产品牌型商业模式企业。

[案例 5-3]

美特斯·邦威"虚拟经营"与耐克媲美

美特斯·邦威到底靠什么，能使董事长周成建足不出户即可实时掌控和号令全国庞大的生产经营和销售网络，并使企业的应收账款水平保持在如此之低的水平？其成功经验，可以概括为："一种模式，三大法宝"。一种模式指虚拟经营模式；三大法宝指"品牌、设计和面向企业联盟体的电子商务平台"。

1. 虚拟经营：与耐克媲美

美特斯·邦威创立于1995年。创立之初，只有注册资本50万元，十几个人。美特斯·邦威老板周成建以温州人特有的商业嗅觉，在20世纪中期看准年轻人需要价格相对便宜一些的休闲服装的市场空白，将自己定位在休闲服饰市场，推出了T恤、夹克，结果生意非常好，1995年销售收入达到了500多万元。

销售形势一片大好，美特斯·邦威的服装品种也越来越多，但自己工厂已经没有能力去生产这么多品种。美特斯·邦威干脆把自己仅有的一个工厂关了，将生产外包给广东省的生产能力过剩的服装厂。

美特斯·邦威同时开始走出温州市，到杭州市、上海市自己投资开直营的专卖店。但是，网店的异地扩张，一方面资金跟不上，另一方面管理跟不上。美特斯·邦威又退回温州市，在上海市缩小规模，引进代理商，发展代销店。这就是美特斯·邦威虚拟经营模式的雏形。

2. 初尝电子商务好处

美特斯·邦威的电子商务之路始于1996年。从1996年到2000年，美特斯·邦威自主开发了第一代电子商务系统，包括仓库信息管理系统、专卖店和分销管理系统、财务管理系统、生产进货管理系统和办公自动化系统。

随着美特斯·邦威第一代电子商务系统的逐步上线，从1995年到2000年，订单交货周期由15天下降到8天；应收账款周转天数从30天下降到2天；专卖店由10家增加到400多家；销售额由500多万元升到5.1亿元。到2001年，美特斯·邦威的销售额增长到8.7亿元。

美特斯·邦威也从一家拥有2家工厂、数百名工人的制造企业，转型成没有一台缝纫机，只有电子商务系统、品牌运作和研发设计的"虚拟企业"，打造了可以与耐克相媲美的"虚拟经营"模式。

3. 打通产业链的电子商务平台

美特斯·邦威的第二代电子商务系统（URP），就是面向企业联盟体，打通整个产业链条的电子商务平台。具有两个关键特点：

（1）基于互联网时代最先进的 WEB 架构，全面面向虚拟经营经济联盟体，完全整合产业链条上的五个主体：品牌商（即作为品牌盟主的美特斯·邦威）、面料厂、外协制造商、加盟商和物流承运商，实现了产业链的一体化。力求真正给品牌盟主企业的四类客人提供一站式的电子商务高效服务。

（2）实施最高级别的应用大集中模式（供应链实时快速反应模式），即在数据库及软件底层，五个市场主体的业务流程、数据是完全整合在一起的，真正在供应链上达到实时的应用联动。

4. 门户中的高效联盟体

在外部专家普遍不看好的情况下，美特斯·邦威用了两年半的时间，到 2003 年全部完成了新系统的开发和面向五个联盟体市场主体的实施推广工作。在企业内部，美特斯·邦威 URP 系统将企业进销存、人财物全部整合在一起，实现了企业的生产、市场、销售、财务一体化。在企业外部，美特斯·邦威面向产业链合作伙伴、顾客及大众的电子商务平台主要具有以下四个门户：

（1）工厂门户。美特斯·邦威站在工厂的角度，同时结合作为品牌盟主的管理需求，将自己与工厂的业务流程整合在一起，工厂可以通过互联网交接登录美特斯·邦威的电子商务门户，实时查看生产计划、物料需求、往来账结算，实现从服装创意设计、面料采购、生产过程、产品质检入库及出库销售、物流配送和财务对账等整个供应链全过程的协同工作。

（2）加盟商门户。实现了百分百地对全国 1800 多家加盟连锁店的管理和掌控。加盟店犹如美特斯·邦威内部的一个部门，加盟专卖店的整个业务流程与美特斯·邦威的产供销和财务结算完全是一体化的，实现了网上实时下单、实时配送跟踪、实时结算和对账。

（3）网上购物门户。美特斯·邦威正在规划研制面对终端消费者的 B2C 网上购物平台和视频多媒体购物平台，未来消费者足不出户即可享受到购物的乐趣，随意搭配自己喜欢的产品，并在网上下单，自己只需要在家中坐等衣服送货上门。

（4）面向大众的企业网站。美特斯·邦威面向一般大众的企业新闻网站，到 2006 年底，以美特斯·邦威为核心的整个企业联盟体人员，加起来近 10 万人。如此庞大的网络，如此复杂的联盟体，离开一个强大的、四通八达的电子商务平台，其管理难度可想而知。敏捷的第 2 代电子商务平台不仅使订单处理、财务结算等均从原来老系统至少需要两三天时间，变成了实时完成，而且订单交货周期由老系统的 8 天下降到 2006 年的 3.3 天。

（资料来源：美特斯·邦威"虚拟经营"与耐克媲美 ［EB/OL］．中国纺织网，2007－08.）

第二，知识产权型商业模式。这类商业模式的核心就是把企业所掌握的知识产权作为一种资源和能力，而对其进行转让使用权来获得利益或是从销售额的比例中获得收益，而不分担销售渠道的建设和营销的费用等。典型企业如微软、同仁堂归为这类公司。微软和 Intel 结盟在 PC 市场上具有很强的控制力，市场开拓能力极强。因此，其为典型的轻资产公司。制药行业其实也是高度依赖知识产权的行业，同时药物是人离不开又愿意高价购买的产品，比如同仁堂未来升值的空间就很大。

第三，外部环节内部化商业模式。这一类商业模式与上述两种模式的最大不同是对于非核心环节的业务不是以外包的形式合作的，而是把这些合作的企业以不同的价值回报形式纳入企业的整体范围内，这样就打造了利益共同体，不仅减少了固定资产的投入，而且增强了合作的黏合度。

（2）重资产商业模式主要有以下三种：

第一，直供商业模式。主要应用在一些市场半径比较小、产品价格比较低或者流程比较清晰、资本实力雄厚的国际性大公司。直供商业模式需要制造商具有强大的执行力，现金流状况良好，市场基础平台稳固，具备市场产品流动速度很快的特点。由于中国市场战略纵深很大，市场特点迥异，渠道系统复杂，市场规范化程度比较低，在全国市场范围内选择直供商业模式是难以想象的，利润丰厚的一些行业与产业可以选择直供商业模式。

第二，联销体商业模式。随着大量中小企业选择总代理，市场上好的经销商成为一种稀缺的战略性资源，很多经销商对于鱼目混珠的招商产生了严重的戒备心理，在这样的市场状况下，很多有实力的经销商为了降低商业风险选择了与企业进行捆绑式合作，即制造商与经销商分别出资，成立联销体机构。这种联销体既可以控制经销商市场风险，也可以保证制造商始终有一个很好的销售平台。联销体这种方式受到了很多有理想、有长期发展企图的制造商欢迎。如食品行业的龙头企业娃哈哈就采取了这种联销体的商业模式，空调行业巨头格力空调也选择了与区域性代理商合资成立公司共同运营市场，取得了不错的市场业绩。

第三，专卖式商业模式。随着中国市场渠道终端资源越来越稀缺，越来越多的中国消费品企业选择专卖形式的商业模式。如五粮液提出的全国 2000 家专卖店计划等。选择专卖式商业模式需要具备品牌、产品线比较全、消费者行为习惯等优势。

2. 互联网商业模式

第一，直接销售商业模式。这种模式有独立的销售平台，主要依靠销售商品或服务来盈利，包括实物商品、在线商品和数字商品。特点是成本低、容量大，经营的品种越多，长尾带来的收益越大。在互联网时代，电子商务的出现使得传统零售业受到了巨大的冲击。因为电子商务很大程度上解决了经营成本偏高、店面过度膨胀、零售利润下滑等问题，而电子商务的最大优势，就在其长尾效应。简单地说，商品的销售成本急剧降低时，几乎任何以往看似需求极低的商品，都会有人购买，而这些需求和销量不高的产品所占据的共同市场份额，可以和主流产品的市场份额相媲美。[①]

第二，中间平台商业模式。这种模式为买卖双方提供交易的中间平台，主要依靠会员费、佣金、广告费等方式盈利。由于跨越了地域和时间的局限，使得买卖双方交易成本更低。电子商务活动和普通商贸活动的基本区别就是，一个在虚拟空间，一个在现实空间。不过它们的本质是一样的，都是在遵循传统经济价值规律前提下的交易活动，不同之处则在于电子商务是依靠新的手段和条件对旧有的流程进行革新的过程。在以交易平台为经营主体的互联网企业中，阿里巴巴的 B2C 平台及其旗下的淘宝网无疑是业界翘楚。一方面，阿里巴巴及其旗下的淘宝网所创造的网商集群，具有与电子商务直销企业相同的成本低、容量大等特点；另一方面，正如长尾理论所强调的，当今世界不是中小企业做大做强，而是中小企业将在经济的主要方向上起到比大企业更大的作用。网商集群的直接推动力量是诸如阿里巴巴、淘宝网这类网络平台，平台给网商带来了直接的价值，促进网商的快速集体崛起，并且进一步促使网商集群的形成，实现了可持续发展。

第三，增值收费商业模式。这种模式通过基础服务免费、增值服务收费来实现盈利。此模式的可行之处在于，网站在服务 1% 用户的同时，顺便服务其他 99% 用户的成本几乎为零，以至于能够忽略不计。网络通信可分为即时通信和非即时通信两种形式。以电子邮件为代表的非即时通信曾是人们生活中的重要联系手段，而即时通信兴起，仿佛是对非即时通信进行了一场革命。在人们已习惯用 QQ、微信交换联系方式上就可见一斑，在即时通信领域腾讯是业界翘楚，其所采用的主要商业模式就是增值收费模式：腾讯的基础通信服务 QQ 是免费的，而围绕 QQ 用户，做了许多增值服务，如购买 QQ 空间、QQ 秀等。虽然这些增值服务费用低到每户、每月只收几元钱，但其注册账户总数较高。

第四，三方市场商业模式。这种模式是门户网站最典型的"注意力眼球经济"，目前已被更多类型的网站所采用，此模式的特点是通过免费的信息、网络工具等内容吸引注册用户及访问量，由此作为吸引广告投放的基础，而广告收入成为各网站的主要经济来源。以新浪、搜狐、网易等为代表的门户网站，本质上说就是一个信息平台，各种信息资源汇集在此，就像是网络世界的百货超市。目前，门户网站的商业模式在经历了"烧钱"积聚人气，通过网络广告获得少量的收入，利用短信等增值业务持续盈利的初步发展阶段之后，开始逐渐分化。[②]

3. 云计算商业模式

第一，以社区为特点的云。此类云主要提供社区性云服务。如微博、博客群、城区网上商业等。俗话说：物以类聚，人以群分。未来的云计算，将提供给用户更多、更广泛的社区类云服务。

① 马志坚，刘海川. 三维商业模式企业飞跃的三维创新之路［M］. 北京：中华工商联合出版社，2014.

② 夏云风. 商业模式创新与战略转型［M］. 北京：新华出版社，2010.

第二，以业务为区分的云。不同的应用领域，将诞生不同类型的云，如在线 ERP 服务等。

第三，基础性网络服务。如文档的存储管理，还有搜索引擎提供的服务等，这些服务加入了云计算的特点之后，将充分挖掘用户的信息，并据此提供更优质的云计算商业模式，利用这点，可以做到广告的精确投放等。

第四，电子交易市场。如淘宝网，还有苹果的软件商店，都取得了成功。这类平台提供了基础的交易模式，并为用户的资金、商品提供一定的管理手段、营销手段，是未来最为重要的云计算商业模式之一。[①]

4. 物联网商业模式

第一，运营商在应用领域挑选系统集成商，由系统集成商开发业务和售后服务，而运营商负责检验业务运行情况，并代表系统集成商推广业务和计费。这种模式运营商占主导地位，而合作的系统集成商多为小型企业。目前这种模式是运营商进入物联网市场的主流方式。

第二，运营商提供网络连接，收取流量费，系统集成服务商在其网络上运行业务。这是目前使用最多的商业模式，电信运营商不管对物联网是否感兴趣都可以使用这种方式。

第三，运营商直接提供给已经使用了物联网业务的企业所需的数据流量，而不通过物联网服务商。这种模式适合一些有实力自行定制物联网业务的大企业。

第四，电信运营商自行开发业务，直接提供给客户。电信运营商制定全套业务和解决方案，直接提供给客户，而不与其他企业合作。目前国内实行这种模式的还比较少。

第五，运营商为客户量身定制业务。物联网业务范围非常广，电信运营商提供的业务往往不能满足客户需求，这就需要运营商根据客户的具体需求而特殊定制物联网业务。目前国内实行这种模式的还比较少。[②]

5. 蓝海商业模式

蓝海战略是基于买方效用（顾客最大效用），推出战略定价（持续盈利能力成本保证），到目标成本，再到促进接受，使这个战略能够有效地执行，这就是蓝海的商业模式。蓝海商业模式必须满足以下四个方面：

第一，价值主张，即买方的效用。涉及商品或者服务能够为顾客和买方大众提供怎样前所未有的价值。给予客户的是惊喜价值，即最大化价值。

第二，价格主张，即战略定价。当有了顾客需求，如何抓住市场，尤其是大众市场；采取什么样的一个定价才能抓住这个市场的主体。

① 周国辉，陈宏，欧阳绮霞，唐淑芳. 小世界全球整合重塑中国商业模式 [M]. 北京：中央编译出版社，2010.

② 乔为国. 商业模式创新 [M]. 上海：上海远东出版社，2009.

第三，成本主张。从狭义的商业模式分析，当企业满足了前面两个条件，企业能否有一个持续的模式赚钱？还是企业仅仅是服务了买方的大众市场，自己却入不敷出？这个问题就涉及总目标成本与利润之间的关系。这也决定了企业在市场上是否具有持续的盈利能力？

第四，流程及人员主张，涉及战略执行。蓝海战略的整体就是协调价值、价格、人员、流程的系统工程。如果企业成功实施了蓝海战略的前三项主张，那么企业就具有了成功设计的商业模式。①

本章小结

机会识别是创业的开端，也是创业的前提。在创业过程中，创业企业如果没有认真进行创业机会识别，就无从谈起创业成功。在识别创业机会后，也要关注创业风险。因为，在创业过程中创业风险是普遍存在的，风险事件的发生将会给企业带来不同程度的损失。所以，企业应该关注并防范创业风险。除此之外，创业的成功也离不开合适的商业模式。传统商业模式遭受环境挑战，故企业应根据环境变化和自身条件选择最佳商业模式。

关键概念

创业机会　创业机会评价　创业风险　风险回避　风险转移　风险削减　商业模式
互联网商业模式　云计算商业模式　物联网商业模式　蓝海商业模式

思考题

1. 请对我国目前的老年人市场进行机会识别。
2. 收集一个成功的创业者案例，分析其中的市场机会并对其进行评价。
3. 创意一定是创业机会吗？为什么？
4. 创业风险的防范要注意哪些方面？
5. 风险的基本特征对风险管理有哪些借鉴之处？

---

① 林伟贤.最佳商业模式［M］.北京：京华出版社，2011.

6. 谈一谈当下大学生创业在创业机会识别和创业风险管理方面应当注意哪些问题。

7. 优质的商业模式与优质的管理模式的关系?

8. 商业模式在创业型企业中的作用?

9. 行业影响商业模式的选择吗?

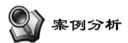 案例分析

"第二人生": 假世界、真经济

"第二人生"是旧金山游戏开发商林登实验室 2003 年开发的一款虚拟网络游戏,在游戏的世界里,玩家几乎可以创建一切。经过 3 年的积累,这款虚拟网络游戏在 2006 年得到了爆发性增长,用户数从 16 万迅速增加到近 300 万。但是,按照林登实验室 CEO PhiliP Rosedasle 的说法,这款游戏并非以娱乐用户为目的,"而是给人们提供一个平台,将经济要素整合在一起,给冒险、创新和技术以合适的回报"。换言之,"第二人生"是要成为一款帮助人们赚钱的工具。

由于不存在传统社会中因个体掌控资源的不平衡造成的商业门槛,并承认用户拥有对其虚拟创造物的完全产权,以及虚拟货币与现实货币之间开通了双向兑换,目前"第二人生"正在演绎一部全新的自由市场经济发展过程,成千上万"第二人生"的居民正在其中获得他们的"第二收入"。在此过程中,各种有趣的新商业模式层出不穷。一家美国衬衫企业在"第二人生"上开设店铺销售虚拟衬衫,并将上面的设计拿到现实世界中销售,结果,濒临倒闭的公司复活了;澳大利亚程序员在"第二人生"里创建了一个叫作 Tringo 的游戏,结合了"俄罗斯方块"和"宾果",已经被日本一家公司购买了版权;而曾登上美国《商业周刊》封面人物的德国华裔女子 Anshe Chung,更是依靠在"第二人生"上从事地产开发,拥有了价值现实货币 100 万美元的虚拟财产,成为虚拟世界中名副其实的"地产大亨"。

当然,世界 500 强的企业也不舍错过这个到处可以嗅到商业机会的新世界,他们中的大多数都在此建立了据点,实现各自的目的。最早放开并鼓励全球员工使用"第二人生"的 IBM 公司,不仅利用"第二人生"寻找商业机会,更将其作为公司内部的一种沟通工具。"现实生活中,我们已经习惯了不同地区的同事通过电话会议交流,但是在'第二人生'中,我们可以坐在同一张桌子前讨论,它从某种程度上促进了过去分散的员工之间的合作与交流。"IBM 的"虚拟实境传道者"伊恩·休斯说。这个"虚拟实境传道者",是 IBM 公司设立的一个真实的头衔。此外,经过一年多的时间,IBM 在"第二人生"上投资的 24 块岛屿的地产价值翻了数倍。随着新企业的加入,其虚拟地产的价值还在不断升高。

此外,"第二人生"还为新产品的市场试验提供了一个低风险的功能测试和利润估算

环境。负责 IBM 新兴三维互联网及虚拟业务的主管桑迪科尔尼表示，"第二人生"的一大实用价值就是进行"业务流程演练"，这可以避免在现实世界中为错误付出昂贵代价。"它让你以廉价的方式就能拥有形象思维的能力。"他介绍说，IBM 正利用在"第二人生"里买下的岛屿，测试内部通信的新形式和新的应用程序以及可能向"第二人生"中的企业提供业务模式和服务。

当然，随着越来越多企业的进驻以及各种商业形态的产生，"第二人生"中也诞生了一大批来自各行各业的咨询公司和虚拟设计公司。随着个人玩家和企业在"第二人生"里富有创造性地演绎虚拟经济体中的各种商业活动，作为游戏开发商的林登实验室，也在逐渐改变着自己的商业模式。目前大多数的 Web2.0 网站都围绕昔日用户创造的内容来试图建立与客户之间的联系，然后向他们兜售广告这种传统商业模式不同，将"用户创造的内容"这个 Web2.0 核心概念发挥到极致的林登实验室，已不再直接承接广告。其主要收入是来自于虚拟世界土地的销售和租赁。从某种意义上说，林登公司更像是一个虚拟经济体中的房地产商。

事实上，将这个虚拟经济体与真实世界拉近的，还不只是它所营造出的社会经济氛围。"第二人生"发行的林登币，1 美元可兑换 275 林登币。而"第二人生"也拥有自己的独立汇市，称为 lindex，其汇率就像真实世界中一样起起伏伏。若将汇市外的交易一并算入，"第二人生"的使用者之间每日所产生的交易额可达 60 多万美元。

在税负制度上，"第二人生"每出租 1 英亩虚拟土地，就向承租的玩家收取每月 20 美元的费用。虽然只有约 3% 的玩家会承租土地，但到目前为止，"第二人生"已出租了 5.38 万英亩的土地，在真实世界中要比一个波士顿还大。这样的结果也为林登公司带来了每月高达 100 万美元的收入。此外，会员在"第二人生"里进行商品交易时，每笔约需交 1 美元的费用，举办演讲或音乐会等活动也需缴纳额外的费用。现在光是从虚拟土地的租金、会员费、商品交易费、汇市佣金以及活动费所募得的收入，就足以让林登公司的年收入媲美一个小型国家。而游戏运营商林登实验室现在所扮演的角色也就像现实世界中的中央政府，对土地的发放及林登币的流通实施管制，小心翼翼地控制着通货膨胀和房价。林登公司首席执行官表示，未来"第二人生"可能将仿照真正的央行，设定一个 3% 的虚拟联邦利率，用来借钱给玩家和玩家所设立的银行。

（资料来源：刘婷 ."第二人生"：假世界、真经济 [J] . 商务周刊，2007（5）.）

🗨️ 思考题

1. 分析"第二人生"的商业模式。

2. 该商业模式对于创业企业有哪些启发？

第六章
创业者与创业团队

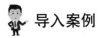 导入案例

我们需要怎样的企业家精神

有人说，《财富》全球论坛，是天下最富有的头脑的聚会，找到他们，就能找到财富的奥秘。

2005 年的《财富》论坛，聚焦在中国——21 世纪经济增长速度最快、最具创业活力的国家。用《财富》全球论坛主席罗伯特·比尔曼的话说，是创纪录的。由 CEO 出席本次论坛年会的全球 500 强企业有 77 家，而中国各行业领军人物也集聚于此，与世界交流、碰撞。

本次北京《财富》论坛最后的主题是我们需要怎样的企业家精神。来自不同产业的领军人物在讨论中提出了不尽相同的看法。如果把他们的观点结合起来，将创新精神、创造财富和创造价值合为一体，就能很好地诠释中国未来发展中所需要的企业家精神，即创业精神。

搜狐网首席执行官张朝阳在发言中说："我生长在中国，在美国学习生活了 10 年，我很自然地把两个国家进行对比。我觉得中国文化，或者说中国人，他们的创业精神在世界上是独一无二的。企业家精神应该包含两个因素：一是强烈的取胜愿望，这是能否获得成功的动力。二是思想上的独创性，能够独辟蹊径。有了这两个文化特征，中国人就有非常强的实力。"张朝阳认为，儒家思想比较深厚的中国，现在仍然很多人认为生活的目的是工作，工作的目的不是生活，不是个人享受，而是齐家治国，要让你的国家为你骄傲，有了这种儒家思想，中国人的内心就有了获得成功的动力。而且中国地域辽阔、不同地方的人有不同的思考方式，这种是异化思维的能力，能使中国成为一个大的熔炉，成为产生创新的地方。正是中国的传统文化使中国人具有创新精神。

传统制造业代表，远大中央空调有限公司董事长兼首习执行官张跃则认为，应该给企

业家精神一个更广的定义，即创造价值。他说："我觉得现在谈创业，企业家精神已经很多了，我一直思考，如何给企业家精神一个准确的定义。IT业现在发展速度非常快，它属于完全靠智力和智慧发展的产业，很能诠释我们平常谈论的冒险、创造财富的企业家精神。但是，我觉得还要增加一些含义，在目前信息发达的时代，社会真正缺乏的不仅仅是财富，企业家要把以创造财富为中心转移到创造价值，不论是对自己的员工、股东、客户还是对社会，如果时时刻刻地把价值创造放在首位，我认为企业可以有更大的、更长久的盈利。同时，企业家本人也会很开心。"

张跃认为，企业家到一定的时候，应该很像艺术家，应该把为别人带来快乐、带来愉悦看成是重要的东西，把他事业中创造性的东西、反映智慧的东西看成最重要的。中国企业最需要什么样的企业精神？阿里巴巴公司董事长兼首席执行官马云的回答很简单：永不放弃，不要被别人的评价所左右。

马云认为，中国的机会很多，有的是机会，中国不缺乏机会，不缺主意，也不缺能人；执着和永不放弃很重要，在学习中成长，用智慧和诚信去创造。他说自己运气很好，生在这个时代，要是20年前，不可想象电子商务能发展到这个程度。

投资没有大小，只要能为客户创造真正的价值就行，只要值得就行。中国这个市场，要投合适的钱，投得太多会死，投得太少又不够。所以，企业不能为500强而500强。

（资料来源：周魏，王晋. 我们需要怎样的企业家精神［N］. 经济日报（财富特刊），2005 – 05 – 19.）

从以上阅读材料里我们可以看出，中国企家们对企业家精神的理解和观点不尽相同，但他们都强调企业家精神的重要性。本章也沿此继续探讨创业者和创业者精神的相关内容。

第一节　创业者

一、创业者的定义

创业者一词由法国经济学家 Cantillon 于 1755 年首次引入经济学，1880 年，法国经济学家萨伊首次给予创新者定义。他将创新者解释为将经济资源从生产率较低的区域转移到生产率较高区域的人，并认为创业者是经济活动过程中的代理人。著名经济学家熊彼特（1934）则认为创业者应为创新者。这样，创业者概念中又加了一条，即具有发现和引入新的更好的能赚钱的产品、服务和过程的能力。

目前，国内外学者在创业者的定义上将其分为狭义和广义两种，狭义的创业者是参与创业活动的关键人物。在这个定义中，使用领导者或组织者的概念。在创业活动中，技术含量越来越大，离开了核心技术专家，很多创业都无法进行，核心技术专家理应成为创业者。事实上，许多创业活动都是由具有特定成果的技术专家发起的。广义上的创业者意味着参与创业活动的每个人。在创业的过程中，狭义的创业者通常承担的风险会更高，相应其也会收获更多的利润。

二、创业者具备的能力

1. 创新能力

创新是对一个未知世界和未知领域的探索性活动，而不是重复前任的工作。这种探索没有确定的路线，没有现成的方法。其中有成功的期望以及失败的痛苦。创新是人类社会发展的动力和人才脱颖而出的摇篮。中国科学技术大学校长、中国科学院院士朱清时把创新人才的素质归结为六点：广泛的跨学科知识、好奇心和兴趣爱好、直觉或者洞察力、勤奋、专注、被社会接受度的素质（包括诚实、责任感和自信心）。

创新的精髓在于科研、生产实践、管理实践、创新思想、产品或服务成果并转化为生产力，以促进社会经济的发展。无论知识创新、技术创新、管理创新，创新主体都是人，创新的结果必须由人来完成。创业精神与创新紧密相关，创新贯穿于企业精神的全过程，创业精神必然涉及创新，创业精神是创新的最明显标志。因此，改变现有资源并可能创造财富的行为就是创新行为。创新能力是创业人才的核心能力。在创业者创业的过程中，我们会发现新的想法，寻找新的市场，创造有前途的创业计划，创业融资、创办公司、企业运作、管理和控制，都包含着创新的内容。因此，作为创业者或创业者的团队，我们必须具备在市场、技术、管理和控制方面的创新能力。创新能力源于创造性思维。成功的企业家必须具备独立性、想象力、灵感、敏感性等个性特征。因此，创新能力是指影响创业者实践活动效率的主体心理状况，主要包括专家能力、管理能力、综合能力等。

加入世界贸易组织意味着我国深化与外界的经贸关系，深入参与经济全球化进程，深入参与世界主要经济竞争。创新是全球经济竞争的重要组成部分。善于创新，创新的速度快、成效大，在竞争中就能占据积极的位置，加快发展速度。相反，它将处于被动的位置。所以，应对竞争必然要求提高创新能力。创新成就人才，创新成就事业，创新成就财富。

2. 策划能力

策划能力作为创新思维的技术手段，在市场竞争中能够创造奇迹。作为科学的思维方式，作为企业竞争中的一种强大的新武器，对每一位创业者都非常重要。创业者在发挥创业能力时必须注意以下几个问题：首先，企业家必须了解项目的价值、涉及的范围和相关制约因素，并明确所创企业的市场定位。其次，确定谁负责项目的策划。最后，必须考虑策划的时机。创业者应该充分了解自己、提高自己，并且知道自己在世界上的竞争优势有多强大。他们必须充分衡量他们在市场上掌握的新"武器"的真正力量，并真正为企业量身定制，成为拥有当今企业竞争新"武器"的先行者和受惠者，真正成为市场开发的领导者。策划能力主要体现在创业者如何在制定战略、制定目标、制定计划、组织指挥和部署人员方面做出决定性的科学决策。创业决策能力的大小直接决定了创业活动的绩效，这是反映创业水平的重要指标。因为大部分需要创业决策的事务都具有变量多、结构不稳定性、综合性强、大量信息等特点。因此，创造力、实践经验、及时检查发现错误的能力以及与人合作的能力均对创业者的决策质量起着决定性的作用。

3. 组织能力

组织能力是创业者的重要职能之一，对于创造新业务非常重要。组织能力是指创业者为了实现组织的利益和目标，运用一定方法和技巧，把来自不同地区、不同系统、不同职业、不同文化背景以及民族、性别、年龄等均不相同的人组织在一个团结向上的集体之中，使大家向着一个共同方向和目标去努力、去奋斗的能力。组织能力包括选择下属的能力、黏合能力、架构能力、沟通能力、协调能力、激励下属的能力、授权能力、应变能力和合理分配资源（人力、财力、物力）的能力等。组织能力包括三个层面的能力：个人能力、项目/团队能力、组织能力。个人能力是组织能力的微观基础。它包括创新思维技能、专业技能、个人效率、沟通技巧、人际交往技巧、团队技巧、组织和领导能力。项目/团队能力是构成组织技能的中间环节，例如团队技能、沟通技巧、知识分享技巧、领导组织技能和项目管理技能。优秀的项目/团队能力将创造"1＋1＞2"的效果，优化人员和其他资源的组合，以更有效地实现组织目标。组织能力代表并全面反映了公司的竞争力。

4. 领导能力

普拉·哈拉德和加里·哈梅尔认为，领导能力是协调技术和工作活动的综合性管理区域。ACCA（特许公认会计师公会）认为，卓越的领导力是持续学习和勤奋的结果，这是成功的关键因素。企业领导更应重视员工的培训和职业发展指导与支持，增加员工发展职业的机会和条件，这也是企业发展的重要投资。

在创业过程中，创业者的领导能力通常体现为4E：

（1）Energy（活力）。创业者必须有一个巨大的个人能量，对于行动有强烈的偏爱，不屈服于逆境，不害怕改变，持续学习，积极尝试新事物。

（2）Energizer（鼓动力）。创业者要有激励和激发他人的能力，积极参与，表达和传达自己的想法。

（3）Edge（锐力）。创业者要有竞争精神、自发的驱动力、坚定的信念和勇敢的主张。他们也必须坚定意图和关注，并且必须清除阻碍者。

（4）Execution（实施力）。创业者必须提交结果，能够将构想和结果联系起来，而不仅仅是口头说说就完了，要把构想变成切实可行的行动计划并直接参与和领导计划的实施。

5. 管理能力

管理能力对所有创业者都至关重要。要不断发展和积累工作经验，管理能力和组织能力是不可分割的。管理能力具体如下：

（1）激励能力。创业者不仅要能够激励团队，还要有自我激励的能力。为了让团队充分展现自己的才能，员工有必要从"让我做"改为"我想做"，实现这种转变的最佳方式是鼓励员工。创业者通过使用激励而不是命令来安排员工的工作，员工可以在工作中感受到成就感。激励措施不会削弱创业管理能力，相反，创业者可以更容易地安排工作，这样员工会更乐意跟随管理团队。作为经理，尤其是高级经理，每天都需要解决很多复杂而棘手的问题。另外，需要考虑公司的发展和未来。尽管如此，管理者必须始终保持良好的心情面对员工和客户，压力可想而知。自我激励是缓解这种压力的重要手段，自我激励可以将压力转化为动力，并增强对成功的信心。

（2）控制情绪的能力。成熟的创业者应该有强烈的情绪控制能力。当创业者心情不好时，员工担心领导者不好的情绪会影响对自己的工作评价，所以没有太多员工会在这样的时刻进行工作报告。高级管理人员的情绪甚至可能影响整个公司的氛围。如果由于某种原因他不能经常控制自己的情绪，这可能会影响整个公司的效率。从这个角度来看，如果你成为一名经理，你的情绪不是你自己的私人情绪，它影响其他部门的员工。你的位置越高，这种影响就越大。当经理批评员工时，他/她必须控制自己的情绪，并确保员工不会对自己感到不满。为了避免在批评员工时发生情绪失控，最好在自己心平气和的时候找员工谈话。此外，一些优秀的管理人员愤怒地批评员工，虽然这种批评可能言语不多，但其效果非常明显。特别适用于屡教不改的员工。这种愤怒不同于情绪控制，这是有意为之，情绪处于可控状态。控制情绪是非常重要的，但实际上能够控制情绪的管理员并不多。特别是对于性情急躁和追求完美的管理者而言，控制情绪显得尤为困难。

（3）幽默的能力。幽默可以给人以温暖。一个幽默的创业者可以让员工感受到工作的乐趣。管理的目的是让下属准确有效地完成工作，轻松的工作环境有助于达到这种效果，幽默感让工作更轻松，更舒适。在一些令人尴尬的情况下，适当的幽默也可以放松氛围。而且，由于幽默可以用来批评下属，员工不会感到尴尬。当然，对于固执的人来说，幽默并不一定有效。幽默不是天生的，幽默是可以培养的。再呆板的人，只要自己努力都可以逐渐变得幽默起来。美国前总统里根过去并不是一个幽默的人，当他竞选总统时，其他人给了他意见，于是他采用了最笨的办法使自己幽默起来：每天背一篇幽默故事。

（4）演讲的能力。优秀的创业者有优秀的演讲技巧，演讲的目的是鼓励其他人理解他们的观点，并鼓励他人同意这些观点。从这个角度来看，管理者应该学会用言语表达自己。管理者讲话的对象不一定是很多人，而是他自己的下属。演讲的地点不一定在会场，很可能是在与下属沟通时。演讲的重要性不仅限于言论本身。演讲可以提高口头表达能力，增加信心并提高反应能力。这些素质会使你在对外交往和管理下属时使自己游刃有余。一个人的演讲能力主要与他的演讲次数成正比，与其他因素无关。也就是说，即便一个语言表达很笨拙的人，只要不断地去演讲，就会成为演讲高手。培养自己演讲能力的唯一可行办法就是去演讲，如果你比较胆怯，可以在人少的场合演讲。实际上，演讲最难的就是第一次，只要克服了心理障碍，演讲并没有什么困难。

（5）倾听的能力。许多管理者都有这种经历，感到受到不公平待遇的员工会要求你做出判断，你需要认真听取他的意见。当他说完，他的情绪变得更加冷静，你不需要做出决定来解决这一问题。它有另外两个优势：第一，其他人听觉得你是谦虚的。第二，你会了解更多。每个人都认为他是最美丽的，最重要的声音，每个人都有表达自己的愿望。在这种情况下，友善的听众自然会成为最受欢迎的人。如果管理者可以成为一名听众，则可以满足每位员工的需求。如果你没有这方面的能力，就应该立即培养。培养的方法很简单，只要牢记一条：在他人停止谈话前绝不开口。

（6）公关能力。创业面临着非常激烈的竞争压力。成功的条件之一是管理者自身的公关能力。换句话说，自身的知识结构与公关能力是否符合社会的需求，而且是否有能力发现自身知识结构的优势与社会需求的结合点是关键因素。正是由于在自身力量的积累方面并不具有优势，对于决心创业的人来说，如何获得广泛的社会支持，并在这种支持下充分利用各种有利于事业发展的因素，就成为取得成功的重要能力之一。

从这个意义上讲，个人的公关能力对于创业成功非常重要。这种能力实际上是善于获得和利用社会支持的能力，有时候，这种支持比经济支持更重要。这就是为什么很多求职者都在关注候选人的社交活动。

当初不少下海的知识分子碰了钉子，是因为他们对做生意和做学问的差别认识不足。做生意讲的是等价交换，讲的是诚信合作，别人与你合作，给予你经济支持，其出发点是你对他来说有利可图。反过来说，你要求别人支持你，首先就要说服别人相信合作是互利的，你首先要付出才能得到。别人不会因为你是知识分子就给予特殊的照顾，只有认定你的项目本身有价值、有丰厚回报的可能才会予以合作。善于与别人进行互利互惠的合作实际上也是公关能力强的表现，对于立志商业上成功的人来说，有意识地培养这种能力非常重要。提高创业者公关能力的途径有：多挖掘同学、战友、同乡等资源；多结交社会成功人士；多储存职业资源；与人为善，不轻易树敌。综观世界上成功的创业者，作为社交家活跃在国际舞台的大有人在，如果创业者具有较强的公关能力，与社会名流建立良好的个人关系，获取的信息就更多，办起事来就容易得多。①

---

① 张光辉，戴育滨，张日新. 创业管理概论［M］. 沈阳：东北财经大学出版社，2006.

创业者不应该只是具备以上哪一种能力，而是应该具备多种能力和素质，以下李嘉诚的例子能够更好地证明该观点。

[案例 6-1]

李嘉诚的第一桶金

第一份职业：推销员

创业资金及来源：做推销员积蓄的 5 万元

创业年龄：22 岁

成功秘诀：别人做 8 个小时，我就做 16 个小时，只能将勤补拙。

李嘉诚于 1928 年 7 月 29 日出生于广东省潮安县府城（现潮州市厢桥区），书香世家。1940 年初，11 岁的李嘉诚随家人为逃避日军侵略战祸，辗转迁徙至香港。

李嘉诚的父亲要求李嘉诚首先"学做香港人"，先攻克语言关。李嘉诚遵秉父旨，勤学苦练。几年后，李嘉诚终于熟练地掌握了广州话和英语。

李嘉诚 14 岁时，其父早逝。从此，他嫩弱的双肩挑起了一家生计的重担。他毅然辍学求职，此时，他的舅父庄静庵让李嘉诚到他的中南钟表公司上班，李嘉诚独立、自信、倔强的秉性使他拒绝了舅父的好意。李嘉诚不愿受他人太多的荫庇和恩惠，哪怕是亲戚。正是这样一种永不言败、勇于进取的血性，促使李嘉诚步步走上商界的巅峰。

李嘉诚 17 岁时，在一家五金厂负责推销镀锌铁桶，颇有业绩。

李嘉诚毅然决定加盟塑胶公司，投身塑胶行业。李嘉诚强调推销员自身的包装，同时，广交朋友。李嘉诚凭借自己的勤勉和机灵，取得了出类拔萃的销售业绩。18 岁那年，李嘉诚被提升为部门经理，统管产品销售。

两年后，李嘉诚又以其杰出的成就，成为塑胶公司的经理。

但是，李嘉诚再一次选择了离开，因为他心中有自己的计划：创办自己的塑胶厂。1950 年夏，22 岁的李嘉诚创立了长江塑胶厂。取名"长江"，其寓意为"长江不择细流，故能浩荡万里"，足见李嘉诚的胸襟与抱负。李嘉诚的创业资本仅 5 万港元，他量体裁衣，到远离市区的地方找廉价的厂房。

李嘉诚奉行的人生准则是"勤能补拙"。工厂初创期间，李嘉诚依旧是初做"行街仔"（推销员）时的老作风。每天一大清早，李嘉诚就外出推销或采购。赶到办事的地方，别人正好上班。他从不坐出租车，距离远就乘公共巴士，路途近就双脚行走。中午时，李嘉诚急如星火赶回工厂，先检查工人上午的工作，然后跟工人一道吃简单的没有餐桌的工作餐。李嘉诚深谙"文武之道，一张一弛"的道理。公司有盈利，他就抽出钱来，尽量改善伙食质量和就餐条件。李嘉诚常说自己是吝啬之人，而他的部属却说他"吝己不吝人"。李嘉诚善待员工，使企业具有凝聚力。善待员工，是很重要的一种赚钱术。

创业初期，李嘉诚既是老板，又是操作工、技师、设计师、推销员、采购员、会计师、出纳员，几乎什么事都是他一手操持。李嘉诚坚持业余自学，塑胶业的发展日新月异，原材料、新设备、新制品、新款式源源不断地被开发出来。李嘉诚事必躬亲，节省了许多不必要的开支，同时对全厂员工起到率先垂范的榜样作用。随着生产规模的扩大，李嘉诚招聘了会计、出纳、推销员、采购员、保管员，开始实行层级管理。同时，又扩大招聘工人，并实行三班倒工作制，开足马力生产，昼夜不停地出货。

李嘉诚的盲目冒进导致了严重的质量问题，致使长江塑胶厂面临遭银行清盘、遭客户封杀的严峻局势。他首先稳定内部，然后一一拜访银行、原料商、客户，获得他们对欠款还期的宽限。接着，清查积压产品，分门别类、选优汰劣，集中精力推销，使资金得以较快回笼，偿还债务。解了燃眉之急，缓了一口气。李嘉诚百般努力，熬过难关。1955年，长江塑胶厂出现转机，产销渐入佳境。

挫折和磨难让李嘉诚逐渐成熟。李嘉诚为自己立下了这样的行为准则："稳健中寻求发展，发展中不忘稳健。"

成熟后的李嘉诚，居安思危，思考着长江厂的未来。他将目光投向全球。

李嘉诚从《塑胶》英语杂志上读到欧美市场已经出现塑胶原料制塑胶花的消息，嗅觉敏锐的他立刻与另一本英文杂志上另一则消息挂上了钩。他在推想，欧美家庭都喜爱在室内户外装饰花卉，但是快节奏的生活使人们无暇种植娇贵的植物花卉，而塑胶花正好弥补这个缺陷。李嘉诚立即作出判断，塑胶花的面市，将会引起塑胶市场的一场革命。他更长远地看到，欧美人天性崇尚自然，塑胶花革命势必不会持久。因此，必须抢先占领塑胶花市场，否则将丧失先机。

于是，1957年春天，李嘉诚满怀信心地飞往意大利，学习制造塑胶花的技术。他经常以购货商、推销员的身份，有时甚至出苦力打短工，一点点的收集技术资料。不久，他完全掌握了制作塑胶花的各项步骤和技术要领。返回香港后，开始生产当时在香港尚属"冷门"的塑胶花，并进行广告宣传。他的塑胶花产品很快打入香港和东南亚市场。同年底，欧美市场对塑胶花的需求也越来越大，订单成倍地增长。世界塑胶花市场的这种旺势一直持续到1964年，在前后7年时间里，李嘉诚获得了数千万港元的利润。长江公司成为世界上最大塑胶花生产基地，李嘉诚也以"塑胶花大王"的美誉而声名大噪。

然而，李嘉诚头脑是冷静的。当塑胶花生产仍炙手可热的时候，他就预料到这种局面维持不了几年。他相信物极必反的道理，于是，他急流勇退，及早动手，不知不觉地将生产重心转移到了已逐渐被人们冷落了的塑胶玩具上面，并很快跻身国际市场。一两年后，当所有塑胶花厂商为产品严重滞销而苦不堪言的时候，曾经是世界最大塑胶花生产基地的长江公司，却正在国际玩具市场中大显身手，每年出口额高达1000万美元，在香港塑胶玩具出口业中独占鳌头！

李嘉诚牢记当年的教训，视质量如生命。他多次对手下说，无论何时，都要确保一流的质量，即使延误了交货期，宁可按合约向客户交付罚款也在所不惜。在一次管理例会上，李嘉诚严肃地说："我们长江要生存，就得会竞争；要竞争，就必须有好的质量。只有保证质量，才能保住信誉，才能保住客源，才能保住长江的发展壮大。"

在狠抓质量的同时，李嘉诚还大幅度降低售价，实行薄利多销的经营策略，以便进一步提高自己产品的竞争能力。他提出"价廉，保质、创新"的口号。他的绣球花产品，在欧美市场上是意大利产品价格的一半，而质量却难分上下。

塑胶花为李嘉诚掘得第一桶金，使他成为"塑胶花大王"，并使他赚得盆满钵满。

（资料来源：夏清华．创业管理［M］．武汉：武汉大学出版社，2007.）

第二节　创业团队

一、创业团队及其功能

（一）创业团队及其基本特征

创业团队是一个具有特定组织功能并且一起工作的团队。团队成员可以发挥各自的知识和技能，并协同工作，以实现共同目标。创业团队由两名或两名以上的创业者组成。有一个特定的组织功能，在一起工作，创业团队的成员分享创业的理想，有不同的专业知识和能力，形成了优势互补的动态系统。创业团队有三个基本特征：群体性、功能性和协同性。

（1）创业团队的群体性。创业团队的群体性意味着两位以上创业者将共同创业。创业团队成员齐聚一堂，因为他们都对创业精神充满热情，彼此信任。创业团队的这种群体性，为团队成员间的优势互补以及团队动能的发挥奠定了初步的基础。

（2）创业团队的功能性。创业团队的功能性意味着不同的创业者履行不同的职能，不同的成员彼此合作，展现各自的优势，并努力实现共同目标。创业团队每个成员的知识、能力、心理特征和社会资源都有自己的优势。如果创业活动出现问题，可以充分发挥团队成员优势解决遇到的问题。因此，具有优势的创业团队需要团队成员在知识、能力和人际关系方面相互促进和支持。

（3）创业团队的协同性。创业团队的协同性是指创业团队的创业者执行各种职能，并与创业目标的重点契合。在创业团队中，每个成员都有自己的分工任务：有人有创意，有人负责制定创业计划，有人负责计划的具体实施，有人协调和指派团队成员的工作，创业团队的合作使创业团队能够形成稳定的运作方式。

（二）创业团队的功能

在创业过程中，正是由于创业团队具有群体性、功能性、协同性的特征，使得创业团队成员有了精神支持，能够坚定创业的信心；也正是由于创业团队的这些特征，使创业活动具有了具体的职能支持，得以顺利开展。

1. 精神支持

由于创业环境的巨大不确定性，创业并不容易，这个过程也非常困难。在这个过程中，创业者面临着各种风险，他们必须承受巨大的精神压力。同时，创业者也必须面对各方面的挑战和困难。他们需要很大的勇气来解决遇到的每一个问题。创业者团队成员可以互相鼓励、相互支持，形成精神支持，将进一步加强创业目标，努力实现创业目标。

2. 职能支持

不同的创业者有自己的资源和能力来促进创业活动的顺利开展，并有助于创业精神的成功。创业团队的各个成员可以相互合作，相互支持，展现互补能力。在具体的创业运营过程中，团队成员能够发挥各自的优势，实现分工合作，使得创业活动的每项工作任务都具有相应的职能支持。因此，建立一个志同道合的互补创业者伙伴组织是成功创业的保证。事实是，大多数成功的创业者能够取得创业成功最重要原因是有一组这样的合作伙伴。

二、创业团队的构建

1. 创业团队构建的四大因素

创业团队在新兴公司的成功中发挥着重要作用。创业团队的合作精神能够克服各种意想不到的因素，这将有助于确保企业的生存。另外，团队成员之间的相互支持和协调关系催生着高水平的新企业，并降低了管理风险。因此，建立一支高效有序的创业团队非常重要。一般来说，创业团队的构建应考虑以下几个因素：

（1）核心创业者因素。核心创业者是指创业团队的主导者，他是创业活动的创始人，创业团队的核心领导，是具有使命、责任和思考、推理、判断能力的人。核心创业者的能力决定了需要什么样的团队成员。核心创业者有必要对自己有正确的理解，以了解他们在创业者的过程中需要什么样的团队。创业者对自身有了理性认识后，应寻找并选择弥补自己缺点的合适合资伙伴，这是建立一个高效、稳定创业团队的必要步骤。核心创业者需要获取其他创业者创业所需的知识、技能、经验和社交网络。因此，创业者需要通过各方面了解创业伙伴，建立一个真正有能力的互补型创业团队。

（2）社会网络因素。社会网络是指社会个体成员之间因为互动而形成的相对稳定的关系体系，也就是人们通常所说的"关系网"。社交网络可以为创业者提供项目所需的创业人才、物质、资金、项目等各种创业所需的资源。例如，有金融机构的社交网络，创业者可以轻松获得创业所需的资金。通过政府机构的社交网络，创业者可以尽快获得有关创业者项目的信息。因此，建立创业团队，有必要检查成员的社会网络，以形成对应于创业活动的功能支持。

（3）机会成本因素。机会成本是经济学上重要的一个成本概念，它是指把一种资源投入某特定用途之后，所放弃的在其他用途中所能得到的最大收益。创业者加入某个创业团队，这意味着其要放弃其他的发展机会，因为，创业者必须加入创业团队之前应三思而后行。

（4）项目发展因素。项目发展因素是指开发创业项目需要什么样的团队成员。创业者项目可能需要具备各种专业能力的人才。创业必须基于创业项目来选择合适的创业伙伴。然而，选择创业者时的合作伙伴，项目发展因素不是决定性因素，而应考虑创业伙伴与自己是否具有类似的价值观和是否能够形成互补的伙伴，这才是最重要的。

2. 创业团队构建的具体内容

在考虑以上四个因素的基础上，创业团体构建进入实质性阶段。其具体内容如下：

（1）确立创业团队的目标。为了聚集适当的创业伙伴并建立创业团队，创业者应该澄清他们的创业想法。另外，创业者需要形成自己的创意来创造商业目标。创业者的创业目标也是建立创业团队的目标。这样一来，就能够吸引认同目标的创业者，成员想加入创业团队，要充分认识发展的未来，这时更容易合作。

（2）选择合适的创业团队成员。综合考虑了核心创业者因素、社会网络因素、机会成本因素和项目发展因素之后，最重要的是要选择合适的创业团队成员。创业者在选择创业者团队成员时需要考虑彼此的品格和能力。但是，很难直接观察合作伙伴的能力。在现实生活中，我们主要从教育背景和工作经验来考察人的能力。当然，与人的能力相比，合作伙伴的人格更重要，是检验他是否可以合作的基础，也是判断这个人是否可以信任的前提条件。在实际的创业过程中，许多创业团队是建立在亲友关系基础上的，这些人之间已经存在很大的信任关系。因此，在创业初期，创业团队成员如果遇到困难或问题，一般可以克服困难。然而，创业公司到达一定阶段后，亲友建立的团队经常遇到权限不明、职责不清等问题，甚至可能因为在企业进一步发展目标上存在分歧，而导致企业的分裂。因此，在与亲戚朋友共同创业时，要处理好权、责、利等方面的关系。

（3）明确团队成员的职责。创业群体的各个成员必须包括各种类型的成员。有人负责成立公司的各种事情，有人负责公司决策，有人负责扩大市场，有人负责生产控制。这将明确界定团队成员的责任，并允许创业团队通过协调一致的努力来实现创业目标。团队成员的职责不明确会引发许多冲突，为了避免出现这一问题，有效的做法是对团队成员的职责进行界定。

（4）管理创业团队成员。创业团队逐步形成后，如何有效管理创业团队是一个重要的问题。尽管创业团队的管理有其特殊性，但其重点在于团队人力资源管理的整合、激励和调整等方面。有效管理创业团队成员，应该明确创业团队的领导核心。创业团队的核心领导人必须将创业观念和创意转化为团队的整体意图和决策，并将其转化为实际的创业行动计划。当然，整个团队中最具影响力的创业团队的核心领导者，也需要不断学习，不断拓展视野，以各种方式提高自身的能力。同时，为了实现整个创业团队的目标，核心领导者需要付出艰辛的努力来承受普通人不能承受的压力。作为整个创业团队的核心领导者，必须积极接受其他团队成员的监督，倾听其他成员的意见和看法，减少摩擦和冲突，顺利推进创业活动。①

第三节　创业精神

一、创业精神定义

创业的英文为 Entrepreneurship，在中文里就具有"创业精神"或"企业家精神"的含义。但当我们要回答什么是创业精神时，需要做完整的分析。

在德鲁克和熊彼特的著作里能够发现他们把创新精神看作是创业精神的核心，甚至有时候把这两个概念等同起来。但是，创新与创业概念之间存在细微的差别。创业精神需要创新精神，但创新精神与创业精神不一样。爱迪生具有创新精神，他发明了许多新技术和新产品，但他并没有创业。他曾经建立过几家公司，但由于管理不善而导致失败。同样地，中国是一个具有创新能力的国家，也有很多新的技术发明，但在同一时间，中国有大量闲置的技术发明，一些大学的研究所和研究机构，有许多专利技术尚未转化为产品，还有很多有技术含量和消费价值的产品却难以形成产业规模，没有扩展成足够的市场份额。这些都是为什么？由于创业能力不足，不知道如何将创新配合市场，不能转化为经济优势的技术优势。这导致创新效率低下，并浪费大量资源。因此，除了创新的精神，创业精神还应该包括其他因素的特点，这些因素是完成创业过程、保证创业成功的创业者特质与能力。

但从创业精神的本质特征来看，创业是创造新价值或创建新组织的一个过程。为了完成这个过程，潜在的创业者需要有事业心和进取精神。一个人是否具有事业心和进取精神，关键是看他面对问题时的态度和处理问题的方法。充满敬业精神和进取精神的人，可以在任何时间以积极的态度面对日常生活中的所有挑战和问题。

通常，任何项目或事业，只要有从"想法"到"计划""执行""活动"，并且最终还有"回报"这五个步骤，就可以被称为"enterprise"，即企业在生活中，一个人，无论在什么时候，做什么事情，或处理什么问题，只要能够系统地遵循以上五个步骤，那么这

---

① 聂元昆，王建中．创业管理：新创企业管理理论与实务［M］．北京：高等教育出版社，2011．

个人就是一个有事业心和进取精神的人，当然也可以创办自己的企业。

创业者要想具有事业心和进取精神，需要做到以下几点：

要积极勤奋，找到成功实施创业计划、实现目标和完成任务的解决方案。

有更多的成功和决定完成任务的愿望。不管你在做什么，积极的态度和把握任务将有助于你取得更令人满意的结果。这会让你比普通人更努力工作。

具有任务导向的行为，我们相信令人满意的执行和及时完成工作将带来令人满意的回报。关注结果将帮助您专注于做什么。能够进行换位思考，善于体会潜在顾客的感觉和想法。

足智多谋，具有领导智慧。善于把握问题，组织并有效利用完成任务所必需的各类资源。

做事有明确的计划，有一个明确的计划去做事情。例如，该公司成立后，应该做什么，应该怎么做，谁去做，并正式书面答复问题，以便把握事业的整体情况。这样做有助于进一步明确形势，做出是否建立企业的决策。

敢于承担风险。无论干什么事情，开展什么活动，都必须做相应的决策。具有专业精神和进取精神的人将通过调查研究做出最终决策，因此他们通常会取得最后的成功并得到回报。

创新能力。创新能力是进取精神的另一个特征，它将开辟一条新路。无论你是在任何环境下，你的个人主动性、想象力、直觉和洞察力，总可以改变一些事情，你总能找到一种方法做事情。

信息是创新的基础。有事业心和进取精神的人都非常重视各类信息，对信息非常敏感，并擅长进行信息收集、整理和研究工作。具备必要的技能。具有事业心和进取精神的人都有执行并完成任务的知识和技能。人们一般都有一定量的知识、观点和实际技能，这些都是顺利实现一项任务所必需的。要善于评估自己的才能和技能水平，并分析怎样才能更好地将它们应用于工作之中。应该充分利用自己的才干和技能，否则它们就只能被遗忘并白白浪费。

执着和坚持。开创企业有很多困难和挑战，其中不乏负面和消极的挑战。在未来的诸多挑战面前，为了创办企业并获得所期望的报偿，做到持之以恒和坚持不懈是非常关键的。为了应对各种可能遇到的身体上和精神上的挑战，必须具备忍耐、坚持和自信等态度。

此外，为了理解创业精神，必须从以下几个方面入手：

创业精神虽然在形式上表现为一种意识形态，但不同于创业意识。创业意识是创业者的个性特质，而创业精神是一种团队意识、群体意识、公众意识和社会意识，是创业者普遍认同的创业理念，是创业者毕生追求的人生态度、价值取向、工作作风和生活方式，并贯穿于他们一生的事业中。

创业精神是一个民族创造并积淀下来的创业文化，或者说是一个民族创业文化的核心内容。一个国家或地区的经济发展和经济活力的程度在很大程度上取决于创业者的精神。创业精神是创业的发动机，是新创企业诞生、成长的灵魂和精神支柱。温州人取得的举世瞩目的创业奇迹，缘于温州人那种求人不如求己、不等不靠、信奉自觉自主创业的创业精神。"硅谷人"书写的绝无仅有的创业神话，根基在于"硅谷人"那种"英雄不问出处"、不屈不挠、崇尚自主创业和鼓励冒险容忍失败的创业精神。

创业者精神是人类社会共享的精神财富。创业者学习、借鉴、传播和延续，但不能独享。

创业精神的分享不仅限于实业领域，在非营利机构中也要倡导和推行创业精神。

创业精神关注的主要在于"是否创造新价值"，不仅仅在于"是否创办新企业"。企业精神经常表现为如何开始一个新的业务，但创业精神并不只存在于新业务运行中。一些成熟企业，只要创新活动依然旺盛，该企业也具备创业精神；同时，这些成熟的公司也必须具备创业精神，否则它无法生存。

创业精神是一个民族开拓进取、奋发图强的重要标志，是一个国家繁荣昌盛、兴旺发达的不竭动力。

创业者精神在当今社会引起了前所未有的关注。随着对创业研究的人的不断深入，创业精神的内涵越来越丰富，外延越来越宽广。

创业精神是一组精神的组合，包括创新精神、学习精神、思考精神、开拓精神、求实精神、实干精神、冒险精神、牺牲精神、奉献精神、敬业精神、奋斗精神、拼搏精神、进取精神、领导精神、领袖精神、合作精神、远见精神、改革精神等。

[案例 6 – 2]

温州人的创业精神

温州人在创业创新实践中推动经济的不断发展和社会的不断进步，又在创业创新的实践中锻炼、提高着自身的各项素质和创业创新的能力，进行着人自身的创新，推进了人自身的文明建设，逐步形成了独具特色的人文精神品格。温州人身上蕴含着一种令人折服的精神素质。

温州人精神，又称温州精神。它是处于创业创新时期温州人的共同理想、信念追求、价值取向、行为态度等因素的组合，是通过社会实践的融会、培养、凝聚而形成的一种观念和意识。20 世纪 80 年代的温州人精神，被人所称颂的主要是"四千"精神，即"走遍千山万水，历尽千辛万苦，说了千言万语，想出千方百计"的精神，以千家万户的生产经营，适应着千变万化的社会需求。这体现出温州人的吃苦耐劳、不断追求、奋力创业的精神风貌。1993 年温州进行第二次创业，讨论"温州人精神"，概括为"四自"精神，即自力改革，自担风险，自强不息，自求发展。1998 年 10 月，温州市第八次党代会报告概括温州人精神为"敢为人先，特别能创业"。后来把温州人精神概括为"四敢"精神：

敢为人先，敢冒风险，敢于创业，敢于创新。2005年5月，温州城市精神被概括为"敢为人先，民本和谐"。

（资料来源：根据《温州日报》整理编辑，http：//www. wzrb. com. cn/system/2008/12/08/100994890. shtml.）

二、创业精神的精髓

1. 创业精神的核心是创新精神

在创业精神中，创新精神至关重要，创新精神是企业家精神的核心。创新是企业生存和发展的原动力，是公司保持核心竞争力的基本要素。公司若没有创新，它迟早会死亡或衰退，创新精神是企业家必不可少的。企业家是创新的代名词，创业者最突出的品质就是创新。创业者要通过创新，更有效地配置和利用资源，为市场提供新的价值，从而为社会和个人创造更大的财富。

2. 创业精神的本原是冒险精神

创业是一个冒险的活动，赌徒拥有此类勇气，因为他们敢下注。有人说，赌徒最适合创业。这种说法虽然有些偏激，但在一定程度上反映了冒险精神是创业精神的本原。

[案例6-3]

霍英东的创业故事

霍英东出身寒微，曾就读香港名校皇仁书院（英文书院），霍英东做过六七种繁重的体力活，最后发现，最适合的工作是当老板，于是他开了一家杂货店。1945年日本投降后，英文版《宪报》上刊登不少拍卖战时剩余物资的通告，霍英东一眼就窥出其中的商机，用借来的100港元，一转手就赚了2.2万港元，从身无分文一跃而成为小财主。为了改变生活境地，25岁的霍英东抛妻别子，率领100多人到人迹罕至的荒岛采集"海人草"。在荒岛上度过了半年非人的原始生活，在一次台风中还命悬一线，跟随霍英东远征东沙的第一支队伍因畏难成了鸟兽数，第二支队伍同样因受不了那份苦中苦，半途而废，打道回府。然而，霍英东第三次拉起队伍，继续不屈不挠地开拓。这段历险，足以让霍英东将人世间的一切苦难视为"小菜一碟"……后来霍英东进入地产界，他率先利用宣传小册子及广告推销自己的楼宇，并天才地首创了分层分单元出售楼宇及预售楼花的经营方法，催发了整个香港地产业的勃兴，而地产业的勃兴又带动了整个香港经济的腾飞。

霍英东名言：我一向喜欢接受挑战，最艰苦的事情，我一定要做好。

（资料来源：根据百度文库资料整理获得。）

三、创业精神的时代意义

"精神是人类对自身力量的坚定，精神是人类对自身事业的崇敬。"创业精神是创业实践的支撑点。创业是一个充满艰辛、痛苦、风险和挑战的工作。如果没有巨大的精神力量作支撑，创业就会半途而废或者功败垂成。只有在创业精神的引导下，创业者才能以求新、求变、求异的创新精神去迎接创业浪潮。只有加强创业者的创业意识，提高创业能力，才可以适应更复杂的创业环境。

1. 迎接创业浪潮，需要塑造创业精神

目前，世界创业浪潮一浪高过一浪，中国也进入了新一轮创业浪潮之中。创业浪潮的掀起是以知识、技术、信息为基础的知识经济的强力推动。在知识经济中，生产与消费、需求与供给之间需要进行更快捷、更复杂的平衡，一方面，消费者的需求因个性化、体验化而变得更为自由和更加不可预测；另一方面，生产者的供给相应地变得更加具有适应性和更加富有创造性，创业者唯有作出快速而积极的回应，才能创造价值，获得财富。在这种情况下，创业者不仅要考虑资金、设备、场地等传统生产要素，而且要关注如何获得新知识、新技术、新信息，如何开发新产品，如何培训劳动力等。随着物质资本地位的相对下降，人力资本尤其是企业家才能的不断上升，要求我们的民族比以往任何时候都更加需要塑造伟大的创业精神。

2. 强化创业意识，需要呼唤创业精神

创业精神已经成为激励创业的一面旗帜、精神支柱和强大动力，从而成为创业意识产生的源泉，进而成为创业者追捧的对象。温州人和硅谷人有强烈的进取精神，因为他们是由伟大的企业家精神支持。目前中国企业家的创业意识仍然不尽如人意，需要呼唤创业精神来强化创业意识。

3. 发挥创业能力，需要弘扬创业精神

据有关专家分析，一个人在工作中萎靡不振、缺乏工作热情，他的工作能力只能发挥30%。可见，创业精神对发挥创业能力有多么重要。因此，大力提高创业者的创业能力，充分发挥创业者现有的创业能力，有效挖掘创业者潜在的创业能力，需要弘扬创业精神。

4. 优化创业环境，需要延续创业精神

创业精神是创业文化的核心内容；同时，创业文化是创业环境的重要因子。从这个意义上讲，创业精神是创业环境不可分割的重要组成部分。自改革开放以来，我国创造了举世瞩目的经济奇迹，同时进行了深层次、多方面的改革，使我国的创业环境发生了翻天覆地的变化。然而，要创造一个和谐优良的创业环境，需要我国政府大力倡导创业精神，需要我国人民积极延续创业精神。①

本章小结

创新者是将经济资源从生产率较低的区域转移到生产率较高区域的人，是经济活动过程中的代理人。创业者需要具备创新能力、策划能力、组织能力、领导能力和管理能力。而创业团队是一个具有特定组织功能并且一起工作的团队，它具有三个基本特征：群体性、功能性和协同性。在创业过程中，正是由于创业团队具有群体性、功能性、协同性的特征，使创业团队成员有了精神支持，能够坚定创业的信心；也正是由于创业团队的这些特征，使创业活动具有了具体的职能支持，得以顺利开展。建立一支高效有序的创业团队非常重要。一般来说，创业团队的构建应考虑核心创业者、社会网络、机会成本和项目发展等要素。在考虑以上四个因素的基础上，创业团体构建进入实质性阶段：确立创业团队的目标、选择合适的创业团队成员、明确团队成员的职责和管理创业团队成员。创业者创业需要具备创业精神，从创业精神的本质特征来看，创业是创造新价值或创建新的组织的一个过程。为了完成这个过程，潜在的创业者需要有事业心和进取精神。而创业精神的核心是创新精神，创业精神的本原是冒险精神。创业精神是创业实践的支撑点。只有在创业精神的引导下，创业者才能以求新、求变、求异的创新精神去迎接创业浪潮。只有加强创业者的创业意识，提高创业能力，才可以适应更复杂的创业环境。

关键概念

创业者　创业团队　创业团队的群体性　核心创业者　社会网络　机会成本　项目发展因素　创业精神

---

① 胡振兴. 现代创业管理［M］. 武汉：华中师范大学出版社，2007.

 思考题

1. 创业者应该具备哪些能力？
2. 创业团队的基本特征有哪些？
3. 创业团队的功能有哪些？
4. 什么是创业团队构建的四大因素？
5. 创业团队构建的步骤是怎样的？
6. 创业精神的精髓是什么？
7. 创业精神有哪些时代意义？

案例分析

伊士曼的柯达人生

1839 年，法国光学机师发明了世界第一架照相机，然而真正将照相带入普通人生活的还是美国人乔治·伊士曼。

1878 年，在罗切斯特储蓄银行做事的伊士曼，准备到加勒比海的多米尼旅行。在当时的美国，出国旅游算是一种奢侈的举动，因此同事建议他拍几张照片带回来，让大家开开眼界。伊士曼觉得这个主意不错，就花了 49.58 美元买了套照相设备，包括照相机、三脚架、感光片、小暗箱以及小型化学实验室的材料等。那些东西又笨又重，旅行时非得用马驮不可。更糟糕的是，这些机器操作起来有许多麻烦的步骤，还要调和一大堆化学品，如果不严格按照技术要领操作，结果不是漏光，就是照得模糊不清。

伊士曼只好付了 5 美元参加技术培训。他似乎与照相机有着莫名的缘分，一沾上就如痴如狂。培训结束后，他又买来与照相机有关的书籍关起门来阅读，而且越读越有兴趣，越读越想读。不知不觉间，假期就被他"读"完了。

计划已久的多米尼之行泡汤了，可伊士曼并没有感觉到遗憾。过去他以为自己最大的爱好是旅游，现在才发现还有一个"真爱"是相识不久的相机。神奇的照相技术让他痴迷，唤醒了伊士曼内心的创造欲，从此照相事业成了他生命中最重要的内容。

当时的照相技术处于初创阶段，效果很不理想，伊士曼决心探索革新之路。每天从银行回家后，他就一头扎进自己的爱好中。家里的厨房成了他的实验室，他买来各种化学试

剂做着试验。他把屋子遮得严严实实地做那些似乎永远也做不完的实验，累了就在地板上躺一会儿，醒了又接着做，这种无休止的单调生活他一点也不觉得苦，他的心中充满了创造带来的快乐。

1878 年夏天，伊士曼发明了一种感光乳剂，以及能将玻璃光底片与感光乳剂黏合在一起的设备。他还在英国申请了两项专利。由于工作中发生了一起不公平事件，1881 年他果断放弃了年薪已达 1400 美元的银行工作，投身于金融区斯泰特街 73 号的伊士曼干性感光片公司。他的合作者和投资者是母亲的房客斯特朗，一个生产马鞍的商人，他先后投资给伊士曼 5000 美元。结果，他们成了终身合作的生意伙伴。

那年，伊士曼的梦想就是创建一个感光企业，但就他的家庭而言，没什么资本能够支持他。他来自一个不幸的家庭，在 1854 年出生之前，他的姐姐就因小儿麻痹致残，一个哥哥夭折。自从其父的生意在 1867 年大萧条中失败后，伊士曼一家的命运就开始持续衰败。在伊士曼 7 岁时，父亲死于精神错乱。整个家靠其母玛利亚出租房屋和为房客提供膳食才得以勉强支撑。母亲是一个坚强的女性，她挑起了家中的重担。她没有多少文化，只能替人做零工挣钱，但她下决心让孩子接受教育。小乔治理解母亲的苦处，在上了 7 年学以后，就辍学到一家保险公司做杂役，尽管收入很微薄，伊士曼还是全部交给母亲。自己的活干完后，他还到母亲那里去帮忙，同时还寻找各种赚钱的机会。如推销书架和毛衣针等。他在晚上学习会计学，准备寻找更好的工作。

1881 年的伊士曼，还想不到日后自己就是这个行业的伟大人物。他当时正在全神贯注地思考伊士曼干性感光片公司如何生存，因为公司推出的早期产品遇到一些麻烦，几乎将这家刚创建的公司推到破产边缘，但他以免费为顾客更换新底片的方式为公司赢得了声誉。

据说，在伊士曼找到自己的路之前，他和生产马鞍的斯特朗有一次无意间的对话。伊士曼当时曾忧心忡忡地说："投资照相机也不见得有多大的前途呀，一个照相馆买一台，一年又能卖出去几台呢？"想不到对于摄影一窍不通的斯特朗说："你难道感觉不到，照相可是个人人都喜欢的事啊。家庭为什么不买照相机呢？因为它太笨重，使用起来又太复杂。如果照相机能做得轻一些，操作方便一些，出外旅游人手一架，这个生意你忙得过来吗？"

斯特朗一句随口应答的话，却给伊士曼指明了主攻方向。于是，他把全部精力投入到照相机的改进上，如何把机器做得更小、更轻、更方便。经历了无数次的失败，1888 年伊士曼研制的新式照相机终于诞生了。他把照相机的商标定名为"柯达"（KODAK），第一个字母和最后一个字母之所以都是 K，是因为他母亲名字是以 K 起头的，柯达这个名字寄托着他对母亲的深深怀念。当伊士曼将一个柯达相机送给正在海边度假的斯特朗时，斯特朗像一个孩子般地快乐。

那时摄影设备的市场只局限在职业者和具有专业精神的业余爱好者。换句话说，摄影隔绝了大众。伊士曼给这个时代的革命，使摄影成为平民化的事。创业 10 年后，伊士曼树立了新的目标——把柯达公司打造成世界级企业。早在 1894 年，伊士曼就说：柯达公司的命运要么是成为世界上最大的摄影材料生产商，要么就垮台。

伊士曼很快就推动柯达进入了海外市场。1885～1891 年陆续进入英国、加拿大、法国、德国、意大利等国，1901 年在日本建立了亚洲第一家销售点。1927 年，柯达终于来到中国，在上海建立了销售办事处，大力开发中国照相市场。这是柯达与中国的第一次相遇。但伊士曼的根在罗切斯特，他与母亲生活在一起，直到死亡降临。伊士曼终生未娶，柯达是他一生的爱。

一切似乎都已经尘埃落定了，柯达从罗切斯特走向美国，又从美国走向大西洋另一边的西方世界，最终走向了世界每个地方。在 20 世纪最初 10 年，柯达已经成为世界上最重要的影像工业的中心。

1919 年，伊士曼重组了企业，成立了 9 人管理小组。他开始淡出柯达，"我的工作完成了，还等什么呢？"1932 年 3 月 14 日的一个下午，乔治·伊士曼在一张纸上如此简洁地写下这句话，随后开枪自杀。

（资料来源：《经济日报》，2005 - 03 - 20.）

思考题：

1. 从案例中分析创业者应该具备的素质。
2. 从创业者视角分析伊士曼，进而解释创业者精神。

第七章
创业计划与创业计划书

导入案例

家政"O2O"百家争鸣后的卡位战

家政O2O市场自2013年爆发以来，创业者与风险投资资金不断进入，在2015年更是掀起了惊涛骇浪，这一点我们从最近该行业的投融资情况中可见一斑。仅在2015年8月，家政O2O平台就有"小马管家"宣布获得了5000万元的A加轮融资、"好慷在家"宣布已完成7000万元融资等。不少业内人士表示，2015年或将迎来真正的家政O2O大战。那么问题来了，怎么战？融资后的钱是否仅有补贴一道？

国内巨大的家政需求吸引着一系列创业者的关注，根据"云家政"2014年底发布的北京、上海、广州、深圳四地家政行业数据报告，当时一线城市普遍的家政从业人员供需缺口均在10万~20万人，春节前后一个月更是会遭遇30%~50%的从业人员缺口。另有数据显示，2015年国内家政服务市场总规模将突破1万亿元。

人均消费能力以及生活质量需求的提升，直接导致了家政服务行业的火爆，其实早在2013年垂直于家政O2O领域的创业公司便接连诞生，如e家洁、云家政、阿姨来了、阿姨帮、小马管家等，再加上BAT巨头的觊觎，资本不断涌入，多数家政O2O平台不断曝出获得多轮融资。

但是在百花齐放之后，有业内人士指出，家政O2O项目的存活率只有10%，甚至是5%。管家帮创始人傅彦生表示："任何一个行业不可能长期百家争鸣，肯定会出现少量寡头，最终是谁还不好说。但跟团购相比，家政服务是非标性的，而又对线下服务要求较高，巨头形成的时间会更长。"

大家若想存活，就需要不断抢占市场，战争在所难免。小马管家CEO马晨飞曾坦言："大家在抢占市场份额的时候，都难免去烧钱补贴做推广。但这绝对不是一个良性的生意。"如何在同质化和与巨头的竞争中突围，真正实现盈利，是所有创业者都迫切希望的。无论哪种行业，若想赢得市场，用户体验都是关键。《北京晨报》记者在随机对消费者的采访中发现，不少消费者在请家政阿姨上门服务时，价格并不是主要考虑因素，他们最看重的是服务体验与质量。此外，也有消费者对于阿姨万一打破东西该如何赔偿、家中财物被偷盗等问题表示担忧。

对此记者致电了阿姨帮、云家政、小马管家等客服进行了解，对于阿姨不小心打破东西消费者该如何获得赔偿的问题，阿姨帮客服表示平台已经为阿姨投了保险，出现这种意外会由保险公司进行赔付。云家政客服则表示，一旦出现这种问题得分两种情况，阿姨在场的话需要与阿姨进行协商由阿姨进行赔付，不过如果阿姨在离开后才发现就会比较困难，得看阿姨是否承认。而小马管家客服则表示，由于阿姨一般工作时都会小心翼翼，还没遇到过这种情况，万一出现问题可以跟他们平台进行沟通联系。而如果出现物品丢失等问题，则需要报警进行处理。如何做好做强用户关系，改善用户体验一直是家政服务行业中的老大难问题。

亿欧网联合创始人、O2O分析师黄渊普表示，每一个平台甚至是每一位阿姨做出来的服务都是不一样的，是无法统一的，标准化只能是流程或产品的标准化，比如说在预订环节或者订单发出后多久可以到你家进行服务等。如何提高服务质量以增加用户黏性，需要两个方面，第一是各大平台在拿到融资后一定要重视对阿姨进行各方面的培训，目前各大平台也比较重视这方面；第二是需要把具体出现问题的赔偿规范写出来给用户以明确的保障。此外，也需要依托互联网本身的删减属性，也就是信誉好、服务好的阿姨慢慢留下来，服务差的阿姨逐渐被淘汰的优胜劣汰过程，不过这个过程需要一定的时间。

无论是国内还是国外，烧钱已经成为企业撬动市场最快的方式，但家政O2O鼻祖Homejoy倒下的案例有力地证明了烧钱之道并非良药，只有真正找到盈利的模式才能在竞争中胜出，而这也是目前几乎所有O2O企业面临的最大问题。

就在国内家政O2O风生水起的时候，家政O2O鼻祖Homejoy在2015年7月底关张了。有媒体曝出导致Homejoy关闭的"决定性因素"是4起关于员工身份问题的诉讼。但不少业内人士表示，员工的身份问题或许只是压倒骆驼的最后一根稻草。实际上，盈利难匹配扩张速度也是Homejoy暴露出的一大问题。虽然Homejoy在很短的时间内迅速地扩张着自己的国际业务，但每拓展一个新城市就意味着要烧一大笔钱，而业务以小时工为主的Homejoy，在扣除支付给清洁工的费用后，平台本身能够赚取的利润其实很有限，直接导致资金跟不上"铺"规模的速度。

众所周知，家政服务并不像出行打车或者叫外卖，服务价格仅在几十块钱之内，家政行业的服务对象大多集中在中产阶级家庭，一般人很少会请阿姨上门做家政服务，因此盲目地烧钱补贴做订单量只能形成短期的虚假繁荣，并不是长久之道。

黄渊普表示，之前大家大多在同一个细分领域做同质化竞争，在拿到更多融资后，关键要看谁能够在现有的服务模式品类中进行扩张。"当市场进入第二阶段，资本进入之后会要求产品进行地域、品类的扩张。这样就会导致强者越来越强，弱者越来越弱。"

（资料来源：《北京晨报》，2015－08－15.）

创业者在进行实际创业之前，需要首先识别创业机会，其次构建商业模式，最后撰写创业计划书。其实这正是创业项目不断深化、明确化的过程，这一过程十分重要。

第一节 创业计划

创业不仅需要热情和干劲，更重要的是需要理性的思考。创业者需要通过创业计划系统、全面地论证创业项目的模式、创业团队构成、创业所需资源、存在的各种风险和潜在的回报等。

一、创业计划的概念

创业计划，英文为 Business Plan，国内也译作商业计划或经营计划。创业计划是创业者对某一项具有市场前景的产品或服务所进行的总体安排，是为创业项目制定的一份完整、系统、翔实的行动规划。创业计划首先需要阐明创业者的基本思想和期望所要达到的目标；其次分析指明创业者利用这一创业机遇的具体方法和策略；再次分析说明影响创业成败的关键因素；最后确定创业企业的筹资办法。创业计划一般要考虑到新创企业未来3~5年的发展情况，并在企业运营中根据需要相应地进行调整。

二、创业计划类型

按照创业的业务类型，创业计划包括：为零售企业撰写的创业计划；为批发企业撰写的创业计划；为服务类企业撰写的创业计划；为制造类企业撰写的创业计划；为金融家撰写的创业计划；为所有者/经理撰写的创业计划；为其他类型企业撰写的创业计划。

按照计划的业务职能，创业计划可分为财务计划、营销计划、生产或运营计划、人力资源计划等。

按照计划的目标执行，创业计划可分为长期计划（3~5年）和短期计划（1~3年）。

按照计划的内容与框架，创业计划可分为战略计划和操作性计划。前者一般是覆盖新企业所有业务内容的全局性的、整体的、长期的经营计划，包括长期经营目标以及实现目标的具体策略与结构；后者一般是一些具体的执行方案。①

---

① 夏清华：创业管理 ［M］. 武汉：武汉大学出版社，2007：189.

三、创业计划作用

1. 创业计划指明创业的主要方向和目标

创业者、潜在投资者、新创企业雇员等群体都是通过创业计划来认识和了解新创企业，并且了解新创企业的近期目标和远期目标。创业目标决定着新创企业未来战略走向以及创业者的管理重点。例如有些创业者聚焦于可持续发展战略，属于事业型创业者，这种情况下创业者非常重视人才队伍的建设，企业基础支撑技术的开发也是重点，公司的长远发展前景是创业者的重中之重。相反，对于那些追求迅速盈利的投资型创业者可持续并不重要，当前出众的经营业绩与现金流可能是投资型创业者最想得到的。这些都表明创业目标的不同会导致企业经营与发展方向的不同。另外，创业者的个人目标也会影响新创企业的规模。事业型创业者期望自己的企业由小变大、由弱变强，完成自己事业上的追求。而谋生型创业者可能并不需要过大规模的企业，因为这样可能会影响他们的正常生活，会导致个人生活时间和工作时间无法平衡。因此，清晰的创业目标决定了创业企业今后的发展方向及发展规模，影响新创企业的成功与否。

2. 创业计划是创业者的行动大纲和指南

创业之前几乎所有的创业者都会对未来企业发展有着美好的憧憬。为了实现创业梦想，把憧憬变为现实，就需要创业者借助创业计划进行理性的分析与思考。例如通过对资源情况进行分析，对目前的市场需求进行分析，对当下的竞争环境进行分析，客观冷静地分析创业成功的可能性以及创业项目的机遇与风险，进而明确自己的方向和目标，做到准确定位、有的放矢。

创业计划一般涉及创业项目介绍、资金规划、创业目标、财务预算、市场营销策略、组织计划、风险评估与防范等所有创业运营管理活动。创业者基于对创业活动全面深入的思考和详细的规划设计，为今后有效的日常管理提供科学的依据。

对于创业者来说，创业计划首先要聚焦客户。任何创业项目开始之前，都需要全面深入地对市场进行分析和研究。创业项目一旦开始，第一件事情就是积极地寻找客户，让客户群体知道、了解进而熟悉企业。如果创业项目提供的产品属于全新产品，就涉及引导教育客户的工作，这需要前期大量的费用和长时间的营销工作来培育市场。如果提供的是替代产品，那么说服现有顾客更换供应商也需要企业进行筹划和研究。其次，创业企业需要认清在产业价值链中的位置，分析企业的价值构成。通过价值链分析，清楚地认知自己企业与上下游企业之间的关系，如果可以，最好建立产业联盟，增强企业的实力与影响力；基于实际数据对本企业的产品或服务的规模化收益程度、现金流转的速度以及产品或服务的边际收益进行全方位的分析。再次，慎重选择创业的行业。一般来说，创业需要选择创业者所熟悉的行业，不要盲目跟风进入不熟悉的行业。还要对新创企业的竞争情况进行全面分析。有竞争对手也未必不好，或许这正好说明行业具有发展前景；没有竞争对手也不一定是好事情，可能是创业者选择的市场过于狭小，没有盈利性。最后，重视新创企业的内部管理。创业者要保证内部管理团队在商业理念和质量标准方面有一致的意见，同时要尽量使用户和投资者也认同你的这种理念和标准。在企业发展的过程中，需要预见到企业的发展趋势，及时地物色得力的管理人员并适时地放权给他们，避免过多地卷入日常的琐碎事务中去。

3. 创业者通过创业计划获得外部资金支持

创业者在进行创业活动中，既要讲独立，也要讲合作。通过创业计划，新创企业说服可能的投资者提供资金支持或者通过创业计划找到合适的合作伙伴。这样，就可以增强企业的实力，使企业在竞争中处于有利地位。否则如果企业不借助外部力量的支持，单打独斗可能会使企业失去良好的发展机遇。

国内一家生产消毒液的知名企业，在 2003 年"非典"之前，面临市场需求与企业生产能力不足的矛盾。面对这种情况，有人提议找"外援"，以"合资"方式弥补资金缺口和化解投资风险。但该企业老板却担心无法控制合作伙伴，同时认为有那些找伙伴、谈合作的时间，不如自己慢慢滚动发展，因而将此建议束之高阁。2003 年春天突然暴发的"非典"疫情和急剧扩大的消毒液市场，终于让这位保守的老板吃到苦头，不但没有赚到本来应该赚到的钱，而且被其他几家同类企业借着"非典"契机一举超过，沦为业内的二流企业。[①]

四、创业计划主要内容

创业计划是用以描述创办一个新的风险企业时所有相关的内部和外部要素。一般来说，接触创业计划的主体有投资者、供应商、合作伙伴、专家顾问等。不同主体的立场不同，因此关注的焦点也不一样。创业者不可能面面俱到，因此在确定创业计划时，需要抓住主要方面。对于创业者来说，必须能够清楚地表示出该新创企业的业务经营范围。对于投资者来说，他们非常关注新创企业的未来发展前景以及财务问题，因此创业者需要在创业计划中进行重点介绍。创业计划对创业者、潜在投资者甚至新员工的招聘都有很大的价值，这些主体通过创业计划来了解企业及其目标。

一般来说，创业计划主要内容为市场营销计划、组织计划、财务计划。下面分别对这三个方面进行介绍：

---

① 张光辉等. 创业管理概论［M］. 大连：东北财经大学出版社，2006.

1. 市场营销计划

在创业计划中，市场营销计划关系新创企业未来的销售收入及利润问题，因此十分重要。市场营销计划主要是基于4P组合（产品、价格、分销、促销）制定相关决策，并考虑如何实施计划。市场营销计划一般以年度为基准，主要内容包括产品的定价、分销渠道建设、促销策略及组合、产品销售预测以及营销控制等内容。一般来说，营销计划主要围绕以下三大方面进行分析：首先，新创企业的背景资料、优势劣势，竞争者的背景资料和优劣势及所面临的市场机会和威胁。其次，新创企业在今后一段时间内市场营销目标和战略导向。最后，新创企业将要实施的营销方式、实施具体时间、监督及反馈问题等。有效的营销方式是行业特点、企业特点、产品特点、用户特点的函数，创业者需要根据所处经济环境、人文社会环境、顾客需求偏好以及创业项目的具体特点，来选择合适的营销方式。创业者可以从下面的营销方式中进行选择：品牌营销、直接营销、整合营销、定制营销、网络营销、绿色营销。新创企业在确定营销计划时不能只停留在表面，并且不能缺少具体的内容，特别是缺少关于目标的具体内容，确立的目标不要脱离现实；还要对目前企业所面临的环境进行充分论证和研究。

2. 组织计划

为了新创企业的有效运行，创业者必须进行组织设计，明确新创企业的组织架构和规章制度，这样可以使新创企业有效运行，以保证创业目标的实现。一般来说，组织计划中要明确员工最关心的几个问题：第一，组织结构。一个企业的组织结构是为实现企业目标服务的。组织结构具体要明确企业中所设置的各个层次的不同岗位以及每个岗位上的成员所承担的责任和所拥有的权力，要达到权责一致。还要明确各个岗位之间、组织成员之间的信息沟通方式。第二，绩效考评。明确阐述整个企业的整体目标，并且进行目标分解，确定每个不同部门的工作目标，并说明如何完成计划目标，引导员工各尽其责、各司其职。并且绩效考评的标准要依据目标进行量化。第三，奖惩制度。企业员工的积极程度和努力程度以及他们的责任心，都跟企业所制定的奖惩制度有很大的关系。有效的奖惩制度能激励员工为企业做出贡献。否则赏罚不分明，只能导致员工怨声载道，甚至离职。因此，创业者在组织计划中必须明确列出公平合理的奖惩制度，并且严格执行。第四，员工聘用。优秀的人才是新创企业的核心竞争力，因此创业者需要根据企业的实际需要制定出一套合理的人才聘用标准，以确保企业录用的员工能够完成相应的工作，并且为企业创造价值。第五，员工培训。企业对员工提供的培训可以看作是激励的一部分，对于很多员工来说这是其选择企业的一个重要参考标准。企业需要员工随着企业而成长，员工也需要这样的机会提升自己。因此，创业者需说明培训计划、参加培训的标准、培训方式以及培训时间等。实际上随着企业的发展壮大，相关业务越来越多，员工一定会越来越多，企业的内部管理工作会越来越复杂，因此，企业的组织结构也需要随之进行调整。

3. 财务计划

（1）财务计划内容。一般而言，组织编写的财务计划内容包括以下几个方面：

其一，资产流动性。这部分内容包括五年内的现金流入及流出、筹集安排和现金准备两个方面。现金流量是创业企业成功的关键，同时它还可作为计划的工具，通过按期监视资金的流入流出状况使创业者得到计划未来的方法，因此，在创业计划中应该详细说明有关情况，这一部分也是读者阅读的重点内容。筹集安排和现金准备这一部分应该是在资金的基础上，进行五年的财务预测，其中包括自由资金以及融资部分。

其二，收益预测。从利润表中可以得到企业的盈亏平衡点，即"保底线"。创业者对此应该高度重视，确保企业的盈利性。收益预测包括销售收入预测、成本及费用预测、净利润预测三部分，其中销售收入预测方面的数据是通过销售预测来计算的。对于新创企业来说，销售预测是财务计划的基础。

其三，资产负债预测。依据标准的资产负债表进行五年内的预测。

（2）财务计划的编写。财务计划的重要性不言而喻，它为企业展示出一幅美好的蓝图：企业融资时机、资金数量、资金用途、应急准备等。财务计划编写的科目涉及：资本需求预算、损益预估表、盈亏平衡分析、现金流量预估表、资产负债表等。

其一，资本需求预算。资本预算的目的在于为评估影响企业一年以上的支出奠定基础。在编制损益预估表前，创业者应该筹划经营，进行资本预算。首先应该做的是进行销售预算，即估计每月销售额的期望量值；其次依据预估的销售情况，确定销售成本；最后确定经营成本，这是与销售规模无关的成本，包括租金、公用事业费用、工薪、利息、折旧、保险费用等。

其二，损益预估表。销售收入是一个企业的主要收入来源，经营活动中的财务活动无不与此相关，因此，损益预估表中首先应明确的项目就是销售收入。在损益预估表的编制过程中，首先要按月计算销售收入。销售收入的预估应立足于市场研究、行业销售状况以及一些试销经验，以使预估更准确。对第一年的全部经营支出按月估算，每一笔支出都不可以遗漏，以保证增长的支出积累在恰当的月份。公司的薪金支出要反映在职人员的数目和在公司中的职位，以便为了业务需要增加雇员时方便记录增加的成本。另外，创业者还需要考虑追加的保险、贸易展览会、扩充仓储面积而增加的成本等。

除了编制第一年按月的损益预估表，还要对随后两年的损益进行预测评估。因为投资者要求看到前三年的经营规划。在制定原始计划过程中，坚持谨慎、实事求是原则，以便在随后两年的预测评估中，能更准确地估计收入支出和成本。一般来说，计算预估的经营成本时，保守的估计以赢得理性的收益，将会为新创企业以后的成功发展奠定信用基础。

其三，盈亏平衡分析。盈亏平衡分析就是找产量和销售的平衡点。盈亏平衡产量可以用下列公式表示：

$$Q* = Cf/(P - Cv)$$

式中，Q＊代表平衡产量；Cf代表固定成本；P代表产品或者服务的单价；Cv代表单位变动成本。

盈亏平衡单位变动成本为：

$$Cv = P - CcS/Qc$$

式中，Cc代表年总成本费用；S代表固定成本与总成本的比例；Qc代表预期年销售量。

其四，现金流量预估表。现金流量表的某些细节将反映出新创企业运营时会出现的资金短缺情况，很多企业因此而面临破产；另外，一个可以盈利的公司也会因为出现现金的短缺而破产，这样的例子是很多的，创业者应该明白现金流量表的重要性。创业者不要把现金流量和利润混为一谈，利润是从销售收入中扣除支出后的余额，而现金流量则是真实的现金收入与现金支出的差额。这里存在现金的兑现问题。有些已发生的交易行为，现金并没有流动，例如，票据是否立即支付、归还贷款本金、折旧等都会对现金流量和利润产生不同的影响。

现金流量预估表应以月为单位，尽量作出相对保守的估计和假设。而最困难的问题莫过于如何精确地估计每月现金收入与支出，此时，创业者一定要坚持谨慎性原则，以保证有足够的资金来应付紧急情况。同时，创业者还要牢记无论是损益预估表还是现金流量预估表都是以企业最佳的经营状况为基础的，而随着业务的开展，对现金的估计必须进行修正以保证准确性。最后，创业者还应该做好多方面准备，即设置多种可能情况，这代表了不同的经营水平，有助于创业者防范不时之需。

其五，资产负债表。资产负债表反映了企业经营的第一年的年末状况。它应与损益预估表和现金流量表的数据保持一致，汇总创业者的资产、负债、财产净值。资产包括了企业拥有的任何具有价值的东西，它分为流动资产和固定资产。流动资产包括现金和任何在一年内有望转化为现金或被企业经营消费的资产；固定资产是供长期使用的有形资产。负债代表企业对债权人的欠款。财产净值由业主权益反映，业主权益即资产总额超出负债总额的部分。[1]

第二节　创业计划书

就创业活动的启动过程而言，商业模式的起点是创业机会，其终点则是创业计划书。从这个意义上看，创业计划书实际上是纸面上的商业模式，创业计划书是有关创业活动的

---

[1] 赵骅等. 创业管理的理论与实践［M］. 重庆：重庆大学出版社，2007：12－17.

计划。从概念上看，创业计划书是一个书面的正式文件，它描述了创业企业（创业团队）目前的情况以及对未来的预期。它包含了创业活动推进的各个环节的细节，也包含了有关创业活动未来成长空间的理性预测。[①]

一、创业计划书的格式与内容

1. 封面和目录

这部分应该包括企业或项目名称、联系地址、网址、电话、日期以及主要创业者的联系方式（电话、电子邮件、QQ 号、微信号）等内容。为了方便和相关利益者沟通，最好在创业计划书内容中也留下联系信息。另外，要列出企业或产品标志、口号（用一段话来描述新建企业和业务的性质或理念）。扉页可以放置报告机密性的陈述。目录在扉页之后，需要一一列举出创业计划书的详细内容及其对应的页码。

2. 执行概要

执行概要是整个创业计划书的精华，它的主要作用为激发阅读者的兴趣，因为阅读者会首先阅读分析这部分的内容，如果这部分内容不能够吸引他们，那么这份计划书很可能就会被放弃。执行概要需要浓缩创业计划书的内容，所以需要精简，这部分长度一般为1~2页。其主要内容包括企业介绍、机会分析、市场分析、竞争优势、创业团队介绍、组织结构、主要产品或服务、营销策略、销售计划、生产管理计划、财务计划、资金需求计划等。从形式上看，尽管执行概要先于整个创业计划书的正文部分，但执行概要的撰写却通常在整个创业计划书的正文部分完成之后，只有这样，才能形成对整个创业计划书的精确概述。

3. 企业概况

这部分需要客观描述企业历史、现状和未来发展方向。重点需要列出过去的经验、商业模式的优越性和竞争优势。如果是初次创业，需要突出核心创业团队的情况，例如介绍创业者的成长背景和求学经历，个人性格、兴趣爱好及特长，优秀的品质例如进取精神、创新能力等，创业理想和创业思路等。总之，要尽量突出创业企业的优势和特色，让阅读者尤其是投资人或资金提供者全面、深入地认识企业，使他们对企业产生信心，从而为未来的合作打下良好的基础。

---

① 斯晓夫等. 创业管理理论与实践 ［M］. 杭州：浙江大学出版社，2016：111 –112.

4. 产品或服务介绍

这部分是投资者关注的重点之一，也是关系到能否吸引外界资本的重点。因此在创业计划中，需要重点论述创业项目中产品或服务满足市场需求的具体情况。只有投资者对产品有全面、准确地认知，产品才能赢得投资者的青睐。因此，产品介绍是创业计划书中必不可少的一项主要内容。首先，需要对产品进行基本情况的描述，包括产品的性能和特点，尤其要突出产品功能的领先性和创新，旨在说明新创企业的产品能解决的实际问题，给顾客带来的功能和情感利益。其次，需要对产品的竞争情况进行分析。着重说明企业产品与竞争产品相比，有哪些优势和缺点，存在什么样的机会和威胁，顾客选择本企业产品的缘由等。再次，对产品的研发问题进行阐述。主要介绍企业技术骨干的研发能力及其技术成果的先进性等。另外，还需要重点介绍产品的研发计划，包括企业研发资金的投入情况和再投入计划安排；今后的研发方向、重点以及已经取得的成果；现有研发能力、资源配备和技术储备状况；寻求技术开发依托（如大学、研究机构等）情况和合作方式；将采取怎样的激励机制和措施，以保证关键技术人员和技术队伍的稳定。最后，对产品的市场前景进行预测。这是产品介绍的重点，具有良好发展前景的产品，是创业成功的保障。

5. 创业团队与组织结构

创业团队及其人员构成极大地影响新创企业的成功。新创企业的产品研发、市场营销、生产运营、财务运作等专业管理人才的素质和能力，直接决定了企业经营能否成功，而具有创业精神的管理队伍和良好的组织结构是新创企业顺利运行的保证。第一，重点介绍创业团队情况。个人背景，包括姓名、住址、电子邮件、电话号码、受教育程度、家庭情况、性别、年龄和健康状况。从业经历，阐述创业者生产产品、市场管理、团队合作的能力。判断一个企业是否有发展潜力，最重要的标准是看创业者的个人背景和从业经历。如果创业团队核心成员曾有过成功的合作，一定需要重点介绍，因为在投资者看来，与彼此陌生的创业团队相比，那些曾经有过成功合作经验的创业团队会更容易取得良好业绩。第二，管理机构。企业管理机构包括企业的主要股东以及股权结构、董事会及其成员和企业高级管理人员的股权分配和薪金情况等。通常，新创企业的股权情况是投资者重点关注的部分。投资者一般倾向于让新创企业的核心创业成员和高管们持有足够的权益股份，以确保新创企业稳健运行。第三，组织结构。包括描述高级管理层成员的工作分工；企业准备设立的部门及相应的人员配备等。本部分内容一般采用组织结构图，对企业内部职权与责任的分配进行图形化描述，必要时配以简要的文字来说明结构图中的关系。第四，激励和约束机制。这部分主要介绍企业的激励机制方式和薪酬制度，这是企业顺利运行的基础。尤其在激励机制中适时安排长久的激励措施可能效果更好。

6. 市场分析和市场营销策略研究

当企业开发一种新产品或服务，或拓展一个新市场时需要在分析预测的基础上，制定有针对性的市场营销策略。

（1）市场分析。市场分析是对估测可能影响创业计划的外部不可控因素，评审行业趋势及拟定竞争战略。这一部分要阐明以下问题：顾客、市场容量和趋势、竞争情况和行业内不同企业的竞争优势、估计的市场份额和销售额、市场发展趋势。由于新创企业面临较大的风险，因此，市场分析应建立在严密、科学的市场调查基础上，本着实事求是的态度，尽量扩大信息收集的范围，采用科学的预测方法，进行深入的调查研究。例如，国际经济、科技和政策方面的主要趋势是什么？过去五年里，整个行业每年的总销售额是多少？这个行业的发展潜力如何？该行业最近有什么新产品上市？最直接的竞争对手是谁？谁是目前的竞争者？他们控制着什么资源？他们的优势和劣势是什么？对他们的举动，我们会如何反应？其他还有哪些人能够发现并利用与我们相同的市场机会？企业顾客的概况是什么？企业的顾客情况与竞争对手的顾客情况有什么不同？

（2）营销策略。在市场分析的基础上，制定相应的营销策略，也是创业计划书中的重中之重。这部分是新建企业能否成功的关键。它能让投资者明白企业的具体目标以及为实现目标所采取的战略，也为创业者实现目标提供了一个行动框架；并通过对这些战略进行成本预算，为预测财务状况提供依据。一般来说，市场营销策略包括以下内容：市场营销渠道的选择；营销队伍的建设和管理；价格策略、广告策略和促销策略等。

7. 生产运营计划

创业计划中的生产运营计划，主要说明有关产品生产方式、生产设备、工艺和质量保证等方面的问题。这是保证新创企业生产顺利进行的基础。

（1）产品生产方式。这部分主要描述新创企业如何计划生产企业的主要产品。首先确定生产是自己完成还是需要外包。如果是自己生产，那么厂房是购买还是租赁，厂房的基础设施情况需要明确，例如地点、面积、交通、通信、电力、水利等条件怎样；如果是委托生产，委托生产的程度怎样，具体环节如何分工，外包商的选择问题等。

（2）生产设备情况。该项主要说明生产需要何种设备，设备的投入需要多少，设备的属性例如是专用设备还是通用设备，设备是否需要投保，设备的生产能力限制。生产设备满足公司产品销售需求的情况。另外，随着企业销售生产的发展壮大，对于新增需求数量如何解决。例如是否需要增加生产设备，具体设备更新情况、采购计划、采购周期、安装调试周期如何。为了提高企业的生产效率，可能需要提高设备操作人员的基本技能，企业如何提供培训和学习渠道。

（3）产品质量控制。这部分重点介绍企业的质量控制程序。在描述生产制造过程、工艺流程的基础上，说明如何保证主要原材料、元器件、配件以及关键零部件等生产必需品的进货渠道的稳定性、可靠性及进货周期。在正常生产状态下，成品率、返修率、废品率控制标准，生产过程中的产品质量保证体系及其运转模式等。

8. 财务规划

投资人或资金提供者最关心新创企业的财务状况和经营业绩，从中判断自己的投资能否获得预期的收益，这是其决定是否投资或提供资金的关键因素。一份好的财务规划对正确评估企业所需的资金数量，提高新创企业取得资金的可能性，是十分关键的。如果财务规划准备得不好，会给投资者传达一个企业管理人员缺乏经验的信息，降低新创企业的评估价值，同时也会增加新创企业的经营风险。所以，企业应花费较多的精力来做财务规划。

（1）会计报表。企业过去的经营业绩和财务状况对投资人很有吸引力。新创企业应提供过去 3 年的现金流量表、资产负债表以及利润表和每年的财务总结报告。现金是企业的生命线，因此企业在初创期，应对现金需求做出预先周详的计划并在执行过程中进行严格控制；利润表反映的是企业的损益状况，是企业在运作一段时间后的经营结果；资产负债表则反映企业在某一时刻的财务状况，投资者可以用资产负债表中的数据来衡量企业的经营状况以及可能的投资回报。此外，创业者应该向投资人阐述创业者对财务管理重要性的认识。

（2）财务预测。财务预测旨在进一步阐明企业的财务生存能力。创业者要根据经营计划、市场调研结果，在全面评估企业财务状况的基础上，提出未来 3~5 年预计现金流量表、资产负债表和利润表。而且要将预测的依据、预测的假设条件以及预测的方法等逐一列明，以增加预测的可信度。

（3）资金计划。资金计划是财务规划的关键部分，是投资者或资金提供者十分关心的问题。一般涉及以下几个问题：

1）资金需求量和结构。为保证项目顺利实施，需要新增投资额是多少；新增部分需要投资人投入多少，新创企业投入多少，借贷多少；对外借贷的渠道等。

2）追加资金的使用计划。

3）投资人的回报。预测未来 3~5 年的年均净资产回报率，拟投资方收回投资的方式和时间等。

需要引起创业者注意的是，投资人或资金提供者会很关注企业的财务规划，甚至会要求创业者对财务预测中的数据进行解释。如果财务预测没有达到要求或者让人感到数据过于乐观而缺乏说服力，则会影响创业者的可信度。所以，创业者的财务规划一定要建立在客观的基础上，力求完备。[①]

---

①　胡振兴. 现代创业管理［M］. 武汉：华中师范大学出版社，2007：97－98.

9. 风险评估与控制

投资人非常关注新创企业的风险管理问题。因此，创业计划书中风险评估及其管理就变得十分重要。从内容来看，风险分为市场风险、技术风险、经营风险、财务风险、人力资源风险等。创业者应该首先在计划书中明确列举出新创企业面临的潜在风险及其构成（例如技术进步所造成的产品过剩，企业自身在营销、生产或管理方面的弱势等）；其次指出潜在风险一旦发生会给企业带来什么后果及损失；最后重点论述为了规避风险，企业的措施及管理方式。风险管理的主要目的是向投资人或资金提供者传递投资信息，对创业者本身进行警醒，要求创业者经常关注自身的不足，防止创业中急躁冒进的行为。

10. 风险资本的退出

投资人在考虑投资的时候，最后会考虑到如果投资失利退出的问题，所以，在创业计划书中需要阐述风险资本退出的问题。一般应描述两类问题：一是什么时候或什么情况下退出；二是退出的方式。创业者应以客观、充分的证据来论述可行的退出方式。

11. 附录

附录载明"需要说明的事项"。与创业计划书相关的，但不宜放在正文的所有材料都应放在附录中。附录的内容分为附件、附图和附表三个部分。

（1）附件。意向书、主要合同等文本；营业执照正副本；公司章程、董事会名单及简历；产品说明书及相关材料；市场调查资料；竞争分析资料；产品专利证书、鉴定报告；产品注册商标。

（2）附图。企业组织结构图；技术设计图；工艺流程图；产品展示图；产品营销预测图；项目选址图。

（3）附表。主要产品目录；主要客户名单；主要供应商和经销商名单；主要设备清单；市场调查表；现金流量预测表；资产负债预测表；企业利润预测表；工作进度表。①

二、创业计划书撰写注意事项

1. 实事求是

创业计划书撰写的第一个注意事项就是要从实际出发，具体的创业方案必须基于当前真实全面的数据分析、科学的调查研究和严谨推理基础。任何部分的内容分析都要有现实依据，杜绝空谈。尤其在财务分析和风险分析部分，要求所有内容一定要从实际出发，用

---

① 张光辉等. 创业管理概论［M］. 大连：东北财经大学出版社，2006：105.

严密理性进行分析和预测。另外，创业计划书的行文风格也需要理性客观，因为投资者及其他利益相关者需要通过这份计划书来进行决策，所以创业计划书不要情绪化和主观化。当然，创业需要激情和热情，但是注意把握好尺度。

2. 重点聚焦创业项目优势

一般来说，影响风险投资家和合作者是否选择一个创业项目的关键因素就是此创业项目的优势，因此，在创业计划书中一定要充分地展示这一点。项目优势是吸引外在资本的前提条件，而每个项目的优势各有不同，下面介绍几个主要的项目优势。第一，项目的创新突破性。在创业中，创新性一直以来都是焦点。因为创新性代表着新的利润增长点和高的投资回报率。具体的创新表现在以下几方面：产品的创新（推出新的产品）、生产（工艺）创新、市场创新（开辟新市场）、原材料创新（获得新的原材料）或管理创新（建立企业新的组织或管理方式）。创业计划书一定要结合项目实际，重点论述创新点及其带来的回报。第二，项目的商业价值。这是风险投资者最看重的一点。创业计划书需要合理分析创业主产品的市场需求、市场现状，预测市场容量，该产品能够带来的利润，凸显创业项目的商业价值。第三，技术领先程度。当今经济全球化，生产要素需要在全球进行配置，技术也不例外，因此需对技术领先程度进行分析，例如有的技术在国内是专利，国内领先，但在国外已经有了同类技术或同类产品，那么这时企业就会面临风险。当企业投入大量的资金，开拓了市场。这时，如果竞争对手从国外购买技术可以生产出同类产品，或者拥有该技术的国外企业进入相同市场，那么企业面临的市场竞争会非常激烈。第四，技术或商业创意对现有消费水平适应程度。如果技术或者商业创意太超前，不适应现有的消费水平甚至与现有的消费习惯不相符，那么培育市场需要一段时间，也需要大量的资金投入。这会导致企业面临较大的风险。第五，项目的盈利模式。投资者非常关注项目的盈利性。生产制造类项目，盈利模式可能来源于支撑技术。服务类项目，盈利模式可以是一个创新点，例如商业模式的创新。

3. 逻辑严谨

成功的商业计划书需要在系统严谨、全面科学调查分析的基础上来展现创业方案，让创业计划书的阅读群体能够感受到创业发起人的每一个决策都有理有据。那么投资人和相关利益者会加大对创业项目的扶持和支持力度，并且认可创业项目及其未来的发展前景，这样创业项目的实施效果才有保障。逻辑性要求计划书脉络清晰、结构严谨、前后呼应，内容之间紧密联系，全篇形成统一整体。要做到逻辑性，创业计划书应该注意以下四点：首先，创业计划书的内容要前后统一。创业计划书是投资者投资的关键，因此内容要有连贯性。例如，如果一个计划书给自己的市场定位在低端消费者，那么计划书中所有的事项都应该围绕着低端消费者进行。其次，计划书的行文风格需要一致。这里指的是行文、遣词造句等方面各部分要保持一致。再次，计划书的各个部分之间要有内在联系，前后呼应。例如，计划书中营销策略就需要依据目标市场消费者的偏好来制定。让读者感觉到这些营销策略都是针对目标顾客量身定做的，比竞争对手能更好地满足目标顾客的需求。所以，项目成员要了解创业计划书各个部分的内在联系，在撰写创业计划书的过程中要强调这种内在的逻辑性，让阅读者感受到计划书严谨的逻辑性。最后，选取素材和写作思维要严谨。创业计划书的写作素材一定要基于全面、科学、精确的事实数据，并且获得素材的渠道尽量多元化，以保证数据的准确性和全面性。另外，创业计划书的写作过程要严谨。创业计划书的内容篇幅长，所需要的数据又多，有时会出现前后不一、自相矛盾等情况，因此，初稿完成后的校对和检查修订工作非常重要。

4. 突出项目的可行性

成功的创业计划书中，可行性分析十分必要且重要。一般来说，市场营销、生产制造以及财务部分，都必须体现可行性的原则。对可行性的考虑应该包括时间和资源的有效性、法律法规的限制、产品行业标准的限制等。第一，重点介绍投资必要性。通过对投资环境的全面分析，对各个要素深入论证，向投资者展示投资的必要性。另外，通过市场调查和预测、财务分析和预测、创业项目成员介绍、技术先进性分析等向投资者证明项目的丰厚汇报及投资的可行性。第二，环境可行性。主要包括经济环境、社会环境、政治环境等方面衡量项目的价值和创业机遇的可得性。第三，技术可行性。主要从项目实施的技术角度合理设计技术方案并进行比较和评价等。第四，组织可行性。从创业企业组织结构、创业团队人力资源构成、企业培训招聘等方面，保证项目的顺利执行。第五，财务可行性。主要从项目及投资者的角度，设计合理的财务方案。从企业理财的角度进行资本预算，评价项目的财务盈利能力，进行投资决策，并从融资主体（企业）的角度评价股东投资收益、现金流量计划及债务清偿能力。第六，风险因素及对策。主要对项目的市场风险、技术风险、财务风险、组织风险、法律风险、经济及社会风险等因素进行评价，制定规避风险的对策，为项目全过程的风险管理提供依据。

5. 清晰明确

由于创业计划书所要阐述的事项繁多，为了方便风险投资人和其他相关利益人阅读，在撰写计划书的时候，一定要做到清楚明了。首先，结构要清晰。在创业计划书中，应该避免一些与主题无关的内容，开门见山地直接切入主题，这样不仅节约投资人的时间，而且效率更高。其次，创业计划书中要适当增强感官刺激，形象化的表达方式一般起到增强创业计划书清晰度的作用。图、表和插图的视觉效果往往强于文字。这些表达方式既可以吸引读者的注意力，有效地解释概念，又可以打破单调的文字格局。最后，形式配合内容，重点醒目。创业计划书在各部分应搭配合理，设计美观。

三、创业计划书的评价

创业计划书的评价指标如表 7 - 1 所示。

表 7 - 1　创业计划书的评价指标

指标	描述
创业者/管理团队	创业者和团队成员的背景、经历、业务记录，他们的个人品质（例如，奉献精神和热情），管理团队的技能/职能范围
战略	企业的总体运营和战略
运营（企业各职能的实践）	企业如何组织各职能以生产和销售产品（与生产过程相关的各项事宜）
产品/服务	产品/服务的属性，也就是它的概念界定和独特性、辨识度。它同时也包括产品/服务的质量、规格和性能、外观、款式和美学风格、人体工程学特征、功能和灵活性
市场	市场的潜力和成长性、已经显示出来的市场需求、竞争特征/水平，以及进入门槛
财务事项	企业的财务结构（也就是成本和定价、收入来源和财务预测）；企业股份/资产的价值；可能的回报率和可行的退出策略
与投资者的匹配度	投资者的背景、技能以及行业、市场、技术等方面的知识与投资机会之间的关系；投资者的偏好（也就是说这个项目是否属于投资者想要进入的行业或市场）
创业计划书	创业计划书本身的整体内容
其他	上面的分类中所不包含的任何内容

资料来源：Mason 和 Stark（2004）。

四、创业计划书模板

创 业 计 划 书

企业名称：_____

创业者姓名：_____

通信地址：_____

邮政编码：_____

电　　话：_____

传　　真：_____

电子邮件：_____

目　录

一、企业概况

主要经营范围：

_____

_____

企业类型：

□生产制造　　　□零售　　　　□批发　　　　□服务

□农业　　　　　□新型产业　　□传统产业　　□其他

二、创业计划者的个人情况

以往的相关经验（包括时间）：

教育背景，所学习的相关课程（包括时间）：

_____

_____

三、市场分析评估

目标顾客描述：

_____

_____

市场容量及预计本企业市场占有率：

_____

_____

竞争对手的主要优势：

_____

_____

竞争对手的主要劣势：

_____

_____

本企业的优势：

_____

_____

本企业的劣势：

_____

_____

四、市场营销计划

1. 产品

产品或服务	主要特征

2. 价格

折扣销售：

赊账销售：

3. 地点

（1）选址细节：

（2）选择该地址的主要原因：

_____

_____

（3）销售方式（选择一项并打√）

将把产品或服务销售或提供给：□最终消费者　□零售商　□批发商

（4）选择该销售方式的原因：

_____

_____

4. 促销

人员推销		成本预测	
广告		成本预测	
公共关系		成本预测	
营销推广		成本预测	

五、企业组织结构

企业将登记注册成：_____

☐个体工商户　　☐有限责任公司　　☐合伙企业　　☐个人独资企业

☐其他

拟议的企业名称：_____

企业的员工（请附企业组织结构图和员工工作描述书）：_____

职务_____月薪_____

业主或经理_____

员工_____

企业将获得的营业执照、许可证：_____

类型_____预计费用_____

企业的法律责任（保险、员工的薪酬、纳税）：_____

种类_____预计费用_____

_____

合伙（合作）人与合伙（合作）协议

合伙人								
条款	内容							
出资方式								
出资数额与期限								
利润分配和亏损分摊								
经营分工、权限和责任								
合伙人个人负债的责任								
协议变更和终止								
其他条款								

六、固定资产

1. 工具和设备

根据预测的销售量，假设达到100%的生产能力，企业需要购买以下设备：

名称	数量	单价	总费用
供应商名称	地址		电话或传真

2. 交通工具

根据交通及营销活动的需要，拟购置以下交通工具：

名称	数量	单价	总费用
供应商名称	地址		电话或传真

3. 办公家具和设备

名称	数量	单价	总费用
供应商名称	地址		电话或传真

4. 固定资产和折旧

项目	价值（元）	年折旧（元）
工具和设备		
交通工具		
办公家具和设备		

续表

项目	价值（元）	年折旧（元）
店铺		
厂房		
土地		
合计		

七、流动资金（月）

1. 原料和包装

名称	数量	单价	总费用
供应商名称	地址		电话或传真

2. 其他经费（不含折旧费用和银行贷款利息）

项目	费用（元）	备注
业主的工资		
雇员的工资		
租金		
营销费用		
公共事业费		
维修费用		
保险费		
登记注册费		
其他		
合计		

八、销售收入预测（12 个月）

月份		1	2	3	4	5	6	7	8	9	10	11	12	合计
销售产品或提供服务	销售的情况													
1	销售数量													
	平均单价													
	月销售额													
2	销售数量													
	平均单价													
	月销售额													
3	销售数量													
	平均单价													
	月销售额													
4	销售数量													
	平均单价													
	月销售额													
5	销售数量													
	平均单价													
	月销售额													
6	销售数量													
	平均单价													
	月销售额													
7	销售数量													
	平均单价													
	月销售额													
8	销售数量													
	平均单价													
	月销售额													
合计	销售总量													
	总销售额													

九、销售和成本计划

月份	1	2	3	4	5	6	7	8	9	10	11	12	合计
销售													
含流转税销售收入													
流转税（增值税等）													
销售净收入													

续表

月份		1	2	3	4	5	6	7	8	9	10	11	12	合计
销售														
业主工资														
员工工资														
租金														
营销费用														
公共事业费														
维修费														
折旧费														
贷款利息														
保险费														
登记注册费														
平均单价														
原材料（列出项目）														
1.														
2.														
3.														
……														
总成本														
利润														
税费	企业所得税													
	个人所得税													
	其他													
净收入（税后）														

十、现金流量计划

	月份	1	2	3	4	5	6	7	8	9	10	11	12	合计
项目	金额（元）													
现金流入	月初现金													
	现金销售收入													
	赊销收入													
	贷款													
	其他现金流入													
	可支配现金（A）													

月份		1	2	3	4	5	6	7	8	9	10	11	12	合计
项目	金额（元）													
现金流出	现金采购支出(列出项目)													
	1.													
	2.													
	3.													
	业主工资													
	维修费													
	折旧费													
	贷款利息													
	保险费													
	登记注册费													
	员工工资													
	租金													
	营销费用													
	公共事业费													
	设备													
	其他（列出项目）													
	税金													
	现金曾支出（B）													
月底现金（A－B）														

（资料来源：SYB. "创办你的企业"之创业计划书［M］. 北京：中国劳动保障出版社，2003.）

本章小结

　　虽然良好的商业想法并不能保证创业成功，但在创业前做适当的计划是必要的。创业计划是建立关于企业未来的一种方法或方案，只有通过详细的计划，创业者才能发现他的创业想法是否可行，同时，创业计划也是用来向外部融资的一种工具。为了保证创业计划达到预期的目标，要求这一计划方案清晰、连贯和获得支持。

 **关键概念**

创业计划 创业计划书

思考题

1. 创业计划有哪些作用?
2. 结合自己的情况,谈谈你的创业梦想。
3. 为何要拟订创业计划书? 如何撰写创业计划书?
4. 结合自己的情况,撰写一份创业计划书。

案例分析

"贝贝儿童托管服务公司"项目计划书

一、项目介绍

项目名称:贝贝儿童托管服务公司。

经营范围:儿童托管、课后辅导、营养配餐服务的提供。

项目投资:20 万元人民币。

场地选择:西华路靠人民路段。

项目概述:创办贝贝儿童托管服务公司,将父母亲无法照顾的儿童组织起来,管吃、管睡、管学习辅导,解决家长与儿童双方面困难,而且利用系统的管理教育,培养儿童的自我约束、独立管理能力和团队协作精神,造福下一代。

二、市场分析

目前,广州市的儿童托管已成为市民日常生活中一个老大难的问题。身边熟人常谈及孩子读书后,因上班远而不能及时带小孩,也有谈到小孩读书后,因吃不好午饭变瘦了;

谈论更多的是，父母文化程度低辅导孩子做作业成问题、代沟问题等。由此我产生一种想法，如果能把这些小孩组织起来，保证孩子们吃得香、睡得好，同时辅导他们做作业，难道不是一个很好的商机吗？

1. 市场需求分析

据悉，现在广州市有小学几百所，各小学都不同程度出现托管难的问题，据不完全统计，各小学平均有900名学生，新生入学需要托管服务约创60%，需要辅导各科作业约45%，需要美术、音乐、英语等辅导约30%，需要单科作业辅导约20%。

从上述数据分析可以看出：①当今人们对教育的重视程度较以前大有提高。②当今的孩子竞争性强、压力大。③父母投入社会工作多，难以照顾好孩子。④教育社会化的程度需不断提高。

2. 市场竞争与前景

社会进步必然存在竞争，在创业阶段必须重视行业竞争，据有关报道，目前，广州市开发家教、托管服务市场的时间不算很长，但普遍存在着质量不高的问题，如师资不合格、服务质量差、管理不规范等。只有扬长避短、制定自己的竞争计划、突出优点、创新发展，才能不断满足社会的需求。从创业项目来讲，只要重视竞争对手，采取"全方位发展，服务多元化，以优质服务取胜"的经营方针，一定能成功。

三、成本预算

1. 薪资预算

职称	人数	职称工资	工资总额
总经理	1	2000.00	2000.00
主任	2	1500.00	3000.00
职员	12	1000.00	12000.00
合计	15	—	17000.00

注：专科课程辅导老师不做工资预算，故不计入经营成本。组织一个班另外聘请辅导老师，只计提成（见经营目标说明）。

2. 投资预算

投资项目	预算资金	合计
办理牌证	2000.00	
简单装修	40000.00	
添置办公设备、电气设备、儿童用品	20000.00	69000.00
公关业务	5000.00	
宣传资料	2000.00	

注：①对原经营场所进行修补性质的简单装修。②要充分利用原经营场所的基本设施：电器、办公设备、桌、椅、床等，用旧添新。

3. 经营成本预算

费用项目预算	支出预算	合计
工资	17000.00	
折旧以2万元设备计提4年使用（平均年限法）	420.00	
公关促销	10000.00	
广告促销	1000.00	
水电	4000.00	43840.00
管理费	1000.00	
学生午餐、晚餐伙食费	7920.00	
税金	2000.00	
杂费	500.00	

注：①学生伙食费用。按每月160名学生计算。其中有80名学生是吃午餐、晚餐的，估计240餐次，每餐伙食收费1.50元，则每天伙食费用共360元，按月30天计，每月有22天工作日，计算每月伙食费用是7920元。②学生伙食标准。针对少年儿童饮食需求，按不同时令制定出符合标准的菜谱。③失业人员创业在税收政策方面有一定优惠。

四、盈亏分析

1. 经营目标

（1）实现招生目标：全年1920人（次），即每月160名学生。

说明：①1920人次，实际是每月160名学生的重复，即 $160 \times 12 = 1920$。②160名学生是以4个小学计算，平均每个小学录取40名学生，则 $4 \times 40 = 160$。③每个小学平均900名学生，按录取40名计算，则只是每个学校的4.4%的学生。

（2）主营业额目标：全年营业额768000元（托管服务）。

说明：①月营业收入，平均单价为400元，$160 \times 400 = 64000$；全年收入为 $64000 \times 12 = 768000$。②平均单价是以（午托、午晚托）算术平均法计算所得为400元。

（3）辅导营业目标：全年营业额为10200元（家教、辅导）。

说明：①全年招生34名，每科收费300元，34×300＝10200。②每周二晚辅导课，每班11～12名学生。③每班每月营业收入3300元，辅导老师按每晚50～100元提成，平均为75元。3300－（75×8）＝2700。④第二年营业额增加10%，第三年营业额增加20%。

2. 投资收益预算

主营业利润＝年营业额－总成本税金＝768000－（43840×12）－（2000×12）＝217920

辅营业利润＝年总营业额－提成总额－其他费用＝10200－1800－400＝8000

总利润＝主营业利润＋辅营业利润＝217920＋8000＝225920

五、盈亏预测

其一，如果全年招收1315人（次）学生，即每月为109个学生，就为保本经营。

其二，如果全年超过1315人（次）学生，即每月超过计划109个学生，就有盈利。

其三，如果全年不到1315人（次）学生，即每月不到109个学生，就出现亏损。

其四，如果按计划完成全年招收1920人（次）学生，即每月招收160个学生，则实现利润21.4万元（每月招收160个学生，实际是每个月报60名学生的重复）。

六、风险预测

1. 预测内容

选择经营场地的地理位置是否合理；场所与学校的地理位置是否合理；对竞争对手的了解不足；实际投资超出预算；管理制度不完善；师资质量问题。

2. 控制办法

（1）选择经营场所必须进行实地考察，多选几个点，多提几个方案，请专家评价选择最佳方案。在有条件的情况下，可在经营场所周边的居民中进行一次民意调查，为决策提供有力的依据。

（2）学校与经营场所要充分考虑所需的接送时间、交通工具等，避免迟到现象。

（3）加深对竞争对手的了解，避实就虚，做到他有我有、他无我有，并且定价合理。

（4）对每次投资要进行经济核算，在预算时要宽松或上下互补。

（5）教师要进行严格考核，质量要严格把关。

七、相关的法律法规

根据《中华人民共和国民法通则》规定，监护人应当履行监护职责。保护被监护人的人身、财产及其他合法权益，除保护被监护人的利益外，不得处理被监护人的财产……

监护人不愿履行监护职责或侵害被监护人的合法权益的，应当承担责任，给被监护人造成财产损失的，应当赔偿损失……因此本公司在托管儿童的时候，其实就应当担负起儿童的监护责任，既要防止儿童（被监护人）受到什么损害，也要防止儿童对外造成什么损害，以免导致不必要的赔偿责任。

根据《中华人民共和国劳动法》与员工签订劳动合同，缴纳社会保险，维护员工的合法权益。

八、人员机构设置管理方式

1. 组织结构与职能范围

（1）经营部。市场推广和促销工作，市场研究和开发。

（2）办公室。行政事务，接受和处理投诉，组织辅导教师。

2. 领导方式

实行总经理负责制，统一编写，分级负责，责、权、利相统一。

3. 制定工作岗位职责

由上至下每个工作岗位制定出责任、权利、行为规范。

4. 管理模式

（1）总经理→部门经理→职员的直接指挥方式。

（2）实行分级管理。由上至下，部门经理对总经理负责，职员服从部门经理工作分配；由下至上，职员有问题向部门经理提出，部门经理向总经理反映。

（3）引入竞争机制、激励机制。重视个人绩效表现，部门经理、主任、员工不固定，能者上。

（4）管理方式人性化。重视调节员工的情绪，发挥积极性，以提高工作效率。

（5）用人标准。专业人员，要求本科毕业，持有国家认可的资格证书；总经理由合作双方选举产生；员工标准要求大中专毕业，道德品质优良、责任心强、努力工作。

5. 建立管理制度

管理制度包括员工守则、岗位职责、待遇、考勤奖罚、晋升、财务、安全防火。

九、市场营销策略

1. 服务说明与定价

（1）午托包括接送小孩、午餐、辅导作业、午睡，250 元/月。

（2）午晚托包括接送小孩、午餐、辅导作业、午睡、晚餐、淋浴、辅导作业，晚上 9 点家长接回家，550 元/月。

（3）代请各科家教老师，20 元/每次。

（4）单科课程辅导包括语文、数学、自然、历史、地理、英语、美术、音乐等，300 元/月。

（5）课外知识辅导包括道德教育、情绪控制教育、理财教育等，300 元/月。

（6）特殊服务包括孩子遇病不能回校上课或白天在校发生事情，提供及时协助，30 元/次。

说明：①托管服务（午托、午晚托）以 4~5 个月为一个学期计算。家教、辅导课按每月为一期计算。②托管服务招收四个班，每个班 45 名学生，寒暑假照常服务。③辅导班，每 12 名学生一个班。

2. 经营策划

（1）场所定位。选择交通方便的场所；场所周边学校不少于 4 个；选择的场所在老城区；场所的面积不少于 500 平方米。

（2）设定经营场所。

①营销策略：加强联系、不断了解、推陈出新、满足需求。

②营销手段：

熟人推荐：利用熟人介绍。

公关促销：利用学校关系，由学校推广促销。

宣传推广：到各学校设点进行宣传推广工作，特别是中午、下午放学时宣传。

单位宣传：到学校门口和深入学校周边的居民区派发传单。

电话热线：接受家长的咨询、推广、投诉。

人员推销：直接推销。

街道设点：深入各街道居委设招生站，进行宣传推广。

3. 经营计划

（1）把新生入学的促销工作作为全年的重心来抓。

（2）销售指标落实到个人，与经济效益挂钩。

（3）做好各学校、街道居委的宣传、公关工作。

（4）宣传传单必须及时派送到准消费者手中。

（5）为完成主营业目标：公关促销计划完成 25 万元，宣传推广计划完成 20 万元，传单推广计划完成 10 万元，人员推销计划完成 5 万元，街道居委会完成 1.0 万元，其他完成 1.8 万元。

（6）辅营业额的完成，靠做好家长细致的思想工作，完成全年招生 34 名学生并不难（保守数）。

（7）第二年、第三年必须抓紧市场开发工作，不断推出新的服务，满足社会需求，提高营业额。

（资料来源：中国劳动力市场信息网监测中心，2005 – 06 – 14.）

思考题

1. 结合本章知识，请对案例中的创业计划书进行评价。
2. 请完善案例中的创业计划书。

第八章
创业资金运作

 导入案例

从一无所有到创立公司的真实经历

这是一个至今还在打拼的年轻创业者真实的创业历程。他历尽艰辛，从一无所有到成立公司，创立自己的品牌，用了整整8个月时间。相信他的创业历程能给创业者提供最好的借鉴。

2003年6月10日。"非典"还没完全过去，我揣上做生意失败剩下的700元钱，在惶惶不安中来到了北京。第一次坐在高层大巴上，看着北京数不尽的高楼大厦，我心里一阵阵悲哀，这里有我的立足之地吗？下了车，朋友把我领到一个叫西苑的地方。在高楼大厦后面的一个简易平房里，朋友指着一个单人床说：峰仔，委屈你啦，咱俩只能挤这张床了！我苦笑了一声说，我还能有什么要求呢？

日子过得很快，转眼两个星期过去了，人才市场去了好几次，可每次去都比前一次更失望。蹩脚的普通话，专科的学历，因营养不良面色蜡黄的脸……在我找工作的过程当中，还保持着爱看书的习惯。有一次应聘的空隙，我买了一本杂志。上面登载一个南宁市的商人卖一种科技含量很高的毛巾。说这条毛巾可以把头发上的水吸干，不用电吹风了，还不伤头发！我当时感觉太神奇了，立即往这家杂志社打了个电话，找到了这个产品的生产厂家，把产品性能问了个清楚。

因为我知道这个信息比较早，这个产品当时在北京还没有代理。听说我想做代理，厂家痛快地答应了，大概一个星期后，我拿到了产品。首先在自己头上做了实验，效果还真的不错。我拿着产品就在甘家口大厦、西单商场、北辰商场、王府井大街附近转。刚开始好多商家对这个产品挺感兴趣的，但一听产品价格都觉得有点离谱了。30多元一条！因为价格贵，好多商家都不敢进货。

就这样迎着酷暑坚持了一个月，除了邻居要了几条之外，我一条都没推销出去。而我兜里的钱连方便面都快买不起了，吃个5毛钱的冰棍我都要犹豫很久。我给自己定了一条底线，如果在半个月之内我还是销不出去货的话，就去捡破烂。

已经过了11天，我还是一条没卖出去。8月，正是北京一年当中最酷热的时候。但每每想起未来，我的身上都阵阵发冷。真的要让一个受过中等教育的人去捡破烂为生吗？

也许是天无绝人之路吧，一天下午，我本来想回西苑，阴差阳错地竟然坐错了车，下车时，车站的后面有一个户外运动用品店，橱窗里面密密麻麻地摆满了户外运动用品。当时我笑了，不是高兴，是无奈的笑。怀着强烈的好奇心我走了进去，里面的商品好高档！一件衣服要好几千，背包也要上千元，平常用的手电筒400多元……可这里的生意还不错，300多平方米的店内人很多，收银柜旁挤满了等待交款的人。

当我呆呆地看着这种景象的时候，突然产生了我的毛巾能不能在这个店里销售的念头。反正自己也没多少时间了，能推销成功最好，成功不了也没什么损失。最坏还不就是不要我的产品吗！怀着试试的心情我走进了值班经理的办公室。

简短寒暄之后我直接进入了正题，我讲了这条毛巾所含的高科技材料和非常简单的使用方法，并强调这是很前卫和时尚的产品，如果能在这个店里销售，一定能赚到钱……那个30多岁的经理当场请店里的一个女营业员来做实验。也许是试验结果征服了那个经理吧，他当场表示要100条。可我却愁坏了，兜里连100元钱都没有，哪来进货的钱啊！我还是答应了，说这几天就把货送过来。

当天坐车回到西苑住的地方，我开始犯愁了。想想真的很可笑，卖不出去商品犯愁，这卖出去了还犯愁。借钱吧不太可能，因为我们家是农村的，左邻右舍比我们家还穷。

当天夜里，我翻来覆去睡不着，想着怎么样办成这件事情。

第二天太阳没有因为我昨晚的失眠而显得异样，看来我只有指山卖磨这一招了。我用朋友的洗头膏洗净了头发，打扮得非常精神地来到那个店里。今天我要走一步险棋。碰巧还是那个经理值班。昨天已经见过面，说话也没那么拘束。我对那个经理说，因为是新品，我们都是采取订货制度，你们要的货很少，只有100条，我们的发货成本很高，但为了打开北京市场，我们就不计较那么多了，可是必须预付一半现金。说完还把厂家发给我的一条很好看的样品送给了这个经理，请他女朋友再次试一试这条毛巾的"魔力"。那个经理很高兴地接受了，说要打个电话请示一下再说。那个经理在里面办公室打了一会儿电话，出来时面带微笑，我就知道有戏了。他出来后对我说，可以先付一半的定金，但必须4天内交货。对方付款时要我留个手机号，当时我哪有啊！我灵机一动，把我同学的手机号留下了。拿到那一半的预付款时，已是上午11点半了。

我一刻也不敢耽误，从那个户外运动用品店直接跑到一个电话亭给厂家打电话要账号，说我马上就给你们汇款，能不能走航空货运，对方说不能，交涉一番后对方才勉强同意。我一再声明这批货的紧要性，对方烦了我才把电话挂了。他们哪知道我这笔救命的生意是怎么样做成的啊！

像盼星星盼月亮一样，我的货终于在第三天的下午到了，我顾不得天气的炎热，点了一下货，把上面走的航空标志撕掉。来到店里，真是太巧了，那个年轻的经理又在那里。我高兴地和他打招呼，他也很高兴地说我很守时。我帮他们的营业员仔细地把产品分类摆好，又充分发挥自己的口才，十分详细地把我刚从厂家学会的产品知识传授给他们。在短短的1个多小时里，我已经和卖毛巾的营业员成了好朋友，为下一步毛巾销售打下了良好的基础，营业员这边刚忙完，那个年轻的经理过来了，手里拿着余款，也没说什么要发票之类的话。但我知道发票是必不可少的，为了以后的业务开展，只有硬着头皮对那个年轻的经理说我们可以开发票的。他说以后量大了一起开吧。我忍住心头的狂喜装模作样地说，那好吧！以后开在一起也可以的。天啊！他要是真的要发票再结账我该怎么办啊！不管怎么说，这笔生意的钱我是肯定赚了，因为余款已装在我的裤兜里了！明天终于可以吃顿肉丝面啦！方便面啊方便面，你知道吗？我嘴里的两个泡都是你惹的祸啊！

有了这次经验后，我在网吧疯狂搜索北京同类的专卖店。只要和运动沾上边的、大一点的店我都把他们的资料抄下来，第二天跑去推销。那段时间我像一只疯了的狗一样，眼里充满了血丝，带个半新不旧的背包四处游走。有时接货，有时送货，有时推销。短短的一个半月，我手里已积累了好几万元资金，充分地品尝了作为一个小商人的痛苦和快乐。

在做这个生意的时候，我也发现了一些问题，就是有些卖得比较快的店面第二次进货的时候就不从我这里进了，他们按照上面的地址把电话直接打到厂家，因为从厂家进货更便宜。在这种情况下我和厂家交涉了几次，但也没什么结果。我感觉到了这件事情的严重性。假如厂家像这样不守信用的话，我手里的业务早晚都是他们的，我下定决心要解决这个问题，因为现在我也有能力解决了。

就在我想办法改变由于厂家不守信誉给我带来的被动局面时，我在网上碰到了一个新的机会。

有一天我去上网，无意中在百度搜了一下同类的产品，结果发现一个离北京更近的厂家也在生产这种毛巾，按网上留的电话我马上打了过去。对方承诺马上发样品过来。因为离北京比较近，我在第3天上午就接到了样品，打开一看，整体质量和工艺设计、手感、色泽等比原来那个厂家强了好多，并且报价也低了1/3。我决定不再做那个厂家的品牌。我跑到大红门那里找到一家小型印刷厂，让他们参考南宁的包装给这个商品做我自己的包装，包装做了1万个，花了6000多元钱，再除去进货需要的钱，我手里还有余款。把货拉回来的那天，我给客户仔细地包装了100条毛巾。包着毛巾，我的眼泪就流了下来。天下无难事，只怕有心人。从700元开始，我终于有自己的产品了。

包装做好的第二天，我兴冲冲地跑到以前的老客户那里游说。说你们看，我现在自己有厂了，这是我自己的产品，不但质量提高了，价格也没以前的贵了。就这样，不少的客户又回到了我的手里。

随着"十一"长假的临近，户外运动用品也逐渐热销起来。抓住这个时机，在一位前辈的推举引荐之下，我的业务迅速铺向了全国，在广州、深圳、成都、西安、兰州、郑州、杭州、乌鲁木齐……都有我的经销商，业务空前地发展起来。

在 2004 年 3 月，我终于拿到了一份营业执照，并从那个光盘库房搬了出来，成立了一家只有 3 个人的小型贸易公司。屈指算来，从一无所有到成立公司，只有短短的 8 个月时间。

（资料来源：佚名. 一无所有年轻人在北京的真实创业经历［EB/OL］. 创业家园，http：//bbs. tianya. cn/post - enterprise - 1462605 - 1. shtmli. ）

第一节　创业资源

研究创业的两个重要问题就是创业资源和创业机会。Timmons（1999）构建创业学模型，强调创业学中创业机会、创业团队、创业资源三个要素的重要性。创业资源是创业必不可少的一个要素，是决定创业能否成功的关键。

创业活动不同，所需要的创业资源也就不同，大量的研究表明创业资源对创业绩效的影响。任何一个创业者不可能在创业之初就能考虑好创业过程涉及的所有问题，也不可能备足所有的创业资源，因此资源的获取与整合就变得很关键。成功的创业者大多数都是资源整合高手，这是创业成功的关键因素。

一、创业资源的内涵与种类

1. 资源的定义

（1）《辞海》中的定义。《辞海》中关于资源的定义是生产资料和生活资料的天然来源。

（2）经济学意义上的资源。经济学把为了创造物质财富而投入于生产活动中的一切要素通称为资源，即指一般意义上的商业资源。包括人力资源、物力资源、财力资源、信息资源、时间资源等，其中人力资源是一切资源中最宝贵的资源，是第一资源。

（3）复杂科学管理（CSM）新资源观论。徐续松教授（2005）提出了 CSM 新资源观论点，认为投入后能够产生效益的称为资源。包括能够创造经济财富、建立竞争优势、产生经济增长、提高核心竞争力、实现人与自然的和谐并可持续发展的东西均可以称为资源。CSM 关于资源的理解可以从三个方面理解：首先，资源是创造财富的源泉，既包括直接创造财富，也包括间接创造财富。其次，资源是经济增长的源泉，资源能够带来经济增长，然而这种增长不以牺牲自然资源、损害生态平衡为代价。最后，资源是为社会和人类谋求福利发展的源泉。

2. 创业资源的内涵

人们研究新创企业资源问题所依据的重要理论之一是资源基础理论（Resource - Based Theory，RBT）。英国管理学家彭罗斯（1959）在其著作《企业成长理论》中提出，企业是一系列不同用途资源联结的集合体。企业竞争优势则来源于企业能够拥有和控制的有价值的、稀缺和难以模仿的并不可替代异质性资源。

表 8 - 1　资源基础理论代表性学者对企业资源的定义与分类总结

学者	资源定义	分类
Wernerfelt（1984，1989）	资源包括给定企业的任何强点或弱点，可被定义为半永久性附属于企业的有形资产和无形资产	固定资产、计划文化
Barney（1986，1991）	是企业拥有的能够提高其战略效果的所有资产、能力、组织流程、信息、知识等	物质资本资源、人力资本资源和组织资本资源
Grant（1991）	生产过程中的投入物	财富资源、物质资源、人力资源、技术资源、声望和组织资源
Amit 和 Schoemaker（1993）	企业拥有或者控制的有用的要素存量	资源、能力
Hoskisson（2000）	资源是为创造财富而投入生产活动中的一切要素	自然资源、信息资源、技术资源、人力资源等
项保华（2003）	由管理者所完全掌控的外显、静态、有形、被动的"使役对象"	一般资源、战略资源；有形资源、无形资源

我国学者对创业资源的有关定义：蔡莉、尹苗苗和柳青（2009）认为，创业资源是企业创建时所拥有的资源，包括人力资源、财务资源、物质资源（含技术资源）和社会网络资源等。[1] 林强、林嵩（2003，2005）认为，创业资源是指创业企业创立及成长过程中所需要的各种生产要素和支撑条件，包括企业资产、资金、知识、信息、网络等有形资源和无形资源。[2] 张涛、王建中（2011）将创业资源定义为新创企业创建和成长发展中所投入的有形的与无形的所有资产以及其依托的各种支撑条件。[3]

3. 创业资源的种类

关于创业资源的分类，学者们从不同的角度、方法进行研究。Wickham（1998）在其

---

① 蔡莉，尹苗苗，柳青. 新创企业学习能力、资源整合方式对企业绩效的影响研究［J］. 管理世界，2009（10）：1 - 10.

② 林强，林嵩. 创业资源的获取与整合——创业过程的一个解读视角［J］. 经济问题探索，2007（6）.

③ 张涛，王建中. 资源整合能力与创业绩效关系的探讨［J］. 中国证券期货，2011（1）.

建立的创业模型中，把资源分为三大类，即金融资本、人力资本以及技术。[①] 林嵩（2007）提出六类创业资源：政策资源、信息资源、资金资源、人力资源、管理资源和科技资源[②]。

结合我国创业实践情况，创业资源通常可以按照如下方式进行分类：

（1）按照资源的表现形态分为有形资源、无形资源和人力资源。

其一，有形资源，称为实体资源，是指有实体形态，能够量化的资产，具体包括创业者的固定资产和金融资产。其中，固定资产包括房屋、机器设备、运输工具等资产；金融资产包括创业者的创业资金、股票和债券等筹资和借贷款。

其二，无形资源，又称虚拟资源，主要是指那些不具有独立实物形态的但是能够创造价值的资源。无形资源可归为技术资源和商誉资源两大类，具体包括知识、技巧、信息、文化、关系、品牌、声誉、管理以及能力等。

与无形资源相比，有形资源会越用越少，边际效应递减；无形资源则不会越用越少，并且边际效应递增。因此，无形资源用于价值创造的潜力更大，一些学者认为，无形资源成为撬动有形资源的重要杠杆，能够为企业带来无法想象的竞争优势。

其三，人力资源。管理学大师彼得·德鲁克（Peter Drucker）首次在其经典著作《管理的实践》中阐释道："人力资源是所有可用资源中最具有生产力、最有用处、最为多产的资源，代表完整的人。"

人力资源包括创业者、创业团队与雇员的知识、经验、能力以及个人社会关系网络，它既涵盖个体的判断力、创造力、洞察力、视野和才智，又包括社交技能和社会关系。而人力资本是指创业过程中对识别商机、价值创造起重要作用，甚至创造超额价值的人力资源，属于人力资源中的精英。由于其重要性，经济学家将其视为经济增长的内生变量，作为企业极为重要的战略资源，会为企业带来持久的竞争优势。

（2）按照资源的重要性程度分为必备资源、支撑资源和外围资源。

其一，必备资源。创业者必须自己拥有或者借助外力才能够支撑的创业资源，主要包括资本金资源、产品资源及人力资源。

其二，支撑资源。创业者直接控制范围之外的资源，但是可以通过自主开发、自行组织、共同联合合作者通过租赁等方式而猎取。

其三，外围资源。创业者身处其中就能够感受到的资源，不受创业者主观控制的一种外部共有性资源。包括创业环境、社会创业文化、政府创业政策和市场信息。

---

① Wickham P. A. Strategic Entrepreneurship – a Decision – making Approach to New Venture Creation and Management [M]. London：Pitman Publishing，1998.

② 林嵩. 创业资源的获取与整合——创业过程的一个解读视角 [J]. 经济问题探索，2007（6）.

二、创业资源与一般商业资源的异同

一般商业资源是来源于经济学意义上的资源，具有经济价值，或者能够产生新价值和使用价值的客观存在物。这是创业资源与一般商业资源的共同点，但是资源这种通用性，往往无法使企业获得超额的高水平绩效和持续竞争力，无法实现创业企业的成长。

1. 创业资源具有异质性

Jay Barney 等资源基础理论，提出企业的竞争优势得力于企业所拥有的异质性资源，这里的异质性资源主要是指具有稀缺性、价值性、难以模仿及难以替代性的资源，是提高企业竞争优势的绝对内生资源，包括创业过程中所形成的创意、远景目标、企业家的创业精神、创业动力以及创业初始情景等。这类资源都属于具有异质性和固定性的资源。

Markt、Casson（1982）提出，创业者就是为了协调稀缺资源而实施判断性决策的人。① 对于企业成长起到关键作用的资源还是异质性资源。

秦志华、刘传友（2011）认为创业活动的意义，就在于通过异质性资源的优化配置，为社会提供具有新实用价值的产品服务，从而促进价值的增值。从资源配置方式的创新入手，创业者通过更好地满足资源所有者的效用期望，有可能获得资源使用权以开展创业活动。②

创业资源异质性还影响着新创企业资源获取的方式和渠道。陈寒松、朱晓红（2012）提出新创企业所具有的异质性资源影响企业资源获取的方式和渠道，异质性资源获取对创业绩效的提升有积极影响，新创企业异质性资源可促进企业形成可持续竞争优势。③

2. 知识分散性

知识分散性主要是指人类知识往往会分属于不同的知识主体，且主体相互之间难以完全统一。Hayek F. 对此进行深入分析，他指出，人类知识是由不同个体知识的相互作用构成，统一的人类知识体系是不存在的。④ 其中，能够被相关领域中的专家共同理解，又相对稳定的知识内容称为科学知识，而只能为专门的特殊个体所理解的知识内容称为分散性知识。

① Casson M. The Entrepreneur：An Economic Theory ［M］. Barnes & Noble Books，1982.
② 秦志华，刘传友. 基于异质性资源整合的创业资源获取 ［J］. 中国人民大学学报，2011（6）.
③ 陈寒松，朱晓红. 新创企业异质性资源、资源获取与创业绩效关系研究 ［J］. 企业管理研究，2012（3）.
④ Hayek F. The Use of Knowledge in Society ［J］. American Economic Review，1945，35（4）：519.

创业者可以通过发现并利用分散性知识资源，使其为企业发挥效用，才会产生不同的期望值，为企业发展做出不同的判断。一个企业有别于其他企业的期望值越大，就越难以沟通和转换，创业者就会获取更多的创业资源。一方面，由于所有者效用期望值越特殊，创业者就越有机会创新资源配置机会，获得资源使用权。另一方面，知识分散性使得具有独特眼光创业者能够在瞬息万变、时间紧迫、信息有限的创业过程中，从使用价值出发而不是价格，这样的结果就是创业者能够低于平均市场价格获取使用价值、一些异质性资源。最后由创业者进行资源的整合和优化配置，创造出超越一般商业资源的价值。

3. 创业资源具有新效用

基于资源基础理论：企业的生产经营活动离不开企业的资源投入，资源价值的实现源于资源的效用，资源效用会受内外因素的影响，并随着社会活动的发展而不断地被发现。对于最先发现资源新效用的创业者，对于同样的资源，其评价高于他人。创业者可以通过市场平均价格获得资源后，按自身发现的效用对资源开发利用，增加产品或者服务的新功能，便获得价值增值。这种发现并实现资源新效用便是创业活动的本质所在。

综上可见，创业资源与一般商业资源的区别在于创业者发现资源新效用并获得超额价值，创业资源是具有异质性、特殊性的商业资源。

三、影响创业资源获取的因素

一个企业资源的获取由多个内外因素共同影响，这里主要从创业者个人的自身素质及能力进行分析，主要包括创业者资源禀赋、创业者资源整合能力和创业者信息获取能力。

1. 创业者资源禀赋

创业者资源禀赋是指创业者所具备的创业素质和外在关系的总和，具体包括创业者的经济资本、社会资本以及人力资本，这些是新创企业生存和成长的有价值资源。

目前有大量的学者研究企业家资源对于创业的推动作用，并强调创业者自身的创业禀赋是创业的关键资源，甚至在一定程度上决定新创企业资源的构成。

张玉利、杨俊（2004）认为企业家创业时并非一无所有，企业家创业前资源禀赋构成其创业的资源基础，是企业家创新冒险精神与理性决策的交织过程，表现为企业家在获取创业资源与应对环境不确定性过程中所体现的科学性。[①]

蔡莉等（2011）构建了创业导向、资源获取与制度环境之间的理论模型。创业导向是指创业者在选择战略行动时倾向于积极承担企业活动相关的风险、乐于接受改变和创新

---

① 张玉利，杨俊. 基于企业家资源禀赋的创业行为过程分析［J］. 外国经济与管理，2004（2）.

以获得竞争优势，并采用积极主动的措施和竞争者竞争的倾向①。根据 344 家新创企业的调研数据进行的实证分析表明：创业导向对新企业资源获取具有重要影响，政策环境对创业导向与知识资源获取之间关系具有调节影响，认知环境对创业导向与知识资源获取和运营性资源获取之间关系具有调节影响，但政策环境对创业导向与运营性资源获取之间关系的调节作用不显著②。可见，创业导向与资源禀赋密切相关。

创业者资源禀赋中的社会资本对于创业资源获取非常关键。社会资本是指嵌入创业者现有稳定社会关系网络和结构中的资源潜力。③

创业资源广泛地分布于资源所有者手中，不同的资源所有者又处于社会网络中，从这个意义上来说，资源的获取一定程度上受创业者所处的社会网络地位的影响。王庆喜、宝贡敏（2007）的研究表明，小企业主社会关系网络是小企业获取外部资源的重要通道。小企业主社会关系越广，则其获取外部资源的可能性就越大，从而企业成长所需资源就越有保证，成长绩效就越好，并且三者之间存在递进式的正向关系。④

2. 创业者资源整合能力

一个成功的创业者不仅要拥有敏锐的商业睿智，还要善于整合资源，只有这样才能在众多市场竞争中脱颖而出，取得成功。资源整合能力是指在创业过程中以人力资源为核心、为载体，对资源进行识别、获取、配置并加以利用的能力。

创业整合前的资源基本都是零散的，属于一般的商业资源。若要发挥资源的异质性，发挥资源的效能，并将其转化为竞争优势，就必须进行资源的整合，发挥"1＋1＞2"的整合效应。复杂社会网络关系中所形成的创业资源很难被复制、被模仿，成为企业获得持久竞争优势的内生动力。谷宏、王建中（2011）提出，创业资源是新企业创建和成长发展的基础，资源整合贯穿于整个创业过程之中，创业者需要对创业资源进行整合与优化，以增强新创企业的竞争优势，从而促进创业成功。⑤

新创企业的资源整合能力在整个创业阶段发挥着极为重要的作用，在创业的初期起步阶段，资源整合能力决定对创业机会的评估、创业识别和开发，可以帮助企业摆脱资源约束，获取所需资源；在创业成长发展阶段，创业企业需要筹措资金满足自身发展，资源整合能力影响企业成长过程的战略决策以及运营能力；从整体发展情况来看，资源整合能力将会影响整个组织的持续运作，最终影响企业创业绩效。

① 蔡莉，周秀梅，刘预. 创业导向对新企业资源获取的影响研究［J］. 科学学研究，2011（4）.
② 蔡莉，肖坚石，赵镝. 基于资源开发过程的新创企业创业导向对资源利用的关系研究［J］. 科学学与科学技术管理，2008（1）.
③ 龚春蕾. 基于创业者资源禀赋的大学生创业行为研究［J］. 前沿，2010（5）.
④ 王庆喜，宝贡敏. 社会网络、资源获取与小企业成长［J］. 管理工程学报，2007（4）.
⑤ 谷宏，王建中. 资源整合能力对创业过程的影响研究［J］. 中国集体经济，2011（9）.

3. 创业者信息获取能力

创业者的信息获取能力主要是指创业者在创业过程中对信息捕捉、吸收并加以利用的潜在能力，具体包括信息的接收、判断、选择、加工、吸收、传递和利用。

创业所需资源分广义和狭义两个方面。从广义方面来说，即从创业企业外部进行分析，创业者、技术、人才、资本、市场、营销渠道、信息甚至网络关系都属于创业资源；从狭义方面来说，即从创业企业内部条件分析，财力资源、技术资源、人力资源、信息资源等。因此，加强信息获取能力有助于获取高质量、丰富的信息资源。

由于新创企业在资源获取过程中的信息不对称，信息资源作为一种特殊的战略性资源在新创企业资源获取过程中发挥重要的杠杆作用①。同样，企业需要重视信息获取能力，这将决定企业关键性资源的获取，并且会最终影响企业的业绩。

于晓宇等（2012）的实证研究表明，技术信息获取能够为新创企业提供外部参考，帮助企业识别创业失败，进而吸取失败教训。同时，失败学习行为可以激发更多创新活动，提高组织创新绩效。目前有一些高新企业往往通过降低技术环境方面的不确定性，建立各类流程以获取外部技术信息。

第二节 创业融资

创业融资是创业管理的一个重要环节，企业不同成长阶段具有不同的侧重点和要求。根据一项调查显示：45% 的被调查者认为创业遇到的最大问题是"缺乏资金"，32% 的人认为"缺乏项目"。2008 年，根据国家多部委对浙江省的密集调研，越来越多的中小企业通过民间借贷的方式来维持发展。这些民间借贷的利率一般高于银行利率的 4 倍左右，有的甚至高出 10 倍。② 共青团中央 2011 年 7 月公布的一项调查数据显示，2010 年全国本科毕业生中，自主创业的比例仅占 0.9%，与国外大学生 10%～20% 的创业率差距巨大，据有关调查，其原因在于 80.1% 的大学生认为"缺乏启动资金"是创业最大的障碍。③

---

① 刘预，蔡莉，朱秀梅. 信息对新创企业资源获取的影响研究 ［J］. 情报科学，2008（11）.

② 宗新建. 决策层调研浙江民营企业融资难再成关注焦点 ［N］. 第一财经日报，2008－07－09.

③ 阳大胜，彭强，梁开竹. 大学生创业"融资难"原因与风险管理对策 ［J］. 当代经济，2012（3）.

一、创业融资难的原因分析

1. 不确定性因素

根据清华大学对一系列创业项目的观察研究成果表明，中国创业环境存在市场变化大的普遍特征。市场变化大表明市场上存在更多的创业机会，同时也意味着企业身居诸多风险之中。新创企业在复杂多变的环境中，则更需要有良好的创业经验、创业能力、风险投资能力，否则在执行过程中，往往会偏离企业的战略目标，从而造成不良后果。

2. 信息不对称

这里主要分析创业者和投资者的信息掌握情况，一般而言，创业者作为企业初始投资者，对于整个创业项目的战略、项目成长能力，以及项目的前景状况都有更加优势的地位，而投资者处于相对劣势的地位，一定程度上会影响投资。另外，借款者和贷款者之间存在信息不对称，这里包括借贷双方交易前和交易后两阶段所存在的问题。在交易前，借款者的信用等级、担保条件、项目风险收益等，借款者对于这些信息掌握情况比较真实全面，而贷款者则处于劣势。为减少不利影响，贷款者根据其过去所掌握的借款者信息设定贷款条件，而不是通过风险设定利率。这样导致优良贷款者处于不利地位，退出借贷市场。长此以往，借贷市场上的借款者素质会下降，而真正能获得银行资助的却是那些能够把各项数据做的漂亮的企业。相反，真正做得好、未来收益高的企业却丧失了获得资助的机会。在借贷交易后，由于信息的不对称会引发一些道德风险，银行将款项交给企业后，有的企业违背最初的合同规定，将资金投放在风险高的项目上，如果项目成功，企业会获利，如果项目失败，则银行需要承担收不回来本金的风险。很多贷款者宁愿不做贷款业务。

二、融资方式的选择

新创企业的融资方式主要有以下几种：

1. 银行信贷

银行信贷是各类自然人或企业法人按照信贷合同从银行等金融机构、借贷机构借贷长期或短期债权资金的融资方式。

银行信贷审查的条件：银行针对贷款项目进行资信评级时，以"盈利性、安全性、流动性"为基本原则，审查的因素通常被称作5C。

（1）品德资信（Character）。指借款者对其所欠债务是否愿意归还，一般通过考察其过去的资信情况，以及通过同借款人面谈来做出判断。

（2）经营能力（Capacity）。银行越是相信创业者的发展前途不可限量，也就越不会计较抵押物需要符合什么要求，因此，创业计划书的收益可行性、创业者的个人商业信誉和偿还贷款能力都是非常重要的。

（3）资本（Capital）。指借款人财务报表上的总资产总负债情况、资本结构、资产负债相抵后的净值，即借款人的财富状况。

（4）担保物价值（Collateral）。指借款人用作借款担保物的质量，通常要求超过贷款价值的财务或权利作担保。

（5）事业的连续性（Continuity）。指借款人能否在日益竞争的环境中生存与发展。

目前比较适合创业者的银行贷款形式主要有抵押贷款和担保贷款两种。缺乏经营历史和信用积累的创业者比较难以获得银行的信用贷款。

抵押贷款是指借款人以其所拥有的财产作抵押，作为担保以获得银行贷款的借款方式。在抵押期间，借款人可以继续使用其用于抵押的财产。有以下几种方式：

不动产抵押：创业者可以用土地、房屋等不动产作抵押，从银行获取贷款。

动产抵押：创业者可以用股票、国债、企业债券等银行承认的有价证券以及金银珠宝首饰等动产作抵押，从银行获取贷款。

无形资产抵押：是一种新的抵押贷款形式，适用于拥有专利技术、专利产品的创业者。创业者可以用专利权、著作权等无形资产向银行作抵押或质押获取贷款。

担保贷款是指借款方向银行提供符合法定条件的第三方保证人作为还款保证的借款方式。当借款方不能履约还款时，银行有权按照约定要求保证人履行或承担清偿贷款连带责任。

2. 创业担保

创业担保，即由专业创业担保公司为中小企业向商业银行提供贷款担保。对银行来说，降低了风险，对企业来说，获得了资金。与银行相比，创业担保公司对抵押物的要求更为灵活，其优势在于：持现率高于银行，比银行融资更为灵活。

3. 融资租赁

融资租赁是指出租人对承租人所选定的租赁物件进行以其融资为目的的购买，然后再以收取租金为条件，将该租赁物件中长期出租给该承租人使用。融资租赁的主要特征是：由于租赁物件的所有权只是出租人为了控制承租人偿还租金的风险而采取的一种形式所有权，在合同结束时最终有可能转移给承租人，因此租赁物件的购买由承租人选择，维修保养也由承租人负责，出租人只提供金融服务。这里的承租人即创业者。

4. 商业信用

商业信用是企业通过赊购商品、预收货款等商品交易行为筹集短期债权资本的一种筹资方式。商业信用具体包括以下三种形式：

（1）应付账款。应付账款是供应商给企业提供的一个商业信用。由于购买者往往在到货一段时间后才付款，商业信用就成为企业短期资金来源。如企业规定对所有账单均见票后若干日付款，商业信用就成为随生产周转而变化的一项内在的资金来源。当企业扩大生产规模，其进货和应付账款相应增长，商业信用就提供了增产需要的部分资金。

（2）应计未付款。应计未付款是企业在生产经营和利润分配过程中已经计提但尚未以货币支付的款项。主要包括应付工资、应缴税金、应付利润或应付股利等。以应付工资为例，企业通常以半月或月为单位支付工资，在应付工资已计但未付的这段时间，就会形成应计未付款，它相当于职工给企业的一个信用。应缴税金、应付利润或应付股利也有类似的性质。应计未付款随着企业规模的扩大而增加，企业使用这些自然形成的资金无须付出任何代价。但企业不是总能控制这些款项，因为其支付是有一定时间的，企业不能总拖欠这些款项，所以，企业尽管可以充分利用应计未付款，但并不能控制这些账目。

（3）预收货款。预收货款是指销货单位按照合同和协议规定，在发出货物之前向购货单位预先收取部分或全部货款的信用行为。购买单位对于紧俏商品往往乐于采用这种方式购货；销货方对于生产周期长，造价较高的商品，往往采用预收货款方式销货，以缓和本企业资金占用过多的矛盾。

（4）创业合伙或入股。在创业的时候，寻找具有经济实力并且愿意出资的合作伙伴，对资金短缺的创业者来说，也是一个利好。如果合伙人都对企业投入资金的话，合伙的企业就能获得较充足的启动资金，而这种资金的集合对创业者初期的创业活动可能是非常受益的，所以，如果你准备创业而资金又不足，寻找一个或几个合伙人或发起人是一种理想的方法，因为这种形式可以分散风险。

（5）私人借贷。私人借贷是指创业者从家人、亲戚或朋友那里借来资金。家庭和朋友一般都是创业者理想的贷款人，许多成功创业者在创业初期都借用过家人或朋友的资金。从家人和朋友那里筹集资金，有时候甚至是创业者唯一可行的选择。当然，这并不意味着没有风险，而是风险在加大。如果创业者经营失败，就无法偿还从家人和朋友那里得到的贷款，至少在短时期内是这样的，这会给创业者家人和朋友带来许多困难，也许对他们来说，借出的那一笔钱是不小的数目，而且由于这种贷款把亲情、友情和金钱搅在了一起，有可能会带来更多的麻烦。

三、融资方式选择的影响因素

创业者对于融资方案应该进行详细的规划、预算，为企业的正常运转有统筹长远的考虑，以满足企业日常的资金需求。鉴于此，应综合考虑各类型融资的可行性，融资成本等内容。具体包括企业的预期成长速度；投资者要求的回报率；企业的发展潜力和内含报酬率等；创业者在企业成长、控制、清算以及收获方面的目标；投资者所要求的承诺和条件。

此外，其他一些因素也会影响投资者对商机的把握，这也将对投资决策产生重大影响。对于一些有经验的投资者，他们往往会将最终的评估焦点放在精英团队和创业者身上。由于不可预知更不可控创业环境和市场的变化，唯有通过创业者坚毅的意志力，才能克服困难和应对挑战，以确保投资事业的成功。基于企业不同阶段的成长，选择不同的融资方式见表8-2。

表8-2　企业融资方式的选择

类型	新企业特征	融资方式选择
高风险，收益不确定的企业	处于创业的初期，现金流较少，负债率较高，管理团队未得到证明	自有资本、亲朋好友之间内部私自融资
低风险，收益可预测的企业	企业现金流稳定，相对较多，财务报表经过审计，具有优秀的管理团队	除了自有资金，通过外部债务方式融资
回报收益较高的企业	具有独特的商业创意，优秀的管理团队经过认证	除了上述方式外，还可通过股权方式融资

四、创业所需资金的测算

测算企业所需资金有利于企业对资金整体进行规划，以防资金的浪费或者资金链中断，影响企业整体经营运转。在企业初创阶段，企业"花钱如流水"，需要支付各种支出，却很难带来资金收入。为保证公司启动阶段业务顺利运转，在经营达到收支平衡之前，企业应该保证充足的资金以备各项费用支出。根据创业企业的经营数据和经验，创业咨询专家认为新公司在启动阶段至少应该备足6个月的预期费用，在条件允许的情况下，最好能够备足一年的资金需要量。

对于新创企业资金的预算，既要充分了解市场行情，又需要有丰富的管理经验。如果能够提供越详细的所需资金清单，则估算出的资金需要量就越精确。很多企业的聪明做法就是集思广益，将能够想到的资金支出事项都予以列明，从有形商品（库存、设备、固定设备等）到无形的服务（法律和广告支出等），一应俱全地逐项测算，开始预算创业启动所需费用。

1. 根据资金的周转方式测算创业启动资金

本书将启动资金分为固定资产和营运资金两大类。

（1）固定资产。固定资产是作为企业内部生产或者经营管理目的而持有，一般使用期限较长，长达5年以上，单个固定资产价值在800元以上的资产。

特点是单个资产的价值较大，使用期限较长，短期内无法收回。

范围包括创业企业的场地、厂房、设备、企业的开办费（金额较大的加盟费、培训费、装潢装修费、技术转让费）等。

对于这一类固定资产，企业应该考虑其使用的长期性，从长远角度打算其用途，一般通过长期负债等资金来满足此类资产的供应，不能通过短期资金解决，以免日后陷入东墙补西墙的财务困境之中。

（2）营运资金。营运资金是保证企业日常经营所需的资金，其周转年限一般在一个经营周期或者是一个年度内，也称为营业周转资金。

特点是周转速度较快，周转时间较短，融资相对容易。

范围是生产原材料和库存商品所占用的资金、企业员工的工资、经营中的租金、管理所用的办公用品、支付的水电费、其他费用和不可预见的各类损失、罚款或者盗窃等。

营运资金一般会在一个运营周期内收回，运营资金的供给通过短期负债等途径获得，通常情况下会提前准备好企业开办初6个月所需的资金。

营运资金在使用中应该注意的事项有如下几点：①即使是盈利的企业也应该重视资金流的作用，企业盈利不代表现金流充足，新创企业往往可能存在赊销情况，款项如果不能及时收回则容易出现"现金流"中断。②企业"现金流"也不是越多越好，会增加自己成本，一般会坚持"必须、必要、合理、最低"的原则，保证企业的最近现金余额。③在最低现金余额的基础上，可以设置最高现金和最低现金范围，以防企业资金的不时之需。

2. 根据资金使用范围测算创业启动资金

（1）地点。测算出企业所需支付的各种店面费（包括停车位）的租金、装修或者全面整修费用。

（2）库存。测算原材料、一些零部件、生产所需加工成本等所占用的资金；库存材料所需的包装成本，销售过程中销售佣金，或者其他与产品销售有关的各类成本。

（3）设备。测算生产购买或者租赁各类生产设备或者办公设备所需要的资金成本以及企业的运输工具设备所占用的资金，还包括其他固定设施的总成本。

（4）员工。测算企业全体员工（包括老板）的工资福利，以及所缴纳的各类"五险一金"和税费。

（5）市场营销。测算购买文具等办公用品、文具、广告活动、宣传材料、门牌标识及开业典礼或者接待客户（包括娱乐和餐饮）等费用。

（6）管理和营运成本。测算出需要支付的保险费，企业发生的各类管理费用。同时还要有一些水电、煤气等费用，这是容易忽视的费用，对于其他的一些支出，比如互联网和电话费用，清洁费用和财务维护以及低值易耗品费用。

（7）专业服务和许可费用。测算出企业聘请注册会计师、律师以及其他咨询顾问等费用，并要考虑申请经营许可或营业执照等相关费用。

如果测算启动资金存在困难，企业可以通过了解行业或者某地区其他公司情况，探讨同行如何计算创业成本；当地的一些小企业协会或者创业协会工作人员往往也会提供免费咨询的服务；也可从与企业打交道的会计、律师等人员那里寻求资金方面的建议。

如果对于创业资金的测算存有疑虑，应当遵守谨慎性原则，选择高估初始创业成本，低估企业销售额。根据美国南加州大学创业中心的凯瑟琳·艾伦（Kathleen Allen）教授建议，是用一个她称之为"三角测量"的步骤，也就是对于每项费用，从3个不同途径获取3个数字，然后"权衡3个数字，最后得出一个你认为正确的数字"[①]。

值得注意的是，企业除了创业启动资金外，还面临发展成长问题，处于成长阶段时，不能仅仅通过启动资金和企业盈利满足成长的需要。因而，需要考虑企业的第二轮融资，通过外部融资方式取得所需要的金额。

五、创业融资的选择策略

新创企业融资不仅只是一个技术问题，同样也是一个社会问题，企业顺利融资需要建立个人信用，不断地积累社会资本进行创业规划，为不同阶段的资金需要量做好准备。

1. 不同的创业阶段融资需求变化

新创企业的融资具有阶段性的特征。一个企业完整的财务生命周期主要由企业不同业务发展阶段构成，包括企业的创立期、企业的发展成长期、企业的成熟期和衰退期。对处于不同发展阶段的业务，其资金的需求都有不同的侧重点。企业的财务主要是商机驱动型的财务模式，商机驱动商业战略，然后又驱动了企业的财务需求、企业的财务来源、企业的交易结构以及财务战略。

对于企业初创阶段，其最主要的资金来源方式是通过家庭和个人积蓄以及朋友间融资，此阶段的创业者无法获得更多的股权融资，企业融资金额受到限制，很难满足企业的进一步发展；企业处于发展成长阶段，通过成功的商业计划书可以吸引个人的风险投资，不断增加公司内部积累，逐渐拓展公司融资渠道。尤其是公司进入快速发展阶段，原有的资金规模显得较小，但是随着企业的快速发展，也会吸引更多的证券资金等风险资金；当企业业务发展进入成熟期，创业企业往往会扩大股权融资规模，通过公司上市的方式获得较多的资本，这种方式的融资作为一个企业较为彻底的资金解决方案。

① 甫涟. 创业启动资金如何测算［N］. 中华工商时报，2012 - 04 - 06.

2. 融资结构的均衡

创业融资结构所涉及的内容就是如何均衡债券和股权融资比例。债券与股权融资都各具有优缺点，其中，债券融资的优点主要表现在：银行不会参与企业的生产经营，也不会共享收益、共担风险，企业只需按照合同规定的还款期定期将贷款偿还，并且偿还的本金和利息是提前可预测并确定好的。债券融资的缺点是如果企业到期无法支付本金利息，银行可以获得企业的抵押财产。在情况严重时，可能导致公司破产。

股权融资的主要优点：股权融资可以获得较多的资本金额，公司在没有盈利的情况下，企业可以不向投资者进行分配收益，减少公司的资金压力。作为投资者，与公司共同分享收益、承担风险，会向公司提供有价值和有益的经营建议。其缺点主要是股权融资对于投资者来说具有较大的风险，投资者会插手公司的经营管理，获得比债权人更丰厚的回报，这将直接影响到企业长远发展或近期收益。

3. 合理确定融资规模和融资期限

企业融资需要付出融资成本。因此，企业筹措资金时首先要确定企业的融资规模，筹资过多会造成资金的闲置浪费，或者会导致企业过多的负债，偿还困难而后期无法承受，增加了企业经营风险。而企业筹资不足，影响企业的投资计划或者其他业务的正常开展。所以，企业应该在融资决策之时，就应该结合自身的实际情况，测算出所需资金额度、融资的难易程度，并且要综合考虑资金的融资成本，选择融资策略。

至于企业的融资期限，所涉及的内容就是在长期融资和短期融资之间进行权衡，并要基于融资的用途和个人风险偏好加以选择。

从资金的用途方面分析，如果企业融资是用于短期流动资产的资金占用，鉴于流动资产的资金周转速度较快，易于变现，占用资金的时间短，数额较小，因此可以通过短期融资方式获得资金，比如商业信用、短期借款等方式。如果企业融资是用于购置固定资产等长期性、非流动资产，由于此类资产占用资金时间长，变现速度慢，为了降低企业到期无法偿还的财务风险，一般采用长期融资方式。比如向银行长期贷款，或者发行股票。

第三节　创业资源管理

一、不同类型资源的开发

创业资源的开发涉及资源的获取和资源的整合。在环境不确定的情况下，创业者时刻关注市场上有价值的资源。当某种资源变得稀缺时，企业通过一定的途径获取该种资源，并经过企业内部的资源整合，利用这些稀缺的资源，从而获取高于其他竞争对手的超额绩效，这也是企业进行资源开发的初衷。

Brush、Hart（2001）等阐述企业创业资源获取策略：通过财务、人力等工具性资源获取一些生产性资源；通过社会资源等无形资源获得一些有形资源（财务、技术、物质等资源）。

Domenico、Tracy 等（2010）梳理了关于创业者获取资源策略的文献，总结有如下几方面：[①] ①通过社会网络（Socinetworks）和创业者角色获得知识、信息和物质资源；②以更经济性的步步为营（Bootstrapping）方式获得不被创业者所有或控制的资源；③利用更为理性的手段导向（Effectuation）方式获得在不确定环境中所包含的资源；④采用创造性拼凑（Bricolage）的方式获得手边零碎的资源。

这里提到的四种资源开发策略具有重要意义，能够为创业者提供很好的理论基础和实践指导。

只有通过资源的优化整合，采用一定的方式将资源进行不同的匹配和组合，形成对手无法超越、无法模仿的竞争优势，这就是创业资源的开发。

1. 内部创业资源开发

企业内部资源主要包括人力、物力、财力等有形资产资源，还包括企业的技术、品牌、非专利技术、商标、专利等无形资产。进行资源开发的最根本目标就是更好、更优地配置企业内部资源，内部资源的整合被形象地比喻为"企业内部发掘"。

（1）人力资源开发。企业内部人力资源开发的两个目标：一是通过资源开发提高企业员工的素质和才能；二是通过资源开发，调动和增强企业员工工作活力和积极性。

其一，改变传统观念。基于美国经济学家舒尔茨提出的人力资本理论，企业中的人力资本所带来的投资收益率远远大于企业的物力资本带来的投资收益率。人力资本是企业的一种可持续发展的内生动力，应将其看作是动态的、具有升值价值的一种资本。越来越多的企业合理地开发人力资源，将人力资源优势发展成为企业真正的竞争优势。

其二，建立科学的人才选拔机制。采用科学分析方法不断加强人力资源的认识，将人力资源看作是企业竞争优势的前提和关键是企业具有"真才"的人力，因此在企业人力资源部门需要制定科学合理的人才机制，无论在人才的招聘、选拔，还是后期人才的培养、使用都离不开规范有效的人才制度，结合灵活多样的教育培训手段，多方面广层次地开发人力资源，不断追求高效的培训，敢于吸纳国内外优秀的人才资源，广纳各类人员为企业创造价值。

---

① Domenico D. H., Haugh H., Tracey P. Social Bricolage: Theorizing Social Value Creation in Social Enterprise [J]. Entrepreneurship Theory and Practice, 2010 (4): 681 – 703.

其三，完善激励机制吸引并留住人才。企业培养优秀的人才需要投入大量的资金，付出一定的培养周期。目前各大企业大都存在人才流失的现象，尤其是优秀人才的流失对于企业来说必然是影响企业的长远发展。留住人才需要留住人心，为此，企业必须积极创造优良的环境，建立人才激励机制，努力调动人才工作的积极性，达到"人尽其才，才尽其用"的用人效果，切实的尊重和爱护招聘的优秀人才，才可以为企业的持续发展提供坚实可靠的基础。

（2）无形资产开发。企业的无形资产是不具有实物形态的可辨认的、能为企业带来现金流入量的资产，其在企业中发挥的作用越来越大，主要包括技术、企业品牌、商标权、专利技术、企业文化、管理等的开发。

其一，技术开发。很多大企业都注重技术的独占性，只有独占才可能获得超额的利润，企业应当重视并设立技术研究开发部门，大力支持研发团队的发展。大力推进企业的技术创新、产品创新、知识创新、服务创新、技术工艺的创新和管理的创新，不断地优化企业的生产流程，提高产品质量，创新新的服务，最终创造出新的市场价值。

其二，品牌商标开发。一个企业最大的无形资产就是企业品牌，品牌是增加企业收入的核心要素，代表企业的竞争优势，新创企业必须重视和大力发展自主品牌，要使开发出的品牌得到消费者的认可，还需经过长期的品牌建设，在这个过程中，将产品服务和产品质量放在首位，把诚信放在首位，力求在产品或者服务的品质、商标、样式、工艺等方面做到独树一帜。

其三，企业文化。企业文化是经过企业长期发展逐步形成和培育起来的企业精神、经营思想、发展理念、发展战略和管理理念等，这些都代表本企业的特色，是企业员工普遍认同的价值观、企业的行为规范、企业道德观。一个企业优秀的价值观对内会对员工起到激励、凝聚、规范和引导的作用，增强员工的归属感、减少人才等无形资产的流失；对外优秀的文化会辐射企业的品牌功能，并通过宣传等渠道对社会产生影响，不断展示公司的文化内涵，提升企业形象。

其四，商标和专利的开发。要将企业开发的核心技术和商标到相关部门申请专利，才会得到法律的保护，保护商标设计等。

2. 外部创业资源开发

（1）梳理外部资源。企业的外部资源是相对独立的利益主体，各种资源关系也是相当复杂，因此创业者利用、开发这些资源的难度相对较大。此外，外部资源在开发和发掘的过程中可能还存在一些不确定的因素，创业资源的开发就表现为一种独特的创业行为。常见的外部创业资源如下[①]：①相关政府机构。如地方政府发改委、科技管理局、创业园/高新技术开发区管理委员会、工商行政管理部门、税务管理部门等管理部门。②商业化的服务组织。如银行、技术平台、咨询机构、会计师事务所、律师事务所、投资机构、

---

① 吴运迪. 大学生创业指导［M］. 北京：清华大学出版社，2012.

广告公司等，实际上是把创业企业作为"买方"的各种营利机构。③非营利性的服务组织。如慈善基金会、公益组织、公共媒体，它们往往是树立企业良好社会形象的合作方。④产业链相关组织。如材料供应商、机器设备供应商、批发商、零售商、代理商、客户等利益相关者，他们可以发展为企业的战略联盟。⑤可能的合作伙伴。包括高等院校、科研院所等研究机构、试验和检测机构、创业孵化器等，它们是人才、技术、项目等创业要素的来源。⑥竞争者/竞合者。有可能进行局部合作，例如行业协会、共同对外的联盟，甚至可能进行购并的同行企业。⑦社交网络。与创业者/创业团队存在人际关联的个人或创业之初关键资源渠道。

（2）开发外部资源原则。

其一，筛比原则。外部资源存在多样性，支持某一创业项目会有多种。每种资源的成本、收益都不同，具有资源的不确定性。因此，创业者基于创业项目的发展需要、企业自身的实力、资源的特点，选择最合适的外部资源。

其二，信用原则。与外部资源打交道的实质就是与人打交道，长期利用资源的决定性因素便是创业者的信用。

其三，提前原则。由于外部资源的整合会有较大的不确定性，进展速度较慢，需要一定的时间和过程进行发现，不能等到需要的时候才想到多外部资源进行整合，而是要有一定的前瞻性，适当提前进行策划和酝酿。

二、创造性地利用有限资源

资源获取后不利用就等于没有资源，只有恰当地利用资源，才能够提高资源开发的能力和效率，企业的竞争力就不会被削弱，持久的保持企业的优势。资源的利用是资源开发整合的最终目标。

1. 创造性拼凑（Bricolage）

Baker 和 Nelson 提出创造性拼凑有三个关键要素：已有资源、用于新目的而进行资源的整合、将就使用。

（1）已有资源。创业者可以利用身边能够找到的一切资源进行创业活动，有一些资源对于别人来说可能是无用、弃废的。而创业者可以通过独有的技巧和经验对资源进行整合创造。比如一些高技术企业的创业者本身并非专业出身，而出于兴趣或者其他原因，敏锐地发现了创业机会，实现资源的整合。大部分创业者堪称是资源拼凑高手，在此基础上加入新的元素，再重新进行整合，形成资源的创新优化配置，会带来意想不到的惊喜。

（2）用于新目的。资源拼凑者善于用发现的眼光洞悉各种不同的资源，将其创造性地整合起来用于新目的。这种资源整合往往都不是提前计划好的，而是根据具体情况具体分析，是"摸着石头过河"的产物。

（3）将就使用。拼凑的载体往往是手边一些"零碎"资源。基于时间和成本考虑，这种拼凑的东西品质有限，将就使用。资源的利用经常会次优方案结合，在此过程中会有一些不完整、低效率的现象，但是某种程度上这确实是创业者的理性选择。

2. 步步为营（Bootstrapping）

创业者会分多个阶段投入资源，并在每个阶段都投入最有限的资源，新创企业的这种做法被称为"步步为营"。这种策略首先表现为节约成本，设法降低资源的使用量而降低管理成本，但是如果过分地强调低成本，必定会影响产品和服务的质量，甚至影响、限制企业的发展。步步为营策略主要表现为企业的自力更生而减少对外部资源的依赖，以减少企业的经营风险。步步为营不仅是最经济的做事方法，也是在外部资源受限的情况下，创业者寻找实现企业目标的途径，获取令人满意收益的方法。

3. 发挥资源杠杆效应

杠杆效应即是通过有限资源的投入获得尽可能多的收益。即使企业资源受到约束，成功的创业者往往善于利用关键性资源发挥出杠杆的作用。通过利用他人或者别的企业资源以完成自己的创业目的，用一种资源补充另一种资源，产生复合价值；或者利用一种资源撬动其他资源。其实，很多大公司也不只是一味地进行资源积累，而是善于进行资源互补、调整和更新，不断地积累战略性资源，这是创业者值得学习的经验。

三、推进创业资源开发的方法

在日益变化的动态市场中，企业保持持续的竞争优势，必须要不断地获取资源并进行整合开发，因此，创业资源的开发伴随着整个创业过程。推进资源开发包括以下几个步骤或者方法。

1. 资源识别

识别企业资源为资源获取和利用奠定了基础。这里的资源识别是指创业者根据企业自身资源的实际情况对创业资源进行分析、确认，最终确定所需资源的过程，这是开发资源的起点。创业者还需关注自身资源与所需资源之间的缺口。

2. 资源获取

资源获取是指在资源识别和确定的基础上，获取资源并为企业服务的过程。新创企业主要是通过内部自我开发和外部购买的方式获取资源。在早期创业阶段，应该充分利用现有的有形资源（包括社会资源、组织资源和物质资源）和无形资源；结合自身优势获取更多的知识资源或者借助社会网络取得外部资源；此外，通过企业间联盟获取互补性资源。

3. 资源整合

资源整合是指企业获取必要资源后，对其进行优化配置，促使各种资源相互匹配、相互融合、相互补充以获得独特的竞争优势。资源整合便是资源开发的中心环节，资源价值挖掘的关键在于资源的整合。整合后的资源转化为一种能力，形成了一种具有创造价值潜力的能力集合。

4. 资源利用

资源利用是指资源开发的最后一个环节，对所获取资源优化配置后，将其运用到顾客价值创造上，同时这也是所有者创造财富的过程。资源利用也是个学习的过程，资源利用嵌入人力资本技术和潜在的知识运用中，公司拥有满足顾客需要和竞争优势的能力，识别并抓住创业机会，整合到必要的资源，为顾客创造价值，以实现最终的创业目标。

本章小结

企业的竞争优势来源于企业拥有和控制的有价值的、稀缺的、难以模仿并不可替代的异质性资源。不同的创业活动具有不同的创业资源需求。企业资源包括有形资源和无形资源，无形资源往往是撬动有形资源的重要杠杆。此外，创业融资是创业管理的关键内容，在创业企业成长的不同阶段具有不同的侧重点和要求。不确定性和信息不对称是创业融资难的关键影响因素。

关键概念

创业资源　债券融资　股权融资　资源识别　资源开发　资源获取　资源整合　资源利用

思考题

1. 新创企业融资需要考虑的因素有哪些?

2. 推进创业资源开发的方法有哪些？

 案例分析

一元钱打造一条街

他破产了，所有的东西都被拍卖得一干二净。现在口袋里的一元钱及回家的一张车票是他所有的资产。

从深圳开出的143次列车开始检票了，他百感交集。"再见了！深圳。"一句告别的话，还没有说出，就已泪流满面。

"我不能就这样走。"在跨上车门的那一瞬间，他又退了回来。火车开走了，他留在了月台上，在口袋里悄悄地揉碎了那张车票。

深圳的车站是这样繁忙，你的耳朵里可以同时听到七八种不同的方言：他握着口袋里那一元硬币，来到一家商店的门口。5毛钱买了一支儿童彩笔，5毛钱买了4只"红塔山"的包装盒。

在火车站的出口，他举起一个牌子，上面写着"出租接站牌（一元）"几个字。当晚他吃了一碗加州牛肉面，口袋里还剩18元钱。5个月后，"接站牌"由4只包装盒发展为40只用锰钢做成的可调式"迎宾牌"。火车站附近有了他的一间租屋，手下有了一个帮手。

3月的深圳，春光明媚，各地的草莓蜂拥而至。10元一斤的草莓，第一天卖不掉，第二天只能卖5元，第三天就没人要了。此时他来到近郊的一个农场，用出租"迎宾牌"挣来的1万元，购买了3万只花盆。第二年春天，当别人把摘下的草莓运进城里时，他的盆栽草莓也进了城。不到半个月，3万盆草莓销售一空，深圳人第一次吃上了真正新鲜的草莓，他也第一次领略了1万元变成30万元的滋味。

这种花盆式草莓，让他又拥有了自己的公司。他开始做贸易，他异想天开地把谈判地点定在五星级饭店的大厅里，那里环境优雅且不收费。两杯咖啡，一段音乐，还有彬彬有礼的小姐，他为没人知道这个秘密而兴奋，他为和美国耐克鞋业公司成功签订贸易合同而欢欣鼓舞。总之，他的事业开始复苏了，他有一种重新找回自己的感觉。

1995年，深圳海关拍卖一批无主货物，有1万只全是左脚的耐克鞋，无人竞标，他作为唯一的竞标人，以奇低的拍卖价买下了它。1996年，在蛇口海关已存放了一年的无主货物——1万只全是右脚的耐克鞋急着要处理，他得知消息，以残次旧货的价格拉出了海关。

这次无关税贸易，使他作为商业奇才跃上了香港《商业周刊》的封面。现在他成为

欧美 13 家服饰公司的亚洲总代理，正在力主把深圳的一条街变成步行街，因为这条街有他的 12 个店铺。

一元钱能打造出一条街来，可是很多人认为一元钱只能买一杯水。也许正是这种认识上的差别，使世界上产生了富翁和乞丐。

（资料来源：刘燕敏. 最后的一元钱 [J]. 视野，2008（10）.）

思考题

1. 结合本章内容，谈谈此案例带给你什么启示？

2. 如何有效利用创业资源？

第九章
初创企业经营管理模拟

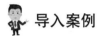

导入案例

百变巨人沉浮录

2008年11月18日上午10点30分，北京，梅地亚中心二层座无虚席，中央电视台广告招标会现场财气袭人。在上海拍卖行拍卖师郁静瑜的带动下，《新闻联播》后7.5秒标版第一时间单元第一选择权的报价，从2900万元到4000万元，直到858号企业举牌4330万元，其他两家不再跟随，拍卖师一锤定音，858号企业胜出。

随竞价而紧绷的神经稍放松之后，现场的记者这才注意到，在858号企业代表旁边，一位身着白色西装、戴着黑色墨镜的中年男士一直很沉默。他就是巨人集团CEO史玉柱，央视黄金广告招标会的常客。

这个不愿意抛头露面，更愿意待在电脑前打游戏的企业家，正在努力尝试习惯镁光灯的闪耀，扭转自己在公众面前的形象。但十几年前的挫折教训过于深刻，他在媒体面前依然保持着谨慎，甚至有些抗拒，公事说完之后，眨眼之间就在记者面前消失了。

1997年，民营经济发展史上最著名的"公案"莫过于巨人大厦的"倒掉"。

称之为"公案"，是因为，到现在为止，史玉柱仍然不愿意向外界透露当时巨人大厦建设过程中的细节。他公开的说法是，这座最初计划建18层的大厦，从18层到38层、54层、64层，最后升为70层，号称当时中国第一高楼，投资也从2亿元增加到12亿元。当时，他手里的现金并不多，基本上以集资和卖楼花的方式筹款，但集资也仅有1亿元，虽然在当时已经是巨额数字，但对工程来讲，差距仍很大。

当时巨人大厦设计方案从18层到最后的72层，有这么大的财力压力，史玉柱认为，一是自己头脑确实有些发热，二是当地政府出于政绩的需要，而做了某些暗示。

这两个解释，在当时都具有普遍性。1997年，曾被称为民营经济第一个"崩溃之年"，除了巨人大厦停工，秦池崩盘、三株分崩瓦解、怀汉新出走太阳神、亚细亚陷入绝境，一系列事件的共同点是，企业领导人过于相信自己的能力和商业直觉，一些地方政府也希望企业能迅速做大，结果是，企业扩张的脚步远远超过了管理者的能力。

因此，史玉柱对巨人大厦陷入流动性危机之困的解释，在当时是可以引起广泛共鸣的。

但他无法解释的一个事实是，当时巨人大厦的地基实际上是按照88层设计的。

也许，他内心隐藏着一个更大的欲望，或者期望给外界一个惊喜，这都是有可能的，按照追随他多年的老部下的说法，史玉柱实际上是一个非常内向、对外界的反应又非常敏感的天才商人。

这一点，可以从史玉柱的早期商业活动中看出端倪。

史玉柱1962年出生在安徽怀远县城。1980年，他以全县总分第一、数学119分（满分120分）的成绩考入浙江大学数学系，他的数学功底可见一斑。毕业后，他被分配到安徽省统计局，由于工作出色，他被作为第三梯队干部，送往深圳大学进修。

在深圳，他接受了商业文化的洗礼。这种商业文化，既有草根经济创造奇迹的朝阳，也有荒林法则的流毒，更掺杂着些许理想主义情绪。

因此，当他读完研究生之后，决心辞职创业时，当他带着全部东挪西借的4000元家当，登上飞机飞往深圳时，当他握着耗费9个月心血开发出来的M－6401桌面排版印刷系统在深圳的街头徘徊时，他的目标并不非常明确，甚至抱着一种撞大运的心态。

后来，他回忆初到深圳的心理路程时如是总结，"我相信我会成功，但我确实不知道会达到什么程度，更不清楚第一桶金何时才能赚到"。

但是，很快他的商业直觉和才华发挥了作用。1989年8月2日，他利用报纸《计算机世界》先打广告后收钱的时间差，用全部的4000元做了一个8400元的广告，13天后，史玉柱即获15820元货款；一个月后，4000元广告已换来10万元回报；4个月后，新的广告投入又为他赚回100万元。

这一年，他创办了巨人。如果史玉柱的故事就此打住，或者按此逻辑发展下去，巨人也许真会如它创立时所愿的那样，"IBM是国际公认的蓝色巨人，我办的公司也要成为中国的IBM，中国的'巨人'"。

1991年7月，"巨人"总部由深圳迁往珠海。这一年，M－6403桌面印刷系统共卖出2.8万套，盈利3500万元。到1993年7月，"巨人集团"下属全资子公司已经发展到38个，是仅次于四通的全国第二大民办高科技企业，拥有M－6405汉卡、中文笔记本电脑等5个拳头产品。

他距离中国巨人的目标似乎又近了一步，但在近乎完美的企业扩张中，溃败的伏笔已经埋下。

1994年初，巨人大厦动土，并开始把一部分注意力转向了保健品，脑黄金项目开始起步。1995年，巨人发动"三大战役"，把12种保健品、10种药品、十几款软件一起推向市场，投放广告1亿元，史玉柱也因此被《福布斯》列为大陆富豪第8位。

史玉柱的商业范围在扩张，自信心也与日俱增，但他没有想到，绊住他的并非市场。

1996 年巨人大厦资金告急，史玉柱决定将保健品方面的全部资金调往巨人大厦，保健品业务因资金"抽血"过量，再加上管理不善，迅速盛极而衰。脑黄金的销售额虽达到 5.6 亿元，但烂账也高达 3 亿多元。

史玉柱刚刚懂得现金为王的商业规则，危机已经找上门来。1997 年初，巨人大厦未按期完工，各方债主纷纷上门，巨人现金流彻底断裂，媒体"地毯式"报道巨人财务危机。不久，只完成了首层大堂相当于三层楼高的巨人大厦停工。

就此，巨人倒下了，负债 2 亿多元的史玉柱黯然离开广东省，北上隐姓埋名，寻机再起。

此时的史玉柱终于明白了一个道理，专业才能成功。他对毛泽东思想的研究，也在此时得到了升华。集中优势资源，成为他此后数年经商的基本法则，也成为他商业救赎与道德自救的支点。

1998 年 5 月，脑白金问世。负债 2 亿元的"负翁"史玉柱个人向朋友借了 50 万元，从江阴起步，开始了自己的另一段商业旅程。

《上海证券报》曾发表评论说，"巨人"在中国民营经济坎坷的发展史上写下了一曲悲怆但又雄壮的《英雄交响曲》。任何往事的联想及衍生物都令人们感叹万千，让正在编织"光荣和梦想"的人们从中汲取梦想成真的要素。

"中国社会形态的复杂性，城乡二元结构的现状，这些都是西方的营销学家所不能深刻理解的。"史玉柱在谈到自己的经商得失时曾说，大家也可以看到，我所从事的公司，产品都是以满足内需为主，譬如保健品、网络游戏，这也使得我们在欧美经济衰退的时候有更好的抵御力。

（资料来源：聂元昆，王建中．创业管理：新创企业管理理论与实务 ［M］．北京：高等教育出版社，2011.）

第一节　人力资源基础模拟

一、人力资源管理是创业管理的重要方面

1. 人力资源已成为新创企业的第一资源

人才是知识、信息、智慧、创新能力的源泉。在创业初期，人们需要人才，创新、决策、开发新产品、引进新技术、采用新技术、开发新市场、客户服务都需要人才，人才起

着重要作用。

2. 人力资源已成为新创企业的制胜法宝

新兴公司在市场竞争中的武器发生了重大变化。客户越来越多地依赖人的表现而不是产品性能进行选择。因此，人力资源管理是竞争制胜的法宝。

3. 人力资源已成为新创企业的最大难题

所有新问题都出现在新兴公司，这些问题包括商业风险、金融危机等。同时，发生在新创企业的任何变化都会对人产生影响，如组织重塑、成本降低、新技术开发。另外，高新技术的发展提高了人力资源在生产经营中的地位，以知识为基础的劳动力替代资本是增值的主要来源。因此，如何跟踪人力资源、合理利用人力资源、科学管理人力资源、有效开发人力资源是新兴企业成败的关键问题。

二、人力资源管理决定创业过程中人才的数量与质量

新兴公司人才管理的主要目标是最大化新兴公司的人才需求，并最大限度地发展和管理新兴公司的人才。创业管理的关键是建立一个互补的创业团队，创业团队是人力资源的核心，人力资源管理的目的是及时选择合适的人才。

经理是创业团队的关键。如果没有合适的管理人员，我们也无法实现合理的发展战略和更谨慎的业务规划。经理必须具有以下素质：第一，有优秀的人格和高度的责任感。管理层需要更多地考虑所有股东的利益，他们必须有强烈的意识和责任感。第二，有娴熟的领导艺术。经理人员在领导工作中不可能也不必要事必躬亲，要善于运用娴熟的领导艺术，发挥驾驭和统率下属工作的才能，并且应该管理和指导下属工作。第三，具有优秀的管理能力。经理人员必须熟悉市场，并且有敏锐的市场判断能力。管理者必须有自己的管理风格和手段，管理者还必须有财务、计划、人事、技术等方面的管理能力。第四，有能力对紧急情况做出快速反应。管理人员经常会遇到意外事件，他们会做出正确的决策，并在短时间内做出快速反应。这些事件是独一无二的，没有规则，需要依靠经理的分析，凭借经验和知识积累，果断地进行判断和决策。第五，具有强健的体魄和超前的创新意识。管理者需要处理复杂的任务，他们必须调整公司内外的各种关系，并经常面对各种应酬。此外，管理者不应该固守规则，他们必须不断创新公司的各个方面，才能在市场上获得成功。为了引导新创企业成功，管理的理念和意识也必须不断创新。

三、人力资源管理在创业各阶段的现实选择

人力资源管理运用现代化的科学方法，对财力、物力、人力进行合理调配，使人力与

财力、物力经常保持最佳比例，同时对人的思想、心理、行为进行恰当的引导、控制和协调，充分调动人的主动性、积极性和创造性，达成创业目标。

创业公司成立时，生存压力较大。因此，我们人才管理的重点是吸引人才，迅速扩大市场，使他们能够应对激烈的市场竞争。与此相适应，人力资源管理应如下定位：在工作分析和岗位职责上，每项活动的工作职能相对简单，灵活性很大，工作分析和工作职责可能相对较模糊。在人员招聘上，主要挑选那些具有相关工作经验的应聘者，或者没有工作经验，但能吃苦耐劳的应聘者；在人员培训上，尽力帮助员工尽快适应市场形势。为了吸引人才加入，薪酬标准的确定应侧重于外部竞争力，绩效评估强调结果，并强调员工对企业发展的贡献。

在创业公司成长期间，公司规模扩大，员工人数也有所增加，因此有必要设立不同的部门和职业。这样一来，从工作分析的角度来看，重点在于各部门内部活动的定义以及部门内部的职位、员工的招聘，根据所需要的活动来选择每项工作的特点和人员。对于培训，可以增加对职业培训的思考。在薪酬激励方面，注意提高员工满意度，需要开始关注外部以保持竞争力。在绩效评估方面，同时注重结果和行为。

在新的业务中，成熟的企业必须加强长期稳定、健康的生产经营活动，提高人力资源开发的经济效益。相对健康的人力资源管理规则和规范，要有对各级管理人员的知识培训，需要调整薪酬结构，适当增加长期薪酬，以稳定劳动力，对于绩效考核要加强对员工行为的评价。

由于公司的惯性和机构的惯性，公司往往在成熟期间下降，所以公司需要做出新的改变并进入新的开发周期。从外部输入新的血液可以带来新的活力，也可以植入人力资源开发危机感，创造良好的变革环境，同时，在绩效考核上，需要加大对绩效优秀者的奖赏和对绩效不良者惩罚的力度，配合变革的推行。

四、新创企业人力资源管理的关注焦点

1. "选人"是新创企业获得发展的前提

放弃不合理的家族式管理，采取市场化的选拔机制。人才竞争是重中之重。许多创业公司正在投入大量精力为采购和市场开发提供资金，而且他们不会在人力资源管理方面投入巨资。因此，很多新创公司都是由学生圈、朋友圈、家庭圈组成的。企业管理完全是针对家庭成员的，更多地诉诸情感，而不是基于标准化系统的人力资源管理。这种低层次人力资源管理的缺点在公司开始时尚不明确，但并不意味着没有问题。

创业公司在选择人才时，必须建立科学、合理的人才选拔制度，以保障人才供给。企业家需要给予家庭内外的人才平等机会，以便大胆运用懂管理的人才，使其担当重要职务。如果家庭管理失败，我们应该放弃内部管理人员，并为家庭成员以外的管理人员提供

必要的职权。管理人员应该受到国家法律和公司规则、法律的监督，并且不应仅仅依靠家庭伦理。

2. "用人"是新创企业获得发展的关键

（1）坚持"人尽其才，才尽其用"的用人原则。新创企业的组织设计所需要的各个岗位责任必须与担任这一职务的人员的才能相匹配，使在位的人员既能胜任，又有一定的挑战性。工作太易，不利于发挥人员工作的创造性和积极性；工作太难，会妨碍人员工作的顺利完成。

（2）提倡"疑人不用，用人不疑"的用人理念。如果有人被任命到某个特定的职位，应该允许他完全发挥自己的才能。新成立的公司可以采用监督、评估的方式，但不能在职权范围内进行干预。

（3）遵循"用人所长，集体配合"的用人程序。人不可能是全才，必然存在相对优势和劣势，用人要用其所长，与此同时，通过相互合作，每个人都要充分发挥自身力量，让其从事有利于发挥其特长的工作；同时，发挥各人的长处，形成优势互补，通过相互配合，弥补个人的不足。

（4）采取"岗位轮换，激励创新"的用人做法。对于比较基层和机械化的工作，可以通过轮岗工作来完成，以防止出现疲惫工作感。这不仅唤起了创新意识，避免陈旧的工作模式的束缚，又不影响工作的完成。对于人才使用来说，培训是一种普遍的做法，但这必须基于公司正常工作不受影响的前提。

3. "留人"是新创企业获得发展的保证

（1）创造留住人才的环境。为了创造一个保留人才的商业环境，我们需要积极改变企业内部环境，努力为人才创造良好发展环境和平台。

（2）营建留住人才的氛围。首先，要树立事业留人、情感留人和待遇留人的观念，强化尊重知识、尊重人才的意识，进一步提高企业对人才的吸引力。其次，要抓住心理动态人才，注重人才短期和长期增长计划，我们需要为人才提供"供氧"和"充电"的机会，要把人才培训纳入新创企业长远发展的统一战略规划，以满足企业的长远发展，不断提高公司整体质量。

（3）完善留住人才的机制。创业公司需要充分利用特殊的地位和灵活的机制来保留各种形式的人才。同时，应从新创企业实际出发，加强精神激励、物质激励、领导行为激励、授权激励、情感激励、股权激励等各种激励制度的建设，努力创造动态竞争、公平透明的人力资源管理系统。同时，以良好的激励手段吸引人、激发人，努力营造一个不拘一格、能上能下、能进能出、动态竞争、公平透明的人才管理制度；营造一个富有激励机制的环境，以此来引进、发现、培养和使用人才，使人才成为企业发展的活力源，从而成功地走出一条依靠人才提高新创企业经济效益的新路。

第二节　财务管理模拟

财务管理是企业经营管理的重要一环，无论从企业的创立到企业的发展壮大，整个经营过程都离不开财务活动。

一、财务管理的概念

企业财务活动涉及的内容很多，主要包括起始的资金筹措和投入、资金的使用、资金的收回以及利润分配等。

二、财务管理的特征

（1）价值管理。企业财务管理的本质属性便是价值管理，是指利用企业的资金、收入、成本、利润等价值指标，组织企业价值的形成、实现和分配的经济活动。

（2）职能多样性。企业财务管理的职能涉及方面较广泛，其基本职能便是企业的财务决策，还包括组织、监督等职能。

（3）内容广泛。财务管理包括的内容具有广泛性，主要有资金筹集、资金运用和资金分配等一系列行为。此外，还包括新企业的设立、合并、分立、改组、解散、破产等财务处理内容。

（4）综合管理。财务管理是企业的一项综合性管理工作。企业经营活动的质量效果都可以通过经营活动加以综合反映。能够合理组织企业资金活动，有利于促进企业各个方面的生产经营活动。

三、财务管理实施

新创企业财务管理组织结构应该根据最新规定设置财会管理体制，实行统一领导的分级管理制度。企业实行自主经营、自负盈亏、自我发展、自我约束，依法享有权利、承担民事责任。企业内部需配备专职财务人员。

（1）新创企业法人代表的主要职责。①单位负责人对本单位会计资料的真实、完整性负责；②确定企业财会机构的具体设置，并建立健全企业财会的内部控制；③组织计划拟订财务管理的具体实施办法，并且按照相应的程序报批、执行；④根据企业的预算方案组织生产经营；⑤接受、配合审计机关、税务、财政部门的监督；⑥财务负责人承担的主要职责；⑦主持领导本级财务部门的工作，组织监督本部门财务人员认真负责地完成各项会计业务工作，同时包括聘任或解聘财务人员；⑧向本单位的相关部门、各经营单位下达并落实制定的收入、费用、利润等财务考核指标；⑨参与公司的重大经济合同、重大发展新项目、重大投资项目的可行性研究报告，并提出财务意见；⑩定期负责编制企业的财会报告，并组织负责清产核资；⑪贯彻国家的财经政策和规定，坚持增收减支原则，以提高企业经济效益；⑫负责监督、检查企业的资金使用情况、费用开支是否合理，严格审核业务发生的原始凭证、账单及账表，杜绝企业各项不合理支出等的浪费；⑬认真协调相关部门、单位与财务部门的关系。

（2）企业财会机构的主要职责。本机构部门主要负责企业的经济核算和各项财务管理，包括生产经营过程中涉及的全部财务、会计核算；按照会计准则如实地反映企业的经营状况和财务成果；对于各项财务支出需要认真监督；依法计算缴纳国家税收；定期向相关部门报送企业的财务决算信息；参与企业经营决策，统一调度资金的使用；统筹财务工作出现的问题；组织并指导本级及下属单位的经济核算和财务管理工作。

（3）企业各级财务人员的主要职责。拒绝受理不合法、不真实的原始凭证，并且一经发现及时向单位负责人报告；对于记载不完整、不准确的原始凭证应予以退回，并要求补充、更正。如发现账簿记录与企业实物、款项不符，严格按照有关规定及时处理，对于无权处理的事项，立即报告本单位的领导，待查明原因报批后，及时处理。企业除了设置法定会计账册，不得再另立企业会计账册。不得以个人名义开立账户存储企业资金。

监管企业各项款项的收支环节。财务部门应当设立3个环节监督本企业的各款项收支情况，包括各项费用支出及投资性款项：①事前环节。这是事前主动检查环节，依据业务合同、批准手续、用款计划等检查款项支出是否真实、合理、符合相关规定。②事中环节。此环节主要是检查各项支出款项的汇出地点、时间，以及是否合法地进入对方账户，并监督检查是否改变款项用途。③事后环节。此环节主要是检查资金使用效益是否与合同目标相符，并检查资金的回笼和回收状况。

建立企业稽查制度。企业内部的各级财务部门都必须建立完善稽查制度，岗位互相牵制，出纳人员与财会人员不得兼任核算工作；不得兼管会计档案保管工作，不得兼管企业各项收入、费用、债权债务等账目登记工作。

力求稳定财会人员，不得随便调动。企业聘任财务主管、财务部门机构负责人需经过上级单位同意。总公司本部或子公司的财务机构负责人、财务总监由公司董事会根据实际情况决定直接聘任或解聘。如果财会人员因故离职或者有人员调动，必须与新接替人员按照公司规定程序交接手续，否则不得离职；对于被合并、被撤销单位的财会人员必须向有关人员编制资金、财产、债权债务的移交清单，并办理交接手续。移交的材料主要包括移交前所掌管的会计凭证、账目、报表、款项、公章以及尚未了解的事项。移交现场必须有监理人，对于企业一般财会人员的交接，需由所在单位领导与财务部经理同时进行；并由公司分管财务负责人监交。

强化财务人员后续教育制度。规定后续教育时长不得少于 68 小时。公司每年组织举办业务培训，并且每次培训都不少于 3 个工作日，此外，还需聘请专家针对新业务、新的财会知识为财务人员进行培训。

公司下属单位的财务机构也应定期组织本单位财务人员进行岗位培训。

四、会计核算原则

我国企业应该执行企业会计法、会计准则以及分行业的会计制度，同时也要遵守其他法律规定的会计核算一般原则，遵守会计凭证和账簿以及内部审计、财产清查等事项的相关规定。应当针对以下事项办理会计手续，执行会计核算：财务收发、使用和增减；有价证券的收支；相关债权、债务业务的发生和结算；有关资本、基金的增减变化和经费的收支；计算收入、成本、费用等事项。

我国会计准则要求企业记账一律采取借贷记账法，记账原则采取权责发生制，并且坚持资本确定、资本保全、资本充实的原则。公司一经选定的会计处理方法，会计前后各期必须保持一致，不经董事会的同意，不得随意更改会计处理方法，以影响前后期会计信息的比较。

与本企业经营合作的其他企业，需按照合同规定的资本总额、出资方式、出资比例在规定期限投入资本。具体包括如下几方面：以现金进行投资，应根据收到或者存入开户行的日期及金额作为企业的记账凭证；以厂房、设备、原材料等非货币性资产进行投资的，需要基于合同条款检验核实收到的实物清单状况、金额，并以收到实物的具体日期作为企业的记账依据，需办理产权过户手续的资产，还需在有效期内办理产权过户手续；本企业向其他单位投出的资金，应该按照投出的时间、交付的金额进行入账，发生的收益、损失也需反映在投资收益科目上。

对于企业的长期借款支出，需要根据用款单位使用时间的长短确认利息归属。

基于会计的谨慎性原则，企业需要在年末对应收账款余额采用不同方法计提坏账准备。比如根据账户余额的5‰计提坏账准备。

五、货币资金与结算资金的管理

其一，库存现金管理。出纳人员工作必须做到日清月结，需要定期或者不定期地由有关人员进行抽查，不得挪用企业现金、不得通过白条抵库，做到账实相符。提取现金时，必须至少有两人同时前往办理。凡是可以通过支票支付的各项款项不需用现金支付。现金支出必须通过财务总监或者财务经理的签字才可以付款，如果财务总监或者经理暂时性离岗，则应由其书面委托人代为签字。

现金的使用范围如下：用于企业的日常零星支出，一般在 1000 元以下，例如用于差旅费的现金、支付给各人的津贴和奖金等其他事项。

差旅费的借款说明：首先需由出差人员本人填写借款申请单，申请单上的内容应该全面具体，包括出差的日期、地点。出差人员回企业后必须及时报销清账。其他借款，借款人填写申请单，经公司经理级以上领导签字，并由签字人负责此款的归还，如不能按期归还或出现损失，全部责任由签字人负责。

其二，银行存款的管理。银行账户必须按国家规定开设和使用，银行账户只供本单位经营业务收支结算使用，严禁出借账户供外单位或个人使用，严禁为其他单位或个人代收代支、转账套现。

银行账户的账号必须保密，非因业务需要不准外泄。公司各管理部门原则上不许开设银行账号，因工作需要开设账户的，需报集团公司财务部批准；已经开设的，需向公司财务部补办备案手续。

银行账户印监的使用实行3章分管并用制，即财务章由会计保管，另外2枚由本人各自保管，不准一人统一保管使用。印监保管人临时出差时由其委托他人代管。

银行支票的使用规定。业务人员到财会机构领用银行支票，必须凭付款审批单，经主管领导及经办人签字，写明用途、金额、日期。

其三，应收账款管理。应收款明细账调减必须要有分管领导书面批准；建立应收款内部管理报告制度。分管应收账款的财务人员在每月20日前对上月账中的应收账款进行清理，并根据工程（购销）合同及企业应收货款规定进行应收账款账龄分析，对拖欠货款（工程合同超过2个月，购销合同超过1个月）理出清单不得拖延，并理出潜在核销账款交主管领导，由合同签订单位提出解决办法，经主管领导批准之后执行。分管其他应收款的财务人员在每月10日前对上月末按集团公司规定归还借款的单位和个人的应收账款进行清理，对不按规定及时还款的个人扣发当月工资，并通知有关部门领导及时催收。

第三节　营销基础模拟

对于新创企业来说，市场营销活动会影响创业的成功与否，因此创业企业要十分注重市场营销活动，用科学的营销观念指导企业的营销活动。本节主要从市场营销调研与预测、市场细分与定位、产品与价格、分销与促销四大方面对新创企业的市场营销活动进行介绍。

一、市场营销调研与市场预测

新创企业的市场营销管理工作要以深入、科学的市场营销调研为基础，通过营销调研，新创企业可以掌握详细准确的市场、营销环境、竞争者、顾客等信息，而这些信息正是新创企业营销管理决策的基础。以营销调研为基础，新创企业运用科学的预测方法可以帮助企业制定和调整战略和策略，从而获得市场营销活动的成功。

1. 市场营销调研与市场预测的含义

市场营销调研就是新创企业运用科学的方法，有目的、有计划地收集、整理和分析研究有关市场营销方面的信息，获得符合客观事物发展规律的见解，提出解决问题的建议，供营销管理人员了解营销环境，发现机会与问题，从而作为市场预测和营销决策的依据[①]。

市场预测就是在市场调研的基础上，利用一定方法或技术，测算一定时期内市场供求趋势和影响市场营销因素的变化，从而为新创企业的营销决策提供科学的依据。

2. 市场营销调研常用方法介绍

（1）市场实验法。实验法是指从影响调查问题的许多因素中选出几个因素，将它们置于一定条件下进行小规模的实验，然后对实验结果做出分析的调查方法。如根据一定的调查研究目的创造某种条件，采取某种措施，把调查对象置于非自然状态下观察其结果。

（2）直接观察法。这种方法主要凭借调查人员直接感觉或者可以借助一些仪器设备，跟踪、记录和观察被调查对象的活动，来获取信息。新创企业对顾客行为观察、营业状况观察、顾客流量调查时，都可以采用这种方法。

（3）网络调查。随着互联网的发展和普及，新创企业在进行市场调研时可以借助网络进行调查。新创企业利用电子邮件、电子公告板、网络会议、网络社交平台等形式进行调查。这种方法不受时空限制，成本较低，问卷处理程序简化。

（4）问卷调查。新创企业借助于调查问卷进行相关问题的调查，这是调研中较常用、较为有效的方法，通过问卷调查可以使新创企业了解市场需求、消费者偏好、顾客满意度等，从而制定相应营销决策。

（5）电话访问。电话调查员按照事先确定的样本范围，通过电话调查样本对象的意见。这种方法具有经济、快速与节省时间的优点，适宜访问不易接触到的被调查者。此方法对调查员的语言表达能力有一定要求。

3. 市场预测的常用方法

（1）定性预测方法。定性预测方法常见的有头脑风暴法、德尔菲法和销售人员意见综合法。

---

① 吴健安等. 市场营销学（第五版）［M］. 北京：高等教育出版社，2014：134.

其一，头脑风暴法。头脑风暴法是采用开调查会的形式，将有关专家召集到一起，向他们提出要预测的题目，让他们通过讨论做出判断。头脑风暴法是通过有关专家之间的信息交流，引起思维共振，产生组合效应，从而导致创造性思维。

其二，德尔菲法。这是由美国兰德公司发明的一种新型专家预测方法，它通过寄发调查表的形式征求专家的意见，专家在提出意见后以不记名的方式反馈回来。组织者将得到的初步结果进行综合整理，然后反馈给专家，请他们重新考虑后再次提出意见。经过几轮的匿名反馈过程，专家意见基本趋向一致，组织者依此得出预测结果。

其三，销售人员意见综合法。销售人员意见综合法是组织者召集有经验的销售人员对顾客的购买量、市场需求变化趋势、竞争对手动向等问题进行预测，然后对预测结果进行综合的预测方法。

（2）定量预测方法。定量预测方法主要有时间序列法和回归分析法。

其一，时间序列法。时间序列法是根据历史统计资料的时间序列，预测事物发展的趋势。时间序列法主要用于短期预测，常用的有简单平均法、移动平均法、指数平滑法。

其二，回归分析法。回归分析法是根据事物的因果关系对变量的一种预测方法。因果关系普遍存在，比如，收入对商品销售的影响，降雨量对农产品生产的影响等①。

二、市场细分与市场定位

1. 市场细分及其作用

市场细分（Marketing Segmentation）指新创企业利用细分标准把某一市场划分为具有不同需求的顾客群体的过程或行为。通过市场细分，新创企业可以更好地认识和了解目标顾客。一般来说，细分市场对新创企业具有下列作用：首先，有利于新创企业发现市场机会；其次，有利于选择目标市场；再次，通过市场细分，新创企业制定的营销组合策略更科学；最后，合理的市场细分有利于提高新创企业的竞争力。

2. 市场细分标准（以消费者市场为例）

（1）地理变量。按照消费者所处的地理位置、自然环境来细分市场。比如，根据国家、地区、城市规模、气候、人口密度、地形地貌等方面的差异将整体市场分为不同的小市场。

（2）人口变量。按人口统计变量，如年龄、性别、家庭规模、家庭生命周期、收入、职业、受教育程度、宗教、种族、国籍等为基础细分市场。

---

① 胡振兴．现代创业管理［M］．武汉：华中师范大学出版社，2007：106 - 107.

（3）心理变量。根据购买者所处的社会阶层、生活方式、个性、购买动机、追求利益等心理因素细分市场就叫心理细分。

（4）行为变量。根据购买者对产品的了解程度、态度、使用情况及反映等将购买者划分成不同的群体，叫作行为细分。许多人认为，行为变数能更直接地反映消费者的需求差异，因而成为市场细分的最佳起点。

3. 市场细分原则

新创企业的市场细分工作要想取得成效，必须遵循下列四条基本原则：可实现性、可盈利性、可衡量性和可区分性。

4. 目标市场营销战略

目标市场是新创企业打算进入的或者是准备服务的顾客群体。新创企业可根据具体条件考虑以下三种不同战略。

（1）无差异市场营销战略。指企业把整个市场作为一个整体市场，企业只提供一种产品、一致的市场营销组合，满足市场需求。这种战略最大的优点是成本的经济性。

（2）差异性市场营销战略。企业基于消费需求的差异把整个市场划分为不同的子市场，根据企业的资源情况和目标，为不同的子市场制定不同的市场营销组合。不少新创企业实行多品种、多规格、多款式、多价格、多种分销渠道、多种广告形式等多种营销组合，满足不同细分市场的需求。

（3）集中性市场营销战略。指新创企业集中设计生产一种或一类产品，采用一种营销组合，为一个细分市场服务。集中性市场营销战略以整个市场中某个小市场为目标市场。

5. 市场定位

（1）市场定位概念。市场定位是根据竞争者现有产品在细分市场上所处的地位，消费者对于产品某些属性的重视程度和偏好，依据新创企业的实际情况，塑造本企业产品或服务特色的形象，并且通过各种传播渠道传递给企业的目标消费者，使产品在竞争中处于有利位置。

（2）市场定位的方法。

其一，重新定位。重新定位是新创企业改变市场对其原有的印象，使目标顾客对其建立新的认识的过程。例如如果目标消费者的偏好发生变化，那么企业就需要重新定位。

其二，迎头定位。新创企业选择现有市场上占支配地位的竞争者，在与其相近或重合的市场位置上，争夺同样的目标顾客。

其三，避强定位。新创企业为了降低竞争的激烈程度，在定位时将其位置定在市场上空白领域，推出销售目前市面上没有的特色产品或服务。

三、产品与价格

在市场营销组合中最基本的因素就是产品，它是其他策略的基础。新创企业的价格直接影响企业的收入及利润，它是营销组合中最活跃的因素。

1. 产品及产品整体概念

现代市场营销学中，产品指通过交换而满足人们需要和欲望的因素或手段，包括新创企业提供给市场，能够满足企业目标消费者需求的任何有形产品、无形服务及混合品。

现代市场营销理论认为，产品整体概念包含核心产品、形式产品、期望产品、延伸产品、潜在产品五个层次。核心产品是指购买者购买某种产品时所追求的利益，是顾客真正要买的东西，因而在产品整体概念中也是最基本、最主要的部分。形式产品指核心产品借以实现的形式，包括品质、式样、特征、商标及包装。期望产品是消费者在购买时期望获得的与产品相关的一整套属性和条件。延伸产品指顾客购买产品时得到的各种附加利益，包括安装、维修、送货等。潜在产品指可能发展成为未来最终产品的潜在状态的产品。

2. 产品生命周期及营销策略

产品生命周期是指产品的市场寿命周期或经济寿命周期，即一种产品从开始进入市场到被市场淘汰的整个过程，分为引入期、成长期、成熟期、衰退期四个阶段。

（1）引入期的营销策略。这时期的特征是产品销量小，单位成本高，产品的技术、性能有待进一步完善，销售利润很低甚至亏损。引入期可供选择的营销策略如下：①快速撇脂策略，即以高价格、高促销费用推出新产品。高价策略可以尽快获取最大利润，尽快收回投资；高促销费用能够尽快建立产品的知名度，进一步占领更多的市场份额。②缓慢撇脂策略。以高价格、低促销费用推出新产品，目的是以尽可能低的费用开支求得更多的利润。③快速渗透策略，以低价格、高促销费用推出新产品。目的在于先发制人，以最快的速度打入市场，取得尽可能大的市场占有率。④缓慢渗透策略，以低价格、低促销费用推出新产品。低价可扩大销售，低促销费用可降低营销成本，增加利润。

（2）成长期市场营销策略。成长期商品销售额迅速上升，生产、销售成本大幅度下降，价格趋于下降，利润上升，竞争者开始进入市场。这一时期的营销策略为：改善产品品质，如改变产品款式、发展新型号、增加新功能、开发新用途等。寻找新的细分市场，改变广告宣传的重点。这一时期广告宣传的重点为建立良好的品牌形象，树立品牌知名度。企业依据实际情况对产品价格进行调整，以吸引更多顾客购买产品。

（3）成熟期市场营销策略。进入成熟期以后，产品的销售量增长缓慢，逐步达到最高峰，然后缓慢下降；产品的销售利润也从成长期的最高点开始下降；市场竞争非常激烈，各种品牌、各种款式的同类产品不断出现。

对成熟期的产品，可以采取以下三种策略：①市场改良。这种策略要发现产品的新用途、寻求新的用户或改变推销方式等，以使产品销售量得以扩大。②产品调整改良。例如提高品质、增加产品特性、产品式样美化、提供更优质的服务等。③市场营销组合改良。即通过对产品、定价、渠道、促销四个市场营销组合因素加以综合调整，刺激销售量的回升。

（4）衰退期的营销策略。衰退期的主要特点：产品销售量急剧下降；新创企业从这种产品中获得的利润很低甚至为零；大量的竞争者退出市场；消费者的消费习惯已发生改变等。通常有以下几种策略可供选择：①维持策略，继续沿用过去的策略，仍按照原来的细分市场，使用相同的分销渠道、定价及促销方式，直到这种产品完全退出市场为止。②集中策略，把新创企业资源集中在最有利的细分市场和分销渠道上，从中获取利润。这样有利于缩短产品退出市场的时间，同时又能为新创企业创造更多的利润。③收缩策略，尽最大可能削减各种营销费用，以增加企业的所获利润。

3. 定价策略

（1）新产品定价策略。新产品定价策略如下：

其一，撇脂定价，指新产品上市之初，将价格定得较高，以使企业尽快收回投资，然后随着时间的推移，再逐步降低价格。

其二，渗透定价法，指新产品上市之初，将产品的价格尽量定得低一些，以打进市场或者扩大市场占有率。

其三，满意价值定价，一种介于撇脂定价与渗透定价之间的方法，以获取社会平均利润为目标。

（2）心理定价策略。心理定价策略如下：

其一，声望定价，主要适用于名牌新创企业、名牌商店和名牌产品。由于声望和信用高，用户也愿意支付较高的价格购买公司的产品。例如在化妆品的定价中，大部分顾客愿意购买高价产品并且认为价高质优。

其二，尾数定价，在确定零售价格时，以零头数结尾，给顾客带来便宜的心理满足感。该策略适用于非名牌和中低档产品。

其三，招徕定价，为了促进商品销售，把个别产品价格定得很低，甚至低于成本，以达到吸引顾客，从而产生溢价销售。

（3）价格折扣策略。价格折扣策略如下：

其一，现金折扣策略。在允许买主延期付款的情况下，如果买主提前交付现金，可以按照原价给予一定的折扣，这有利于鼓励顾客提前付款。

其二，数量折扣策略。主要是根据中间商和用户的购买数量，采用不同的价格折扣，以鼓励大量订货或者一次性多购买产品，具体可用非累进折扣和累进折扣等方法。

其三，业务折扣策略。主要是为了调动中间商的积极性，一般是根据中间商在市场营销中担负的不同业务功能，给予不同的价格折扣。

其四，季节性折扣策略。主要适用于某些商品在市场销售中有旺季和淡季区别的情况，利用季节价差，鼓励中间商在淡季时大量订货。

（4）差别定价策略。差别定价策略如下：

其一，顾客差别定价，企业按照不同的价格把同一产品卖给不同的顾客。因为不同的顾客对产品的需求不同，企业在定价时可以给予优惠或相应提高价格。

其二，产品形式差别定价，企业对不同型号或形式的产品，分别制定不同价格。

其三，销售时间差别定价，企业对不同季节、不同时期甚至不同钟点的产品或服务制定不同价格。

四、分销与促销

1. 分销渠道概念

通常指促使某种产品或服务能顺利地经由市场交换过程，转移给消费者（用户）消费使用的一整套相互依存的组织。成员包括产品或服务从生产者向消费者转移过程中，取得这种产品或服务的所有权或帮助所有权转移的所有企业和个人。[①]

2. 分销渠道级数

根据有无中间环节以及中间环节的多少，分销渠道可分为零级渠道、一级渠道、二级渠道、三级渠道。消费品分销渠道如图9－1所示。

3. 分销渠道策略

通过确定渠道模式选择渠道长度；通过确定中间商数目选择渠道宽度；分销渠道成员的条件和责任；价格政策；销售条件；评估销售渠道方案有经济性、可控性、适应性。

---

① 吴健安等. 市场营销学（第五版）［M］. 北京：高等教育出版社，2014：272.

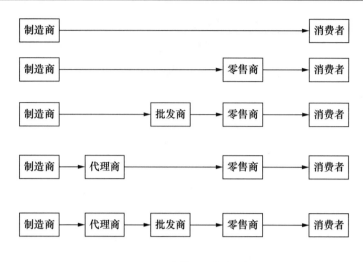

图 9 - 1　消费品分销渠道

4. 促销的含义及其作用

促销是企业通过人员和非人员的方式，沟通企业与消费者之间的信息，提升品牌形象，引发、刺激消费者的购买欲望，使其产生购买行为的活动①。促销的作用：第一，新创业企业通过促销联系新创企业与消费者，促销可使消费者强烈感受到在新创企业购物的好处，从而对新创企业和商品产生兴趣，实现新创企业与消费者之间的沟通。第二，促销可以促进消费者的购买行为。促销能够鼓励现实消费者的重复购买和大量购买以吸引潜在消费者，激发其产生购买欲望，促成其购买活动。第三，新创企业通过促销活动可以树立企业良好的形象。新创企业运用促销手段不仅可以宣传企业，还能够使消费者认识到企业给他们提供的各种利益，有利于树立企业良好的形象。第四，促销也是企业竞争的武器之一。当竞争者大规模地发起促销活动时，新创企业通过采取针锋相对的促销方式，可以有效地抵御和击败竞争对手。

5. 促销方式

（1）人员推销。人员推销是新创企业运用推销人员直接向推销对象推销商品或服务的一种形式。如在保险行业中，主要指派推销人员与客户直接面谈交易，沟通信息。人员推销方式具有直接、准确和双向沟通的特点。这种方式较灵活，针对性强，容易促成及时成交，但对人员素质要求高，费用成本高。

（2）广告。广告就是广而告之，是指由商品经营者或服务提供者承担费用，通过一定媒介和形式直接或间接地介绍自己所推销的商品或者所提供的服务。为了提高广告的效

① 吴健安等. 市场营销学（第五版）［M］. 北京：高等教育出版社，2014：301.

果，新创企业的广告要遵循真实性、社会性、针对性、简明性、艺术性原则。

（3）销售促进。又称营业推广，指新创企业运用各种短期诱因鼓励消费者和中间商购买、经销（或代理）企业产品或服务的促销活动①。销售促进注重短期效果，不是一种常规性的促销方式，因为这种方式如果长期使用会贬低品牌形象。

（4）公共关系。新创企业在从事市场营销活动中正确处理企业与社会公众的关系，以便树立品牌及企业的良好形象，从而促进产品销售的一种活动②。公共关系活动着眼于企业长期关系的建立，为企业创造和谐的内外部环境。公共关系的活动方式有宣传性公关、征询性公关、赞助性公关、服务性公关几种方式。

本章小结

本章主要介绍了新创企业的三个模拟环节，包括人力资源管理模拟基础、财务管理模拟基础、市场营销模拟基础。比如人力资源管理决定创业过程中人才的数量与质量问题的衡量、财务管理中应遵守什么样的准则、市场营销中的定价技巧等，每节内容都是从基础理论出发，以为新创企业的顺利进展提供帮助。

关键概念

新创企业人力资源管理目标　财务管理　市场营销调研　市场细分　市场定位　产品分销渠道　促销

思考题

1. 新创企业市场营销的基本内容有哪些？
2. 请谈谈市场营销活动在创业中的作用。
3. 新创企业人力资源管理的基本内容有哪些？

---

① 吴健安等．市场营销学（第五版）[M]．北京：高等教育出版社，2014：316.
② 吴健安等．市场营销学（第五版）[M]．北京：高等教育出版社，2014：313.

4. 你是如何理解人力资源管理在创业管理过程中的重要性的？

 案例分析

一、希尔顿的微笑服务

美国"旅馆大王"希尔顿在 1919 年将父亲留给他的钱连同自己挣来的钱进行投资，开始了他雄心勃勃的经营旅馆的生涯。当他的资产从 1500 美元奇迹般地增值到 5100 万美元的时候，他欣喜而自豪地把这一成就告诉母亲。想不到，母亲却淡淡地说："依我看，你跟以前根本没有什么两样……事实上你必须把握比 5100 万美元更值钱的东西：除了对顾客诚实之外，还要想办法使来希尔顿旅馆的人住过了还想再来住，你要想出这样一种简单、容易、不花本钱而行之久远的办法去吸引顾客。这样你的旅馆才有前途。"

母亲的忠告使希尔顿陷入沉思：究竟什么办法才具备母亲指出的"简单、容易、不花本钱而行之久远"这四大条件呢？他冥思苦想，不得其解。于是他逛商店、串旅馆，以自己作为一个顾客的亲身感受，得出了准确的答案："微笑服务。"只有它才实实在在地同时具备母亲提出的四大条件。

从此，希尔顿实行了微笑服务这一独创的经营策略。每天他对服务员说的第一句话是，"你对顾客微笑了没有？"他要求每个员工不论如何辛苦，都要对顾客投以微笑，即使在旅店业务受经济萧条严重影响的时候，他也经常提醒员工记住："万万不可把我们心里的愁云摆在脸上，无论旅馆本身遭受的困难如何，希尔顿旅馆服务员脸上的微笑永远是属于顾客的阳光。"

为了满足顾客的要求，希尔顿"帝国"除了到处都充满着微笑外，在组织结构上，希尔顿尽力创造一个尽可能完整的系统，以便成为一个综合性的服务机构。因此，希尔顿饭店除了提供完善的食宿外，还设有咖啡厅、会议室、宴会厅、游泳地、购物中心、银行、邮电局、花店、服装店、航空公司代理处、旅行社、出租汽车站等一套完整的服务机构和设施，使得到希尔顿饭店投宿的顾客，真正有一种宾至如归的感觉。当他再一次询问他的员工们："你认为还需要派置什么？"员工们回答不出来，他笑了："还是一流的微笑！如果是我，单有一流设备，没有一流服务，我宁愿弃之而去，住进虽然地毯陈旧，却处处可见到微笑的旅馆。"

（资料来源：丁丁. 希尔顿经营智慧——世界财富精英成功之路［M］. 北京：中国商业出版社，2001.）

思考题

1. 微笑服务体现了一种什么观念?
2. 希尔顿留住顾客仅仅是靠微笑服务吗?

二、金山软件公司在人力资源管理上的独到之处

说起"金山软件公司"的名字,相信对计算机有些许了解的人都有所耳闻。金山软件公司一度被称为"程序员部落"。是什么东西让金山软件公司吸引并留住了一批优秀的程序员?金山软件公司在人力资源管理方面有什么独到之处?

金山软件公司注重对新人的培养,这在业界是出了名的,每年9月开始的"高校行"活动就是一个明证。金山软件公司特别愿意吸引那些刚刚走出大学校门的应届毕业生加盟,因为金山软件公司对自己的"人才造血功能"是自信的。金山软件公司很注重对新员工在企业文化方面的培养。刚刚走出校门的毕业生还都是白纸一张,可塑性很强,他们在进入金山软件公司之后更容易接受金山软件公司的企业文化,以便融入到金山软件公司的氛围中来。金山软件公司会为每位新加入的毕业生准备一个为期两周的岗前培训。值得一提的是,这个培训绝不是业务培训,而是主要针对企业文化方面的培训。金山认为,一个员工首先要认同公司的企业文化和价值观,金山软件公司有很好的文化氛围和合作氛围。因此工作经验不重要,重要的是心态端正。

一般而言,由于软件公司自身的特殊性,所以在招聘员工时专业性也很强。但对金山软件公司而言,毕业生是否一定是学计算机专业的并不重要。金山软件公司走进全国近20所综合类院校,除了计算机专业外,还招数学、物理专业,甚至还有文科类专业的毕业生。在金山软件公司看来,计算机专业的毕业生基础很好,但这不是最重要的。子曰:"能之不如好之",最重要的是要对这一行充满兴趣和激情。只有狂热的兴趣,才能对从事的工作抱有激情和创造力,才会主动投入很多的时间和精力。这正如同样出于对软件的狂热爱好,而造就了今天金山软件公司的董事长求伯君一样。

说到对应届毕业生的吸引力,不得不提到金山软件公司提出的"大学5年级"概念。金山软件公司之所以能够吸引到大批应届毕业生的加入,原因之一是毕业生们对金山软件公司这个品牌认可。其次就是金山软件公司提出的"大学5年级"概念让他们觉得有安全感和归属感。以往的经验表明,绝大多数刚进入社会的毕业生或多或少都会感到有些无所适从,毕竟这是由一个相对封闭且单纯的校园直接跨入到一个赤裸裸的商业社会中去。事实证明,毕业生进入社会所从事的前几份工作,特别是第一份工作对他们日后的个人发展影响非常大,会在很大程度上左右他们将来的职业价值取向、职业习惯和职业道德等。因此,金山软件公司的想法是为大学毕业生提供一段衔接时间,或者说是一个类似从校园到社会的缓冲区,以便让毕业生们可以更平稳地过渡。这就是"大学5年级"概念。事

实证明，这一措施的意义相当深远。

当然，金山软件公司看重对毕业生的吸引和培养，与引进外界一些有一定工作资历和经验的人才并不构成矛盾。一方面他们已有的资历和经验可以让他们很快进入角色，另一方面也能够为企业带来外界的新鲜空气。但还要看他们能否认同金山的文化，这一点是最重要的。

金山软件公司尊重人性。能力与个性无关，每一个企业内都多少会有一些个性特殊的人，而软件行业又是公认的"个性聚集地"，这个行业的特殊性需要企业包容有个性的人才。因此金山用人又是公认的"个性聚集地"，这个行业的特殊性需要企业包容有个性的人才。因此金山用人的基本点是首先对人，对人性的尊重。公司认为个人能力与其性格是毫无关系的，性格的不同只会导致处事的方式不同。只要确实是有能力，无论性格木讷还是张扬，都能在金山找到自己的位置，公司绝不会强迫员工改变自己的性格和习性。

作为一家软件公司，金山的员工中程序员占很大比例。而程序员公认是一个比较特殊的群体，他们往往都有一个信念，希望能同自己一样优秀以及比自己更加优秀的人一起共事。而他们对其他方面，对能力之外的东西关注得很少。金山软件公司为程序员提供的正是这样一个"单纯"的工作氛围，就是一帮气质很"干净"、积极进取的年轻人在一起，他们平均年龄也就在二十四五岁上下，充满朝气，当然也有些幼稚。这种"干净"，实际是一种程序员特有的文化。在这种"干净"的环境中，搞欺上瞒下、搞拉帮结派都是没有市场的。

同时，金山软件公司十分注重对员工精神方面的激励，在物质方面却有所不足。金山软件公司的薪资水平在业界的确不算高，而是处于一个中等的水平。特别是对于一个应届毕业生，金山软件公司认为对他们而言最重要的东西是能获得什么样的发展机会，能尽快学到有用的东西，而不是一味地只在薪资上计较。因为除了薪资，金山软件公司还为员工提供更多的东西。

对员工的在职培训就是金山在薪资之外对员工的承诺之一。对于程序员，公司资助他们参加程序员等级认证考试，而当他们提出想继续读书深造时，公司还会根据实际情况为他们资助部分学费。此外，金山软件公司还特别注重对员工一些"细枝末节"方面的培训，比如礼仪方面，邀请高级讲师的"魔鬼训练"，内容包括极限运动等，主要培养员工的团队精神和协作能力。

（资料来源：胡振兴. 现代创业管理［M］. 武汉：华中师范大学出版社，2007.）

思考题

1. 谈谈对金山软件公司人力资源管理的认识。
2. 金山软件公司的人力资源管理对创业企业的启发有哪些？

第十章
新企业的开办与生存管理

 导入案例

"活着"以及如何活？——华为的崛起之路

1988 年，在深圳龙岗区南油新村乱草堆中的一个居民楼成立了深圳华为技术有限公司，已经 44 岁的任正非和 5 个志同道合的中年人合伙建立。创业初期异常艰难清苦，正因那时租写字楼一个月至少几千块钱，而居民楼最多三四百元，所以他们选址于此，开始了他们的创业之路。

创业之初，生存是最大问题，只有先"活着"才能发展。任正非当年正是为了牛奶和面包这些基本的生存需求带领着华为人一步步奋斗。尽管如今华为已享誉世界，成为年销售额上千亿元的世界 500 强，但适者生存仍是任正非一直强调的工作宗旨，无论华为今天已经发展得多成功，"活着"仍是任正非天天想着的问题。

公司如何生存，这是创业之初任正非面临的现实问题。任正非自始至终都把华为公司看作他的孩子，他必须让它生存下去。刚开始华为做的都是贸易，与技术无关，也没什么明确的方向，赚钱生存为主，甚至据说华为在初创的时候还卖过减肥药、卖过墓碑，但这终究都不是长久之业，只是任正非为了使华为生存下去必须如此，创业者的艰难可见一斑。

创业从来不是一件容易浪漫的事。任正非经历了从国企干部到民营企业领头人的转变，坎坷的人生之路已入中年，初创阶段的华为更是一家只要有钱赚、能活着就行的小公司，但光能"活着"并不是长久之计，如何活也一直是任正非所思考的发展问题。一个非常偶然的机会，任正非通过别人介绍，开始代理香港鸿年公司的用户交换机产品（即单位里转分机的小交换机)，由此开始才算是走上了销售通信设备的道路，逐步走上了一条技术运营与革新之路。

在那个年代里，装电话需要送礼、走关系还要排队特批，但一旦做成即可一本万利。

代理商只要能在香港搞到用户小交换机，卖到内地去就可以获利 100% 。正是借助这种类似于倒买倒卖的代理业务，当时也赶上了全国人民对电话通信的巨大需求。华为利用这一机会在短短的三四年间，就积累了几百万元的资金，赢得了第一桶金，并借机在全国建立近十个销售办事处，并且借改革的春风企业越做越大。总的来看，华为从农村空隙市场起步，靠 2 万元注册资本起家，通过代理香港鸿年公司的 HAX 交换机，利用差价获得了原始资本积累，不仅解决了"活着"的问题，而且解决了如何活的困惑，最终实现了更好地活着的理想。

（资料来源：张利华. 华为研发［M］. 北京：机械工业出版社，2009.）

第一节　新企业开办

一、新创企业组织形式

对于新创企业而言，选择何种组织形式是必须要考虑的首要问题。根据全国人民代表大会颁布的《中华人民共和国个人独资企业法》、新的《中华人民共和国公司法》和《中华人民共和国合伙企业法》，新创企业虽然有多种可以选择的组织形式，但主要的组织形式有个人独资企业、合伙企业、有限责任公司和股份有限公司。

1. 个人独资企业

《中华人民共和国个人独资企业法》规定，个人独资企业是指由一个自然人投资，财产为投资人个人所有，投资人以其个人财产对企业债务承担无限责任的经营实体。

个人独资企业的设立应当具备一定的条件和程序。设立的基本条件包括：投资人为一个自然人；有合法的企业名称；有投资人申报的出资；有固定的生产经营场所和必要的生产经营条件；有必要的从业人员。

申请设立个人独资企业的程序如下：其一，应当由投资人或其委托的代理人向个人独资企业所在地的登记机关提交设立申请书、投资人身份证明、生产经营场所使用证明等文件。委托代理人申请设立登记时，需要出具投资人的委托书和代理人的合法证明。其二，申请设立个人独资企业的申请书应载明下列事项：企业的名称和住所、投资人的姓名和居所、投资人的出资额和出资方式、经营范围。另外，登记机关收到设立申请文件之日起15 日以内，对符合规定条件的予以登记并发给营业执照，营业执照的签发日期为个人独资企业成立日期。

2. 合伙企业

《中华人民共和国合伙企业法》规定，合伙企业是指由合伙人订立合伙协议，共同出资、合伙经营、共享收益、共担风险，并对合伙企业债务承担无限连带责任的营利性组织。

合伙企业的设立需具备下列条件：有两个以上合伙人；有书面合伙协议；有各合伙人实际缴付的出资；合伙企业的名称；有经营场所和从事合伙经营的必要条件。

合伙企业的设立程序如下：

一是应由全体合伙人指定的代表或者共同委托的代理人向企业登记机关提交登记申请书、合伙协议书、合伙人身份证明等文件。

二是合伙企业确定执行合伙企业事务的合伙人或者设立分支机构的，登记事项还应当包括执行合伙企业事务的合伙人或者分支机构的情况。

三是应当向企业登记机关提交以下文件：全体合伙人签署的设立登记申请书；全体合伙人的身份证明；全体合伙人指定的代表或者共同委托的代理人的委托书；合伙人的书面协议；出资权属证明；经营场所证明；国务院工商行政管理部门规定提交的其他有关批准文件。

另外，营业执照的签发之日为合伙企业成立日期。合伙企业领取营业执照前合伙人不得以合伙企业名义从事经营活动。

3. 有限责任公司

有限责任公司是一种比较普遍的企业法律形式。《中华人民共和国公司法》规定，有限责任公司是指由 50 人以下的股东共同出资，每个股东以其所认缴的出资额为限对公司承担责任，公司以其全部资产对其债务承担责任的企业法人。

按照新《公司法》规定，设立有限责任公司应当具备下列条件：①股东符合法定人数，即由 50 人以下股东共同出资设立。②股东出资达到法定资本的最低限额。新《公司法》将有限责任公司的最低注册资本额一律降为 3 万元，其中货币出资额不得低于公司注册资本的 30%，并允许按照规定的比例在两年内分期缴清出资。公司全体股东的首次出资额不得低于注册资本的 20%，也不得低于法定的注册资本最低限额，其余部分由股东自公司成立之日起两年内缴足。其中，投资公司从宽规定可以在 5 年内缴足。③股东共同制定公司章程。有限责任公司章程由股东共同制定，所有股东在章程上签名、盖章。④有公司名称，建立符合有限责任公司要求的组织机构。⑤有公司住所、固定的生产经营场所和必要的生产经营条件。

4. 股份有限公司

通常认为，股份有限公司以其全部资本为等额股份，股东以其所持股份为限对公司承担责任，公司以其全部资产对公司的债务承担责任。股份有限公司因其设立程序复杂，对注册资本要求高，所以一般不适合创业者选择。

设立股份有限公司应包括以下条件（与有限责任公司基本一致的内容在此省略）：①发起人符合法定人数，应有 2～200 人为发起人，其中须有过半数的发起人在中国境内有住所。②发起人认购和向社会募集的股本达到法定资本最低限额。新《公司法》规定降至 500 万元。发起人的出资方式可以是货币，也可以用实物、工业产权、非专利技术、土地使用权作价出资。发起人以工业产权、非专利技术作价出资的金额不得超过股份有限公司注册资本的 20%。③股份发行、筹办事项符合法律规定。④发起人制定《公司章程》。如公司是采用募集方式设立的，《公司章程》须经创立大会通过。⑤有公司名称，建立符合公司要求的组织机构。⑥有固定的生产经营场所和必要的生产经营条件。

股份有限公司发起人承担公司的等办事务，应当签订《发起人协议》以明确各自在公司设立过程中的权利和义务，并选择发起设立和募集设立两种方式中的一种。一是发起设立，指由发起人认购公司应发行的全部股份而设立的公司。采取发起设立的，注册资本应是在公司登记机关登记的全体发起人认购的股本总额。首次出资额不得低于注册资本的 20%，其余部分由发起人自公司成立之日起两年内缴足。其中，投资公司可以在 5 年内缴足。在缴足前不得向他人募集股份。二是募集设立，是指由发起人认购公司应发行股份的一部分，其余股份向社会公开募集或者向特定对象募集而设立公司。采取募集方式设立，注册资本应为在公司登记机关登记的实收股本总额。法律、行政法规对股份有限公司注册资本的最低限额有较高规定的，以募集方式设立的股份有限公司，发起人认购的股份不得少于公司股份总数的 30%；但是，法律、行政法规如另有规定的，则从其规定。设立股份有限公司，董事会应当于创立大会结束后 3 日内向公司登记机关申请设立登记。表 10-1 比较了不同企业组织的设立条件与特点，可供参考并做出选择。

表 10-1　不同企业设立的条件与特点比较

比较因素	个人独资企业	合伙企业	有限责任公司		股份有限公司
			一人独资有限责任公司	一般有限责任公司	
创建者人数	1 个自然人	2 个以上合伙人	1 个自然人或法人	2～30 个自然人或法人	2～200 个发起人
最低资本注册	由投资人申报出资	由各合伙人实际缴付出资	10 万元	3 万元	500 万元
筹资方式	个人自行筹集	合伙人自行筹集	个人自行筹集实缴	发起人自行筹集，可分期缴齐	发起人可只筹集 30% 以上，其余公开募集
出资方式	不限	合伙人一致认可的出资方式，可以劳务	货币、实物、产权等	货币、实物、产权等	货币、实物、产权等

续表

比较因素	个人独资企业	合伙企业	有限责任公司		股份有限公司
			一人独资有限责任公司	一般有限责任公司	
验资要求	投资者决定	可协商确定或评估	委托评估机构验资	委托评估机构验资	委托评估机构验资
企业责任	无限责任	无限连带责任	以全部资产为限的有限责任	以全部资产为限的有限责任	以全部资产为限的有限责任
创办者责任	无限责任	无限连带责任或有责任	以出资额为限的有限责任	以出资额为限的有限责任	以出资额为限的有限责任
盈亏分组	投资者个人	按约定，未约定则均分	投资者个人	按出资额比例	按股份
权力机构	投资者个人	全体合伙人共同表决一致或遵从约定	投资者个人	股东会	股东大会
执行机构	投资者或委托人	合伙人权利同等，可约定分工或委托第三人	执行董事	董事会或执行董事	董事会
所得税	个人所得税	个人所得税	企业所得税	企业所得税	企业所得税
企业信用	视个人资信	看任何一名合伙人资信	看注册资本数额	看注册资本数额	看注册资本数额
永续性	受投资者影响	受合伙人死亡、退伙等影响	永续经营	永续经营	永续经营
注册后的义务	创办者5年内有责任	创办者5年内有责任	无	无	无

资料来源：杨安，兰欣，刘玉. 创业管理——成功创建新企业［M］. 北京：清华大学出版社，2009：185.

二、新创企业选址

1. 新企业选址的基本事项

正确的创业地址是成功的一半，而选址不当是导致企业创业失败的直接原因。因此创业企业选址时需考虑多方因素，如区域、商圈、客流量、市场环境、物业管理、社会治安、企业税率等，全面、科学地分析创业地点是进行正确决策的重要原则。

通常而言，企业选址应综合考虑政治法律、经济、技术、社会文化和自然环境等影响因素，这些因素中，经济和技术因素对选址决策的制定起基础作用。虽说各影响因素的作用不一，但仍需处理好各因素间的关系。具体而言，需细致分析联系密切的因素，方能正确取舍；各影响因素会根据情势变动而发生变化，因此需因时因地制宜，具体问题具体分析，不能生搬硬套；不同企业情况不一，影响因素作用的考虑也应因之而异。

一般来说，创业选址应包括以下步骤：一是市场信息的收集和研究。主要可通过亲自收集的第一手资料和从图书馆、杂志、相关部门收集的二手资料获得，并需对收集到的信息加以整理分析。二是对多个选址地点的选择。经过前期的信息掌握后，创业者会有多种创业地址的选择，此时可借助科学的分析方法进行评价，主要有定量和定性两种评价方法。目前最常用的评价方法有：综合评价法、重心法、量本利分析法、运输模型法、引力模型法等。三是确定最终选址地点。创业者根据整理好的市场信息，依据企业自身的实际情况及发展特征和趋势，可借助上述方法加以评估，最终实现正确选址决策的制定。

2. 新企业选址的基本技巧

（1）门面要独立。门面就好比脸面，有好门面才可能有好发展。在新企业选址时对门面的选择至关重要，这将直接关系到企业后续的发展。独立门面应是新店面的首选，有独立门面的话，店面前就会自然拥有诸多的便利，而且具备独立的广告空间，在营业的过程中就可以充分地发挥营销想象力并最大化抓住商机运用合理的营销手段获得利润。

（2）客户定位准。繁荣的店址客流量是重要的衡量标准，而客流量的大小取决的因素较多，对商圈进行调查既是对客流量进行准确测算的重要途径，也是挖掘和分析潜在顾客的重要手段。通常而言，任一品牌都有自己的目标群体定位，但为了使这一定位符合实际，准确无误，避免主观臆断可能造成的偏差甚至误区，就需要杜绝经验主义之下的盲目定论，而应充分重视客观因素的影响，要做到这一点，唯一的方法就是脚踏实地做市场调查，认清自己真实的顾客群，倾听目标客户的心声，了解客户的需要，这样再经过统计分析才能得出客观正确的结论。

（3）理想位置。具有理想位置的店面不仅是留住客人的手段，更是获利的保证。人们初次创业很多愿意在街头上选址开店，这种店面一般客流量较大，入店率也会很高，但是成交率相对来说并不高，因为顾客总要货比三家，在第一家店就购买的概率较小。店面开在拐角处相对来说较为理想，其所产生的拐角效应既可使两条街道的顾客中较多顾客光顾，还可以通过增加橱窗陈列的面积、增加宣传手段或特价促销吸引客户购买。

（4）借力打力。店面选址的影响因素是多样的，除了上述因素之外，门店的供应商也是店面选址的关注点，可利用其力量为选址服务，这些供应商包括设备、商品供应商、人员、信息、资金、技术、装修等。因为这些供应商可能同时为多个竞争者提供商品或服务，其所掌握的信息及这方面的状况较多，他们能根据自身对店址的了解及现实情况做出正确判断，而且有的供应商为扩大业务范围，会多方研究相应市场并能做出相对准确的决策，因此新创企业在选址时可有选择性地征求供应商的意见，兼听则明，很有可能这些意见就会帮助你做出正确的选择。

[案例 10 - 1]

苹果电脑公司的设立

苹果电脑公司所创造的"硅谷奇迹"是创业成功的典范。苹果电脑公司的设立先后经历了以下过程：

1. 一人技术

沃兹尼亚克（绰号沃兹）在 1976 年设计出了一款新型的个人用电脑，样品苹果 I 号展出后大受欢迎，销售情况出乎意料地好。

2. 两人起步

受此鼓舞，沃兹尼亚克决定与中学时期的同学乔布斯一起创业，先进行小批量生产。他们卖掉旧汽车甚至个人计算机一共凑集 1400 美元，但小小的资本根本不足以应对创业对资金的迫切需求。乔布斯理解苹果电脑要成为一个成功的公司就需要有资本、专业管理、公共关系和分销渠道。

3. 三人合伙

从英特尔公司销售经理职位上提前退休的百万富翁马库拉经别人介绍找到了这两个年轻人，沃兹的成就激起了他的热情，马库拉有足够的工程学知识，这使他一眼看出，沃兹为 Apple II 设计的一些特性非常独到。他以多年驾驭市场的丰富经验和企业家特有的战略眼光般地意识到了未来个人电脑市场的巨大潜力，决定与两位年轻人进行合作，创办苹果电脑公司。据仅在美国 10 个零售商店的 Apple I 电路板的销售情况，马库拉大胆地将销售目标设定为 10 年内达到 5 亿美元。意识到苹果将会快速成长，马库拉用自己的钱入股 9.1 万美元，在后来又游说其他人投入 60 多万美元风险资金，并以其信用帮助苹果从银行借了 25 万美元的贷款。这样，沃兹、马库拉和乔布斯各自获得公司 30% 的所有权。

三人于 1977 年 1 月 7 日签订了这一股份协定，正式成立苹果电脑有限股份公司。

4. 四人公司

三人共同带着苹果的创业计划，随后走访了马库拉认识的创业投资家，结果又筹集了 60 万美元的风险资金。为了加强公司的经营管理，一个月后马库拉又推荐了全美半导体制造商协会主任斯科特担任公司的总经理。马库拉和乔布斯说服了沃兹脱离惠普，全身心投入苹果公司。于是斯科特成为了苹果公司的首位 CEO（1981 年，在担任苹果电脑公司总裁的 5 年后，斯科特决定卖掉股份，提前退休）。1977 年 6 月，四个人组成了公司的领导班子，马库拉任董事长，乔布斯任副董事长，斯科特任总经理，沃兹是负责研究与发展的副经理（管理团队）。技术、资金、管理的结合产生了神奇的效果。

斯科特帮助苹果建立了早期的公司基础架构。

综上所述，沃兹尼亚克设计制造了苹果电脑，马库拉有商业上的敏感性，斯科特有丰富的生产管理经验，但最终是乔布斯以传教士式的执着精神推动了所有这一切。

苹果电脑的创业成功是创业团队有效合作的结果。

（资料来源：吴是．乔布斯传奇［M］．北京：中国经济出版社，2011．）

三、企业注册流程

1. 新企业名称命名

新创企业名称命名是企业注册流程的第一步。

企业名称俗称公司牌子，是一个企业区别于其他企业的特定标志，是企业对外宣传提升公司的知名度与竞争力的无形资产。企业名称的构成国家有相应的管理规定，根据国家工商行政管理总局发布的《企业名称登记管理规定》和《企业名称登记管理实施办法》，行政区划、字号、行业、组织形式依次组成最终的企业名称。

企业名称的命名还应遵循相应的规定。主要包括：企业只准使用一个名称；企业名称应当使用符合国家规范的汉字；企业法人名称中不得含有其他法人的名称；企业名称中的字号应当由两个以上字组成；企业名称中的行政区划是本企业所在地县级以上行政区划的名称或地名；企业名称不得含有下列内容和文字：有损于国家、社会公共利益的；外国国家（地区）名称、国际组织名称；可能对公众造成欺骗或者误解的；政党名称、党政军机关名称、群众组织名称、社会团体名称及部队番号；其他法律、行政法规规定禁止的。

2. 企业登记注册基本流程

新创企业的注册登记与其他类型的企业注册登记的流程不同，一般流程如下：

（1）设立申请咨询。创业者应在正式申请办理工商注册登记手续前到当地工商行政管理局向有关人员咨询、了解申请工商注册登记的程序、要求。

（2）企业名称预先核准。按照国家有关法律规定，企业名称具有专用性和排他性，初定企业名称后，在登记注册前要到当地的工商局注册分局在电脑上进行"名称查重"。

（3）前置申批。对于一些特殊行业，如外贸、旅行社、电信、烟草、餐饮、美发、音像、广告等，需要前置申批，获得相关部门许可证。

（4）领取并填写工商登记注册表。完成上述程序之后，工商局发给《企业名称预先核准通知书》和《企业设立登记申请书》。

（5）缴纳出资。股东应当按期足额缴纳公司章程规定的各自认缴的出资额，并需对各种出资情况做出应对，股东以货币出资的、股东以非货币财产出资的、股东不按照前款规定缴纳出资的均需按照相应规定合理应对。另外，对于虚假出资、虚报注册资本、提交虚假材料或者采取其他欺诈手段隐瞒重要事实而取得公司登记的，处以罚款、撤销公司登记或者吊销营业执照，情节严重的将被追究刑事责任。

（6）办理验资报告。在股东缴纳出资后，有限公司必须经依法设立的验资机构验资并出具验资报告，连同验资证明材料及其他附件一并交与委托人，作为申请注册资本的依据。

（7）工商登记注册。取得验资报告后30日内，由全体股东指定的代表或者共同委托的代理人向工商行政管理部门提供登记申请书、公司章程、法定代表人任职文件和身份证明、名称预先核准通知书、公司住所证明、有关行业管理部门的经营许可等材料，正式申请开业登记。

（8）领取《营业执照》。创业者领到营业执照，就标志企业已经取得合法经营地位，同时也必须承担法律明文规定的责任和义务。创业者可以根据需要，申请领取所需本数。营业执照应当载明公司的名称、住所、法定代表人姓名、注册资本、实收资本、经营范围等事项。营业执照分正本和副本两种。一般说来，正本为悬挂式，用于企业亮证经营，副本为折叠式，用于携带外出进行经营活动。

（9）公章备案及刻制。公司成立后，可以凭借法定代表人身份证明、营业执照等材料到公安局特行科审批，审批通过后到指定的印章刻制单位刻制公章。公章刻制好后，企业对印章要严格管理，非法使用印章应根据情节给予行政处分直至依法惩处。如停止使用时，应将印章缴回制发机关封存或销毁。

（10）企业法人代码登记。根据《全国组织机构代码编制规则》强制性国家标准，对境内每一个机关、团体和企事业单位颁发一个唯一的、始终不变的法定代码创业者应当凭法人身份证明、营业执照、公章等材料到当地质量技术监督局申请办理组织机构代码证书。

（11）开立银行账户。单位都必须在银行开户。企业设立之初需先开个临时账户并注明临时用途，获得营业执照后原则上转为基本账户。

（12）税务登记。创业者必须在营业执照核发后30日内分别到国税局和地税局领取并填写《申请税务登记表》，同时提供所需证件及资料，税务机关自此30日内审核完毕，符合规定的，予以登记并发《税务登记证》及其副本、购领发票凭证等证件、资料。

（13）统计登记。根据国家统计局发布《统计管理条例》的规定，凡我国境内新开工项目的建设单位，均须依照该条例规定办理统计登记。

（14）社会保险登记。社会保险通常是指企业员工的"五险一金"，即医疗保险、养老保险、失业保险、生育保险、工伤保险和住房公积金。新创企业应在领取营业执照起1个月内到纳税地所管辖社会保险经办机构办理社会保险登记手续，参保单位必须为与其发生事实劳动关系的所有人员办理社会保险，聘用的退休人员除外。

全部公司注册程序完成后，新创企业开始进入正常经营阶段。

四、企业注册相关文件

企业注册相关文件主要指企业登记注册时办理税务、工商、开户业务时所需提供的一系列相关文件材料。在这里以有限责任公司设立登记为例加以说明。

1. 《公司设立登记申请书》

《公司设立登记申请书》由公司申请人到公司登记机关领取，按要求填写完成后由公司董事长或执行董事签署。

2. 授权委托书

授权委托书是由全体股东指定某个股东成员作为代表到公司登记机关申请设立登记，或者全体股东共同委托股东以外的代理人进行申请登记注册活动的证明文件。该文件的法律形式应是委托书，委托书应由全体股东盖章或签字。股东是法人的应加盖印章，股东是自然人的应签署姓名。另外，委托书应附有被委托人的身份证复印件。

3. 公司章程

公司章程是创业企业组织和活动的基本准则，经全体股东成员充分讨论通过后，才能撰写定稿。公司章程主要内容包括：一是绝对必要记载事项。新《公司法》第二十五条规定公司章程应当载明的下列事项中，前七项即为绝对必要记载事项：①公司名称和住所。②公司经营范围。③公司注册资本。④股东的姓名或者名称。⑤股东的出资方式、出资额和出资时间。⑥公司的机构及其产生办法、职权、议事规则。⑦公司法定代表人。⑧股东会会议认为需要规定的其他事项。二是相对必要记载事项。是法律列举规定的一些事项，由章程制定人自行决定是否予以记载。目的在于使相关条款在公司与发起人、公司与认股人、公司与其他第三人之间发生拘束力。三是任意记载事项。是指法律未予明确规定是否记载于章程，由章程制定人根据本公司实际情况任意选择记载的事项。

4. 股东的法人资格证明或自然人身份证明

一般来说，股东是企业法人的，需提交《企业法人营业执照》复印件，并需登记机关在复印件上盖章；股东是事业法人的，提交编委核发的《事业法人登记证书》；股东是社团法人的，提交民政部门核发的《社团法人登记证》；股东是工会法人的，提交《工会社团法人登记证》。

用以证明自然人身份的，应是《居民身份证》或其他合法的身份证明。

5. 具有法定资格验资机构出具的验资证明

工商行政管理机关登记注册的会计师事务所或审计事务所是具有法定资格的验资机构。验资证明包括验资报告及附件两部分。验资报告应载明公司名称、股东姓名、出资方式、出资额、公司在银行开设的临时账户、股东缴纳出资情况等，须由注册会计师签字或盖章、会计师事务所或审计事务所加盖公章后方为有效。验资证明的附件包括银行出具的入资凭证、验资机构的执照复印件等。

6. 载明公司董事、监事、经理姓名、住所的文件及有关委派、选举或聘用的证明

载明公司董事、监事、经理的姓名、住所的文件，是其《居民身份证》或其他合法的身份、住所证明的复印件。公司的董事、监事、经理的产生方式及其有关委派、选举，或者聘用的证明，应根据公司章程而定。董事、监事如果是股东委派产生，应提交经委派股东盖章的对董事、监事的委派书；如果是选举产生，则应提交股东会的任命书，该任命书由股东盖章或签署姓名。经理由董事会聘任，应提交董事签署的任命书或董事长签署的聘任书。

7. 公司法定代表人的任职文件和身份证明

有限责任公司的法定代表人为公司的董事长或执行董事，其任职文件应根据公司章程的规定而定。由股东委派的，应提交股东的委任书，由股东会选举产生的，应提交股东会的任命书，由董事会选举产生的，应提交董事会的任命书。公司法定代表人的身份证明应提交其《居民身份证》复印件或其他合法的身份证明。

8. 企业名称预先核准通知书

公司名称经登记主管机关预先核准后，由有管辖权的工商行政管理分局颁发《企业名称预先核准通知书》。

9. 公司住所证明

公司住所证明是指能够证明公司对其住所享有使用权的文件。主要有如下情况：一是公司的住所是股东作为出资投入并作为公司住所使用的，则提交股东的《房屋产权登记证》或有关房屋产权证明的文件及该股东出资的证明文件。二是公司住所是租赁用房的，需提交房主的《房屋产权登记证》的复印件或有关房屋产权归属的证明文件、使用人与房屋产权所有人直接签订的房屋租赁协议书或合同。

五、新创企业应重视的法律与伦理问题

1. 注册企业应重视的法律问题

在创业过程中，为确保自身和他人的利益不受到非法侵害，就应了解和遵守有关法律法规。相应的法律主要包括《商标法》《专利法》《合同法》《著作权法》《产品质量法》《反不正当竞争法》《知识产权法》《税法》等，而且在创业的不同阶段所应关注和侧重的法律法规也有所不同。表 10 – 2 对创业企业不同阶段应关注的基本法律做了归纳。

表 10 – 2　创业企业不同阶段的基本法律问题

创建阶段的法律问题	经营现行业务中的法律问题
确定企业的法律形式	人力资源管理（劳动）法规
设立税收记录	安全法规
进行租赁和融资谈判	质量法规、环保法规
起草合同	财务和会计法规
申请专利、商标和版权保护	市场竞争法规

资料来源：张玉利. 创业管理（第 2 版）［M］. 北京：机械工业出版社，2011.

（1）《商标法》。商标是企业发展过程中重要的无形资产，对于企业宣传及运营都将起到至关重要的作用。商标如果要受到法律保护，就需要经过注册取得商标专用权，否则就很可能会流失或受损。我国在 1982 年 8 月 23 日颁布了《中华人民共和国商标法》，并于 1993 年 2 月 22 日进行了第一次修正，2001 年 10 月 27 日进行了第二次修正。《商标法》是确认商标专用权，规定商标注册、使用、转让、保护和管理的法律规范的总称。它的作用主要是加强商标管理，保护商标专用权，促进商品的生产者和经营者保证商品和服务的质量，维护商标的信誉，以保证消费者的利益。

（2）《专利法》。《专利法》是确认发明人（或其权利继受人）对其发明享有专有权，规定专利权人的权利和义务的法律规范的总称。进一步说，是国家制定的，用以专门调整因确认发明创造的所有权和因发明创造的使用而产生的各种社会关系的法律规范。1980 年 1 月，我国政府正式筹建专利制度，后又成立了中国专利局。1984 年 3 月，全国人大通过并颁布了《中华人民共和国专利法》，2001 年 6 月 15 日国务院颁布《中华人民共和国专利法实施细则》，2008 年 12 月 27 日十一届全国人大六次会议通过关于修改《中华人民共和国专利法》的决定，自 2009 年 10 月 1 日起施行。

（3）《合同法》。在我国，《合同法》主要规定合同的订立、合同的效力及合同的履

行、变更、解除、保全、违约责任等问题。在合同明确规定下，如当事人一方不履行或不适当履行合同义务时，另一方有权解除合同。

（4）《著作权法》。著作权要保障的是思想的表达形式而不是思想本身，包括下列17项：发表权、署名权、修改权、保护作品完整权、复制权、发行权、出租权、展览权、表演权、放映权、广播权、信息网络传播权、摄制权、改编权、翻译权、汇编权及应当由著作权人享有的其他权利。《著作权法》是指保护文学、艺术和科学作品作者的著作权以及与著作权有关的权益。按照法律规定，中国公民、法人或者其他组织的作品，不论是否发表，均享有著作权。1990年9月7日，七届全国人大十五次会议颁布了《中华人民共和国著作权法》，2001年10月27日进行了第一次修正，2010年2月26日进行了第二次修正。

（5）《产品质量法》。该法律规定产品质量监管以及生产经营者对其生产经营缺陷产品导致他人人身伤害或财产损失应承担的赔偿责任所产生的社会关系的法律规范总称。对缺陷产品造成的伤害，各国多以产品责任法予以规范和调整。

（6）《反不正当竞争法》。《反不正当竞争法》是调整在制止不正当竞争过程中发生的社会关系的法律规范的总称。为了保障社会主义市场经济健康发展，保护经营者和消费者的合法权益，鼓励和保护正当竞争，制止不正当竞争，1993年9月2日八届全国人大三次会议通过了《中华人民共和国反不正当竞争法》，共五章三十三条，该法律对于规范和保护创业过程中创业者正当竞争行为、维护企业的合法权益意义重大。

（7）《知识产权法》。知识产权是企业的重要资产，包括专利、商标、版权等，当前几乎所有的企业，都拥有一些重要的知识、信息和创意，新创企业也不例外。创业者为有效保护自己的知识产权，也为避免侵犯他人的知识产权，十分有必要了解知识产权及其相关法律法规。

（8）《税法》。《税法》就是国家权力机关及其授权的机关制定的调整税收关系的法律规范的总称。税收既是国家财政收入的主要来源，也是国家参与国民收入分配和再分配的主要手段。创业企业不可能不受到税法的制约，也应严格遵守《税法》，按时按量缴纳税务，这是企业自身发展的义务，也是为社会服务的体现。

2. 注册企业必须考虑的伦理问题

企业伦理是指企业在处理企业员工、企业与社会、企业与顾客之间关系的行为规范的总和。在成功欲望和利益驱使下，大部分创业者往往不顾社会伦理道德而选择不正当的竞争行为，甚至铤而走险。从创建新企业角度来说，为了维持企业生存和企业可持续发展，创业者必须重视并加强伦理道德建设。

（1）创业者与原雇主之间的伦理问题。创业企业部分是由学生或初次创业者建立，但多数新企业仍是由曾从事某种传统职业的人所建立。对于这些辞职创业者来说，他们往往与前雇主公司敌对甚至反目成仇，归根结底，这与他们违背伦理道德的辞职有关。

因此，对于辞职而言，应当遵循两个最重要的伦理原则：一是职业化行事。这主要是对辞职前后的表现来说的，应当具备职业化的理念和行为：①应留出时间缓冲期，至少提前两周正式提出辞职。②站好最后一班岗，截止到辞职那天，完成现有承担的工作，不要占用工作时间安排其他事情，尤其是创业工作。③遵守职业操守，在仍受雇期间不能把属于原雇主的机会转移到新企业，更不要准备创办企业各项事宜。④辞职时可带走私人物品，其他东西不要带走，也最好不要使用原单位的物品及设备做自己的事情。二是尊重并知晓所有雇佣协议，主要指保密协议和竞业限制。一方面，劳动者应严格遵守企业保密制度，防止泄露企业各项机密，也不得使用商业秘密进行生产与经营活动。另一方面，劳动者不得到本单位竞争对手或有竞争关系的其他单位。一般来说，保密义务与商业秘密并存，而竞业限制期限最长不超过两年。

（2）创业团队成员之间的伦理问题。创业团队成员之间的伦理问题也应予以重视，应时刻保持清醒，在创办企业之初，创业成员就应从创业兴奋中走出来，着手订立有关企业所有权分配的最初协议，防止因利益纠葛争执而导致团队分裂。为此，创业团队成员间的伦理问题的解决应未雨绸缪，在创业前或创业早期就应拟订好创建者协议，后续的创业成员间的工作及其利益分配都应按已有协议完成。

（3）创业者和其他利益相关者之间的伦理问题。新创企业在创业之初往往面临包括客户、供应商和投资者在内的利益相关者间的伦理问题，主要涉及以下方面：一是人事伦理问题，主要涉及公平公正分配问题，与公平公正对待新老员工有关，在利益分配、分配程序等方面应让所有雇员有公平公正感。二是利益冲突问题，与那些挑战雇员忠诚的情景相关，既要对企业具有忠诚度，归属感，还应遵守职业操守，不滥用职权。三是顾客欺诈问题，通常出现在公司不顾客户利益或公众安全之时，呈现出一些负面甚至极端的行为，如违背公平合理、诚实守信、客户至上的原则，过于注重公司利益或个人利益，而对损害客户利益的各类行为置若罔闻。

第二节　新企业生存管理

新企业成立后所遇到的第一个挑战就是如何进行创业初期管理，这对于企业后续发展十分关键，同时创业者也面临极大的创业风险。新企业的成长壮大是一个从无到有逐步发展的过程，包括从内部流程到外部环境，企业发展的任何环节都可能是企业创业过程中的晴雨表，为保证创业成功则需密切关注每一环节。

一、新企业管理的基本内容

新企业成立初期易遭遇各种问题，如资金、物资、人员、营销等，一旦处理不善很可能使企业面临危机甚至倒闭。因而，新企业成立初期的首要目标就是生存，而这并不是一件简单的事，需要想方设法地为了维持生存而深入思考管理的问题与解决途径。

1. 生存：新企业管理的首要目标

生存的压力迫使新创企业更加重视企业管理问题，既有现实层面的控制，又有战略层面的考量。中国创业数据统计结果显示，中国创业企业的失败率高达 70% 以上，七成企业成为"流星企业"，活不过 1 年，整体平均企业寿命不足 3 年。两年成为考验企业是否能生存下去的重要节点，两年之内盈利则企业就很大程度上能继续生存，如果两年不能盈利则企业很可能被淘汰。因此，创业者要想使企业实现更好的发展，保证前两年能够实现盈利就显得尤为关键。新企业成立之初的前两年，首要任务是生存下来，基本目标是要把自己的产品或服务销售出去，赚钱是第一要务，这期间可能会有反复，但只要坚持住度过了两年困难期，很可能就会持续稳定地赚钱，从而度过创业的艰难期。

2. 自有资金：新企业创造自由现金流的主要考虑

企业的成长不可能没有现金，现金一旦中断企业将面临瘫痪，对初创期的企业来说更是如此。自有资金是企业可持续发展的重要因素，新企业成立初期，一般来说很难从商业银行获得贷款，因此自有资金就是维持企业生存和运作的生命之源。而且现实的创业事例也表明创业者也主要利用自有资金创业，只有为数不多的创业者接受外部投资作为自己的第一笔创业资金。正因如此，"抠门"似乎成了每个创业者的首要表现，那些成功企业家们也多数"抠门"，如"中国十大抠门富豪"，王水庆第一，李嘉诚第二，牛根生第三，牛根生可谓是"大陆第一抠"。可见，在自有资金有限的情况下，则必须具有正确的理财之道，"抠门"这种节约方式也不失为上策。

3. 群体管理：新企业的团队建设

新企业在初创时，虽然各部门及各成员均有名义上的分工，但在实际运作过程中，往往按需要定方向，急事紧事放在首位，这种看似混乱的状况，实则是一种高度有序的状态。只要每个人都清楚组织的目标和自己的责任，不计较个人得失，没有层级隔阂，也没有职位高低的区别，这样的团队才有发展。这种情况下所形成的团队精神也才能真正成为企业文化的核心。所以，在创业阶段，要实现创业成功，创业者必须尽力建设真正的团队。而这种在创业时期培养出来的团队领导能力和格局，是创业者将来大展拳脚、领导大企业高层管理班子的基础。

4. 细节管理：新企业必须重视的手段

创业初期的创业者往往都事必躬亲，亲自经历企业初创期的各种考验，一关一关地闯，一步一步地走。向顾客推销产品、策划新产品方案、与供应商谈判、制订工作计划、在库房里卸货装车、到车间追踪顾客急需的订单，等等，创业者对这些经营全过程的细节只有亲身经历才能做到对企业成长了如指掌，才可使得生意越做越精、越做越好。因此，亲身实践去体验以及考察是企业生存的必经阶段，当然随着企业的逐步发展，创业者不可能每个细节每个步骤都要参与，也不可能有那么多的时间和精力亲自参与企业运营的每个环节，因此，企业走上正轨之后授权和分权则成为必然。

二、新企业成长管理的主要策略

1. 从整合外部资源入手促进企业外部成长

创业需要具备冒险精神和创新意识，因此就不能仅仅局限于当前资源条件的限制而鼠目寸光，应不断发掘外部的资源和机会，将不同的资源组合以创造更大价值。创业活动也需要在现有资源不足时把握商机，创造性地整合资源，借助别人的力量来发展壮大自身，注重整合外部资源追求外部成长。这就需要尽可能多地寻找可供整合的外部资源提供者，找到少数拥有丰富资源的潜在资源提供者，通过合作实现共赢。进一步说，分析并寻找到潜在资源提供者共同利益所在，或建立起紧密的利益联系成为利益相关者，兼顾各方面利益就可能达到多赢、共赢的境界。注重让对方先赢自己后赢的整合策略，合作需要双赢甚至是共赢，但在没有合作基础下实现双赢不容易，不妨以退为进，采取让对方先赢自己后赢的策略。还需强化沟通实现外部资源的有效整合。内外部密切沟通是实现创业企业整合外部资源目的的重要手段。

2. 人力资源是企业持续成长的生命线

人力资源是企业发展的生命之源，人才是企业可持续成长的关键。优秀人才是高质量的无形资产，创业者本人并不一定要受过多么高的高等教育，当然如果有更好，但他一定要拥有一批有能力的下属，通过构建规模较大的人才队伍和管理团队来对企业实现高水平管理，让更多的优秀人才参与决策，以保持和增强企业持续成长的人力资本。对于进入成长阶段的企业来说，握住优秀人才就是握住企业发展的人力资本。因此，新企业创立后应不断营造良好的人才成长和发展的环境，为优秀人才快速成长提供各种有利条件。必须加大教育培训的投入，高度重视员工培训和教育，开发和积累企业的无形资产。

3. 实现从创造资源到优质管理资源的转变

企业竞争优势的打造并非一朝一夕就能完成的，这需要长期的努力付出和实践。新企业创立后，创造资源当然是创业初期所必然要考虑的问题，也是必然要经历的阶段，但却不应仅拘泥于此，在现有基础上，应加强对企业既有资源的科学管理和有效利用，即对已创造出来的资源实行优质管理。可侧重以下几方面：一是节约资源、保护环境。企业成长是一个持续利用资源和环境的过程，因此企业不仅要创造财富，还要关注资源和环境的保护。二是管理好知识资源。企业的知识资源是能给企业带来财富增长的资源，异质性知识资源，如客户关系、品牌知识产权等是知识经济时代企业的主要资源，应采取各种必要措施管好用好企业的知识资源以创造最大价值。三是资源的开发、利用与整合并举。充分利用既有的、十分有限的资源对于新企业初创期至关重要，筹措更多的资源来满足自身的发展就要求创业者既要节约使用资源，更要注重资源的开发、循环利用和资源整合。

4. 形成稳定的企业文化

企业文化是企业发展动力之源，创业在某种程度上就是创造企业文化的过程，创业者的创业精神是企业文化的精髓，更是初创企业生存和发展的关键。华为总裁任正非曾言："资源都是会枯竭的，只有文化才会生生不息。"可以说，正是从创业至今一直培育和创建的华为文化成就了今天的华为。价值观是企业文化的核心，企业价值观对企业员工有着巨大的内聚作用。大多数快速成长的企业都有比较固定和延续的企业价值观，用以支撑初创企业的生存和健康发展。还应着力营造良好的企业文化氛围。这是个长期的过程，需要在企业内着力营造个性鲜明、富有特色的企业文化，对内能使员工目标明确，行为规范、积极进取，对外能使社会加深对企业的了解，树立企业良好形象，增强企业的知名度。

5. 从过分追求速度到突出企业的价值

企业经营的真正目的在于为客户创造价值。急功近利、急于求成、注重眼前利益的企业往往不会成功，而初创期企业多会犯过分追求速度的错误，通过粗放的经济发展方式，如依靠拼资源、拼消耗、拼环境等方式往往事与愿违，巨人集团、秦池古酒给我们的教训也很深刻。因此，当企业发展到一定阶段时，就需要从利益向价值转变，以获得最大的价值创造，实现企业健康、可持续发展。因此，对于成长阶段的企业来说，企业所有者利益最大化不应是企业管理的主要目标，而是追求企业价值最大化，这就要求企业不仅要关注企业所有者的利益，而且更要关注顾客、企业员工、企业债权人，甚至政府等，企业的发展和壮大与所有的利益相关者相关。

三、新企业成长期的主要风险来源

以三株集团为例，20 世纪 90 年代中期，中国几乎家喻户晓的济南三株集团，是 1993 年创立的医药保健品企业，注册资本区区 30 万元，当年销售收入 1600 万元。创业后很快进入快速成长阶段的三株集团，1994 年销售额竟达到 1.25 亿元，创造了一年增长 780% 的奇迹。1995 年，三株公布第一个"五年计划"：销售额 1995 年达到 16 亿元至 20 亿元；1996 年达到 100 亿元；1997 年达到 300 亿元；1998 年达到 600 亿元；1999 年达到 900 亿元。仅 1997 年上半年，三株一口气就收购了 20 多家制药厂，投资超过 5 亿元。鼎盛时期在全国注册了 600 个子公司，另有 2000 个办事处，各级销售人员达到 15 万元。1998 年三株公司在一次质量问题引发的危机中轰然倒闭。从风靡一时的民营"帝国"到最后悄无声息，从辉煌到失败、大起大落的过程也就仅仅 5 年的时间。三株集团失败的原因虽然是多方面的，但也给创业者敲响了警钟，即创业是有风险的，需要认清风险方能砥砺前行取得成功。

1. 管理风险是最大风险

新创企业从初期的缓慢成长阶段步入快速成长期后，企业市场迅速扩大，随着企业技术风险逐步消除，市场风险也变得较小，但是由于人员增加、生产扩张、资金增大、市场拓展等因素的存在，大大增加了管理的难度，这一阶段企业会出现许多管理问题，管理的风险变得最大，如果不能及时解决这些问题不仅会影响企业的成长，也会影响企业的未来发展。

随着企业不断扩大，管理团队和诸如生产、营销、财务、技术开发等专业人才对企业发展越来越重要，如果处理不好、管理不善，企业运作就会陷入困境，最后有可能失控。而一旦失控，危机就开始出现。团队不和、各自为政、争权夺利、用人不当、目光短浅等弊端就将显现，管理混乱导致机遇丧失，市场萎缩而逐渐失去竞争力。

2. 战略失误

当创业企业处于成长期时，往往创业者易被胜利冲昏头脑，有时甚至因此不顾实际情况而盲目扩大经营和开始多元化发展，这就难免出现战略失误，最终很可能导致破产。如此失败的惨例不胜枚举："太阳神"摔下神殿，"巨人"倒下，"亚细亚"烟消云散……这些企业的共性：不顾实际，发展速度过快，盲目扩张，而企业发展根基脆弱，人员、资金、管理三大要素相对滞后，任何一个要素出现问题都会导致本不稳定的新创企业整体陷入危机。

3. 供应链风险

供应链系统是个十分复杂的系统，也是新创企业需要考虑的重要层面，虽然其所带来的风险尚缺乏统一明确的界定，但风险来源于供应链上各种不确定性因素已是基本共识。供应链网络上的企业数目较多，它们之间是相互依赖、相互影响的关系，因此任何一个企业出现问题都有可能波及和影响其他企业，进而影响整个供应链的正常运作，甚至导致供应链破裂和企业破产。正所谓牵一发而动全身，供应链使得企业之间形成一个整体，企业的发展需考虑到供应链带来的益处，同时也要关注其所带来的风险。

4. 追求个人享受而不思进取

创业者一旦取得小的胜利，就可能开始贪图享受。吃喝玩乐、一掷千金，有的甚至生活腐化堕落，挥霍浪费、豪掷巨款等观念和做法是败业败家的祸根，更致命的是使创业者的意志和精力消磨甚至丧失，很可能导致新创事业中途夭折。虽说企业在快速发展阶段，创业者和员工的待遇、生活水平适当改善和提高是正常的。但是，那些脱离企业实际发展水平的高消费及奢侈浪费是我们必须要杜绝和反对的，但凡成功的企业家、成就大事业者绝不会挥霍浪费。

5. 家庭压力

家人作为创业者坚实的后盾，在创业过程中给予大力支持和无私奉献，创业者能够获得成功是对家人最好的回报。但创业和家庭肯定是有冲突的，创业初步成功后，往往会出现下面状况：配偶希望创业者更多地关心家庭，儿女希望创业者能够尽到父母的责任，而创业者可能比以前更忙、更累，于是家庭压力开始增大，尤其是对于有家庭的女性创业者而言可能压力更大。这些都是创业过程中必然要面对和解决的问题。

 本章小结

新创企业主要的组织形式有个人独资企业、合伙企业、有限责任公司和股份有限公司。企业选址应综合考虑政治法律、经济、技术、社会文化和自然环境等影响因素，这些因素之中，经济和技术因素对选址决策的制定起基础作用。新企业选址可主要参考下列做法：门面要独立、客户定位准、理想位置、借力打力。企业注册相关文件主要指企业登记注册时办理税务、工商、开户业务时所需提供的一系列相关文件材料。主要包括如下：公司设立登记申请书，授权委托书，公司章程，股东的法人资格证明或自然人身份证明，具有法定资格验资机构出具的验资证明，载明公司董事、监事、经理姓名、住所的文件及有关委派、选举或聘用的证明，公司法定代表人的任职文件和身份证明，企业名称预先核准通知书，公司住所证明。在创业过程中，为确保自身和他人的利益不受到非法侵害，就应了解和遵守有关法律法规。相应的法律主要包括《商标法》《专利法》《合同法》《著作权法》《产品质量法》《反不正当竞争法》《知识产权法》《税法》等，而且在创业的不同阶段所应关注和侧重的法律法规也有所不同。注册企业必须考虑的主要伦理问题：创业者与原雇主之间的伦理问题、创业团队成员之间的伦理问题、创业者和其他利益相关者之间的伦理问题。新企业成立后所遇到的第一个挑战就是如何进行创业初期管理，主要侧重以下方面：生存是新企业管理的首要目标、自有资金、群体管理、细节管理。新企业成长管理的主要策略：一是从整合外部资源入手促进企业外部成长；二是人力资源是企业持续成长的生命线；三是实现从创造资源到优质管理资源的转变；四是形成稳定的企业文化；五是从过分追求速度到突出企业的价值。同时创业者也面临极大的创业风险，新企业成长期的主要风险来源有：管理风险、战略失误、供应链风险、追求个人享受而不思进取、家庭压力。

关键概念

组织形式　企业文化　战略失误　供应链风险

思考题

1. 结合实际，谈谈新创企业选址技巧有哪些？
2. 试讨论企业登记注册基本流程是什么？

 案例分析

"娃哈哈"的初创阶段

1987年，当47岁的宗庆后拉着"黄鱼车"奔走在杭州的街头推销冰棒的时候，他怎么也不会想到，十多年后，由他一手缔造的娃哈哈集团会成为中国最大的饮料企业。

2011 年，娃哈哈实现营业收入超过 670 亿元，宗庆后本人也成为 2010 年、2012 年的中国首富，这是自胡润百富榜开创 14 年来，第三位能两次登上百富榜榜首的企业家，其家族财富达到了 800 亿元。

1. 从冰棒到娃哈哈

1987 年，宗庆后和两位退休教师组成了一个校办企业经销部，主要给附近的学校送文具棒冰等。在送货的过程中，宗庆后了解到很多孩子食欲不振、营养不良，成为令家长们最头痛的问题。

"当时我感觉做儿童营养液应该有很大的市场"，15 年农村插队形成的坚毅性格让宗庆后决定抓住这个机遇拼一把，此时的他已经 47 岁，早错过了创业的最佳年龄。

1988 年，宗庆后率领这家校办企业借款 14 万元，组织专家和科研人员，开发出了第一个专供儿童饮用的营养品——娃哈哈儿童营养液。

随着"喝了娃哈哈，吃饭就是香"的广告传遍神州，娃哈哈儿童营养液迅速走红。到第 4 年销售收入达到 4 亿元、净利润 7000 多万元，完成了娃哈哈的初步原始积累。

2. 小鱼吃大鱼

1991 年，娃哈哈儿童营养液销量飞涨，市场呈供不应求之势。

但即便如此，宗庆后依然保持了一种强烈的危机感："当时我感觉如果娃哈哈不扩大生产规模，将可能丢失市场机遇。但如果按照传统的发展思路，立项、征地、搞基建，在当时少说也得两三年时间，很可能会陷入厂房造好产品却没有销路的困境。"

宗庆后将扩张的目标瞄向了同处杭州的国营老厂杭州罐头食品厂。当时的杭州罐头食品厂有 2200 多名职工，严重资不抵债；而此时的娃哈哈仅有 140 名员工和几百平方米的生产场地。

摆在宗庆后面前有三条路：一是联营，二是租赁，三是有偿兼并。显然前两条路是稳当的，而有偿兼并要冒相当大的风险。但宗庆后最终决定拿出 8000 万元巨款，走第三条路。

娃哈哈"小鱼吃大鱼"的举措在全国引起了轰动，最初包括老娃哈哈厂的职工都对这一举措持反对态度。宗庆后最终力排众议，"娃哈哈"迅速盘活了杭州罐头厂的存量资产，利用其厂房和员工扩大生产，3 个月将其扭亏为盈，第二年销售收入、利税就增长了 1 倍多。

1991 年的兼并，为娃哈哈后来的发展奠定了基础，也让宗庆后尝到了并购的"乐趣"。之后，并购几乎成为娃哈哈异地扩张的主流手段。到 2002 年底，娃哈哈已在浙江以外的 22 个省份建立了 30 个生产基地，2002 年，娃哈哈共生产饮料 323 万吨，占全国饮料产量的 16%。

（资料来源：佚名. 宗庆后创业史：创业靠的就是感觉 [N]. 中国证券报，2010 - 10 - 08.）

思考题

1. 娃哈哈初创阶段的案例，给你带来的启示是什么？

2. 利用所学知识，分析娃哈哈为什么要扩大企业的生产规模。

参考文献

［1］周祥龙，贾创雄，孟克．大学生涯规划［M］．南京：东南大学出版社，2011．

［2］王美霞．大学生创新创业教育现状调查及对策研究［J］．中国大学生就业，2018（3）．

［3］葛玉辉，李肖鸣，申舒萌．大学生创业测评［M］．北京：清华大学出版社，2010．

［4］孙惟微．怪诞行为心理学——学会驾驭你的非理性［M］．北京：中国华侨出版社，2013．

［5］辽宁省教育厅．高等学校本科生就业与创业概论［M］．沈阳：辽宁大学出版社，2006．

［6］董晓红．高校创业教育的理论与实践［M］．济南：山东人民出版社，2013．

［7］陈叶梅，贾志勇，王彦主．大学生创新创业基础［M］．成都：西南交通大学出版社，2016．

［8］陈高生，孙国辉．新世纪的国家竞争锐气：高校创业教育［M］．北京：经济日报出版社，2012．

［9］李晓莉，刘珊．英国男孩卖果酱　19岁成百万富翁［N］．羊城晚报，2012 - 12 - 01．

［10］佚名．超级课程表 CEO 余佳文的创业经历［EB/OL］．http：//www. wm23. cn/z8810482/410969. html．

［11］蔡莉，尹苗苗．新创企业学习能力、资源整合方式对企业绩效的影响研究［J］．管理世界，2009（10）：1 - 10．

［12］林嵩．创业资源的获取与整合——创业过程的一个解读视角［J］．经济问题探索，2007（6）．

［13］张涛，王建中．资源整合能力与创业绩效关系的探讨［J］．中国证券期货，2011（1）．

［14］Wickham P. A. Strategic Entrepreneurship – a Decision – making Approach to New Venture Creation and Management［M］．London：Pitman Publishing，1998．

［15］杜卓君，苏一石．资源视角的创业研究［J］．经济论坛，2005（12）．

［16］Casson M. The Entrepreneur：An Economic Theory［M］．Barnes & Noble Books，1982.

［17］秦志华，刘传友．基于异质性资源整合的创业资源获取［J］．中国人民大学学报，2011（6）．

［18］陈寒松，朱晓红．新创企业异质性资源、资源获取与创业绩效关系研究［J］．企业管理研究，2012（3）．

［19］Hayek F. The Use of Knowledge in Society［J］．American Economic Review，1945，35（4）：519.

［20］谷宏，王建中．资源整合能力对创业过程的影响研究［J］．中国集体经济，2011（9）．

［21］刘预，蔡莉，朱秀梅．信息对新创企业资源获取的影响研究［J］．情报科学2008（11）．

［22］宗新建．决策层调研浙江民营企业融资难再成关注焦点［J］．第一财经日报，2008－07－09.

［23］阳大胜，彭强，梁开竹．大学生创业"融资难"原因与风险管理对策［J］．当代经济，2012（3）．

［24］甫涟．创业启动资金如何测算［N］．中华工商时报，2012－04－06.

［25］吴运迪．大学生创业指导［M］．北京：清华大学出版社，2012.

［26］佚名．宗庆后创业史：创业靠的就是感觉［N］．中国证券报，2010－10－08.

［27］张利华．华为研发［M］．北京：机械工业出版社，2009.

［28］张玉利．创业管理（第2版）［M］．北京：机械工业出版社，2011.

［29］吴是．乔布斯传奇［M］．北京：中国经济出版社，2011.

［30］杨安，兰欣，刘玉．创业管理——成功创建新企业［M］．北京：清华大学出版社，2009：185.

［31］夏清华．创业管理［M］．武汉：武汉大学出版社，2007.

［32］张光辉等．创业管理概论［M］．大连：东北财经大学出版社，2006.

［33］赵骅等．创业管理的理论与实践［M］．重庆：重庆大学出版社，2007.

［34］斯晓夫等．创业管理理论与实践［M］．杭州：浙江大学出版社，2016.

［35］胡振兴．现代创业管理［M］．武汉：华中师范大学出版社，2007.

［36］李伯亭，王祖文．创业计划——创业融资的敲门砖［M］．北京：新时代出版社，2004.

［37］张玉利，张维，陈立新．创业管理理论与实践的新发展［M］．北京：清华大学出版社，2003.

［38］刘志阳．创业学［M］．上海：复旦大学出版社，2008.

［39］宋克勤．创业成功学［M］．北京：经济管理出版社，2002.

［40］卢旭东．创业学概论［M］．杭州：浙江大学出版社，2002.

［41］朱斌，吴佳音．自主创新进程探索：主流与新流的动态演进——基于福建省两家制造型企业的案例研究［J］．科学学研究，2011，29（9）：1389－1396.

［42］朱斌，陈巧平．企业主流与新流创新系统研究［J］．哈尔滨学院学报，2014，5（36）：43－46.

［43］余序江，许志义，陈泽义．技术管理与技术预测［M］．北京：清华大学出版社，2008.

［44］方金城，朱斌．标杆学习对企业主流与新流创新的影响［J］．中国流通经济，2016，1（30）：104－113.

［45］OCED. The Definition and Selection of Key Competencies［R］. Executive Summary, 2005.

［46］辛涛，姜宇，刘霞．我国义务教育阶段学生核心素养模型的构建［J］．北京师范大学学报（社会科学版），2013（1）.

［47］林崇德．创造性人才，创造性教育，创造性学习［J］．中国教育学刊，2000（1）：5－8.

［48］褚宏启，张咏梅，田一．我国学生的核心素养及其培育［J］．中小学管理，2015（9）：27－31.

［49］叶仁敏，洪德厚，保尔·托兰斯．托兰斯创造性思维测验（TTCT）的测试和中西方学生的跨文化比较［J］．应用心理学，1988，3（3）：22－29.

［50］蔡笑岳，朱雨洁．中小学生创造性倾向、智力及学业成绩的相关研究［J］．心理发展与教育，2007（2）：36－41.

［51］Kaufman J. C., Beghetto R. A. Beyond Big and Little：The Four C Model of Creativity［J］. Review of General Psychology, 2009, 13（1）：1－12.

［52］Sawyer R. K. 创造性：人类创新的科学［M］．师保国等译．上海：华东师范大学出版社，2013.

［53］石鸥．核心素养的课程与教学价值［J］．华东师范大学学报（教育科学版），2016（1）：9－11.

［54］张景焕，金盛华．具有创造成就的科学家关于创造的概念结构［J］．心理学报，2007，39（1）：135－145.

［55］黄克瑶．科学资讯［EB/OL］. http：//19. 144. DOI：10. 16661/j. cnki. 1672－3791, 2017.

［56］吴建南，郑烨，徐萌萌．创新驱动经济发展：美国四个城市的多案例研究［J］．科学学与科学技术管理，2015，36（9）：21－30.

［57］田志明，黄应来．内地新首富王传福解码：从电池大王到汽车狂人［N］．南

方日报，2009 – 10 – 02.

［58］陈德智．创业管理［M］．北京：清华大学出版社，2001.

［59］耿俊丽．创业与管理［M］．兰州：甘肃科学技术出版社，2009.

［60］林汉川，邱红．中小企业创业管理［M］．北京：对外经济贸易大学出版社，2005.

［61］孙德林．创业管理与技能［M］．北京：经济管理出版社，2010.

［62］张光辉，戴育滨，张日新．创业管理概论［M］．大连：东北财经大学出版社，2006.

［63］温志宏．中小企业创业与管理（下）［M］．武汉：华中科技大学出版社，2006.

［64］聂元昆，王建中．创业管理：新创企业管理理论与实务［M］．北京：高等教育出版社，2011.

［65］李翔．商业的模式［M］．青岛：青岛出版社，2011.

［66］［瑞士］亚历山大·奥斯特瓦德，［比利时］伊夫·皮尼厄．商业模式新生代［M］．北京：机械工业出版社，2011.

［67］陈明，余来文，温著彬，封智勇．商业模式创业的视角［M］．厦门：厦门大学出版社，2011.

［68］林伟贤．最佳商业模式［M］．北京：京华出版社，2011.

［69］乔为国．商业模式创新［M］．上海：上海远东出版社，2009.

［70］夏云风．商业模式创新与战略转型［M］．北京：新华出版社，2010.

［71］余来文，陈吉乐，温著彬．大数据商业模式［M］．北京：经济管理出版社，2014.

［72］袁文宗．创新的云计算商业模式［M］．北京：清华大学出版社，2013.

［73］黄勇，吴晓波．浙江省服务业企业商业模式创新案例［M］．杭州：浙江大学出版社，2011.

［74］周国辉，陈宏，欧阳绮霞，唐淑芳．小世界　全球整合重塑中国商业模式［M］．北京：中央编译出版社，2010.

［75］马志坚，刘海川．三维商业模式　企业飞跃的三维创新之路［M］．北京：中华工商联合出版社，2014.

［76］钱志新．新商业模式［M］．南京：南京大学出版社，2008.

［77］颜海．创业全程攻略［M］．湖北：武汉大学出版社，2013.

［78］徐锡权，李海涛．建设工程监理概论［M］．北京：冶金工业出版社，2010.

［79］梁展凡．投资建设项目群链式风险分析、评估及其仿真研究［M］．湖北：武汉大学出版社，2011.

［80］白虹，任中原．思维风暴［M］．北京：中国华侨出版社，2014.

［81］胡海波．创业计划［M］．厦门：厦门大学出版社，2011．

［82］马方业，袁元．资本撬动成长：企业与 VC/PE 有效沟通的密码［M］．南京：南京大学出版社，2009．

［83］秦永顺，何茂荣，王岩，李春满．金融租赁业务［M］．长春：吉林大学出版社，2008．

［84］章振东．我国中小企业财务风险控制［M］．成都：电子科技大学出版社，2009．

［85］李玉海．网上创业［M］．重庆：重庆大学出版社，2013．

［86］刘忆江．获取风险投资实用操作指南［M］．北京：中华工商联合出版社，2000．

［87］高立法．企业经营风险管理实务［M］．北京：经济管理出版社，2014．

［88］刘大卫．人力资源管理中的风险防范［M］．上海：上海交通大学出版社，2013．

［89］张耀辉等．创业学导论、原理、训练与应用［M］．北京：机械工业出版社，2011．

［90］刘东燕．创业基础［M］．重庆：重庆大学出版社，2013．

［91］韩国文．创业学［M］．武汉：武汉大学出版社，2007．

［92］刘道玉．大学生自我设计与创业［M］．武汉：武汉大学出版社，2009．

［93］虞国庆．创业，我也能：大学生创业故事［M］．南昌：江西高校出版社，2010．

［94］Timmons J. A., Stephen Sinelli. New Venture Creation Entrepreneurship for the 21st Century［M］．Irwin McGrawHill，2004：91 – 100.